U0672634

留学之路

你应该知道的故事

谢荣镇 著

中国言实出版社

图书在版编目（CIP）数据

留学之路：你应该知道的故事 / 谢荣镇著. —北京：
中国言实出版社, 2016.7

ISBN 978-7-5171-1956-2

Ⅰ.①留… Ⅱ.①谢… Ⅲ.①留学教育 – 概况 – 美国
Ⅳ.①G649.712.8

中国版本图书馆 CIP 数据核字(2016)第 179937 号

出 版 人：王昕朋
责任编辑：薛　磊
文字编辑：张　杨

出版发行　中国言实出版社
　　　　　　地　　址：北京市朝阳区北苑路 180 号加利大厦 5 号楼 105 室
　　　　　　邮　　编：100101
　　　　　　编辑部：北京市海淀区北太平庄路甲 1 号
　　　　　　邮　　编：100088
　　　　　　电　　话：64924853（总编室）64924716（发行部）
　　　　　　网　　址：www.zgyscbs.cn
　　　　　　E-mail：zgyscbs@263.net
经　　销　新华书店
印　　刷　北京温林源印刷有限公司
版　　次　2017 年 1 月第 1 版　　2017 年 1 月第 1 次印刷
规　　格　710 毫米×1000 毫米　1/16　19.75 印张
字　　数　260 千字
定　　价　49.00 元　　ISBN 978-7-5171-1956-2

序　一

近年来，中国出国留学的人数逐年增多，并越来越年轻化。在出国留学的家庭中，有的人在出国前对留学国家有关情况比较熟悉，有的人不太熟悉，甚至存在误解。在留学生中，有的人比较顺利地完成学业，找到了比较满意的工作，有很好的发展；有的人遇到这样那样的问题，经历了不同的挫折，甚至受到严重的伤害。

朋友，摆在你面前的这本《留学之路——你应该知道的故事》，是作者谢荣镇经过多年的思考，专门为想出国留学的中国学生及家长写的一本书，书中提供了多个在美国留学的案例，计划去其他国家留学也可用做参考。本书作者是 20 世纪 80 年代到美国做访问学者的新闻从业者，现在是《人民日报海外版》美国总发行人。他的儿子是在美国读的中学和大学。在美国的这些年，他帮助过一些亲朋好友的子女到美国留学，同许多在美国的中国留学生保持着密切的联系。他的亲身经历和新闻敏感，让他对留美中国学生有更多的关注和思考，也有自己的一些想法。

本书问世之前我有幸浏览了大部分书稿。我深受感动，这是一本值得认真读的书，更是一本值得在美国读书的中国学生认真思考的书。书中所说的事情绝大部分都是作者亲身经历的或亲自考察过的，书中所提出的建议和想法都是作者经过认真思考而得出的。在读书稿时，我深深地感受到作者的那一份责任感和书中传递出的亲切感，他像是在回答朋友们的问题，也像是给朋友们的一些提醒。我曾把部分书稿内容说给我身边的朋友听，他们一致认为书稿的内容真实可信、针对性强，非常有用。

中国社会科学院哲学所研究员、博士生导师，
中国社会科学院老专家协会会长，中国逻辑与语言函授大学董事长
刘培育

序　二

　　一天上午，我突然接到老朋友谢荣镇先生从美国打来的电话，他说他写了一本名为"留学之路"的书，即将由中国言实出版社出版。他简单说了写书的初衷和大致内容，"求助"我为这本书写几句话。谢先生的电话让我感到很突兀，没有看过他的书，不知其书中所云，我能写什么呢？所以当时我没敢应承下来。

　　应我要求，谢先生随即把刘培育先生为该书写的"序"和他本人写的"前言"，书的目录及部分章节发到了我的邮箱。我可以肯定地告诉大家，对谢先生发来的东西，我确确实实是认认真真、目不转睛地一口气把它看完的。顿时，我就觉得应该欣然命笔，为《留学之路——你应该知道的故事》写几句话。

　　我在教育部外事部门工作了 20 多年，期间我在驻外使领馆工作近 10 年，较长时间地直接或间接从事留学生工作。退休后，我还在国内多所学校为准备出国留学的学生及家长，做过题为"留学准备、出国提醒、留学安全、中国领事保护及协助"的专题讲座。也许是职业本能的缘故，我对谢先生的书"一见钟情"。

　　谢先生是我的老朋友了，他在美国学习、工作、生活了 20 多年。他用了 3 年多的时间，把关于留学所看到的、听到的、考察过的众多数据和案例，进行梳理和分析，发表自己的认识和见解。他把出国留学（特别是留学美国）真实的一面以讲故事的形式呈现在读者面前。字里行间情真意切，透露出了作者撰写本书的目的，那就是殷切希望这本书对准备出国留学和已在外留学的学生及家长能够有所帮助，真诚期待莘莘学子在平安留学、成功留学的道路上，能够多一点阳光，少一点阴霾；多一点顺利，少一点挫折；多一点成功，少一点失败。

　　作为一个旅居海外多年的同胞，作者对留学生和他们的家人的爱心之深切，用心之良苦，责任之担当，着实让我感动与钦佩。

　　最后我要说的是本书是近些年来涉及留学主题方面的一本非常接地气的好书，内容很丰富，案例很详实，见解很鲜明（当然对书中所表达的观点，大家可以"仁者见仁，智者见智"），完全可以作为"留学须知""留学指南"来阅读，而且相信凡阅读者定会受益匪浅。

　　　　　教育部退休干部、中国驻日本大阪总领事馆原教育参赞　单耀忠

序　三

　　谢荣镇先生是我 20 多年前在纽约任侨务领事时结识的好朋友。那时，他身为访问学者，在忙于自己业务的同时，还热心在侨学界从事一些公益活动。因为他为人热情诚恳，乐于助人，在侨学界里口碑甚好。自我离开纽约后，知道他仍为拓展《人民日报（海外版）》在美发行而努力，没想到他还投入了不少精力和时间关注我国赴美留学人员状况，并以详实的资料和有趣的文笔写成本书。当他把这本书的部分文稿发给我后，我几乎一口气读下来，并深深为他写成本书所付出的心血而感动。

　　当我还在纽约工作时，就已感觉到，随着我国改革开放事业的发展，国人留学的浪潮会滚滚而来。随后，我耳闻目睹或通过媒体了解了不少留学生发生的各种状况，其中有很多成功的案例，也有不少失败的教训，甚至有个别客死他乡的悲剧。我们该从这些状况中得到什么样的经验或教训？你或者你的子女该不该出国留学？如何平安留学？如何通过留学成功实现梦想？谢荣镇先生的这本《留学之路——你应该知道的故事》列举了相当多的实例，给出了生动的答案。想要留学或正在留学的你不妨认真读一读这本书，对如何在留学路上避免失败，获得成功，或许会有很好的启迪。

中国驻俄罗斯海参崴总领馆原总领事、中国驻阿尔巴尔亚原大使　左福荣

前　言

也许有人会问，为什么要写这本书？

近几年，赴美留学的中国留学生连年快速增长。2007 年，美国驻中国使领馆共签发了 3.7 万份中国学生赴美留学签证；据美国联邦移民海关执法局发布的最新数据，截至 2016 年 3 月，来自中国内地的留学生数量多达353069 人，不到 10 年增长接近 10 倍！与世界各国相比，无论是留学生数量还是增长速度，中国都占第一位。

去美国留学的中国学生如井喷式的暴增，留学的主流当然是好的，正面的，很多人获得了成功。但是，也出了很多值得思考的问题。比如，被美国学校开除的中国留学生人数连年增加。2016 年 3 月下旬，美国厚仁教育发布了《2015 版留美中国学生现状白皮书》，估算被明确开除的中国留美学生，占留学生总数的 3%左右，2014 年被开除的中国学生总数约有 8000人，这是多么惊人的数字！此外，留学生在海外留学，因遭遇车祸、火灾、抢劫等，导致意外死亡的事例也在不断增多。留学生违法入狱的案例，更是屡见不鲜。本来，每个家庭送子女出国留学的初衷，是希望子女将来有更好的前途，但是由于对国外缺乏了解，准备不足，或松懈放任，等等，导致留学生在国外的学习、生活出了不少问题，有的甚至魂断他乡，这是多么沉痛的教训。

《北京人在纽约》里有句名言："如果你爱他，请送他去纽约，因为那里是天堂。如果你恨他，请送他去纽约，因为那里是地狱。"这句话的含义很深刻。

纽约如此，美国也如此。

美国是天堂，有人实现梦想，收获成功。

美国是地狱，有人魂断花旗，堕入深渊。

去美国留学追求美国梦，无可厚非。每个人的机遇不同，结果也会不一样。成功或失败，有主观因素，也有客观因素。很多时候一个人的成功，往往取决于你是否充分发挥了自己的主观能动性，抓住瞬间即逝的机遇。有时候稍不小心，一次车祸、一场火灾、一个抢劫，都会断送前程，危及生命。甚至仅仅因为对美国老师出言不逊，也会遭受无妄之灾。

笔者旅居美国 20 多年，自己曾是美国圣约翰大学的访问学者，对美国的教育及社会状况有较多的观察。此外，也帮助过不少亲友及年轻一代来美国留学，他们当中有成功的佼佼者，也有落伍的失败者。有感于中国国内风起云涌的赴美留学风潮，很多家长和孩子对美国缺乏了解，盲目跟风，结果常常事与愿违，笔者觉得有责任将美国的一些真实状况告诉国人。于是，用了 3 年多时间，收集整理自己在美国的所见所闻，于是就有了这本小书。书中有近 100 个关于留学小故事，不少故事也许读者闻所未闻，难以置信，但事情都是真实的。笔者希望通过这些故事，让国内的读者能进一步认识美国，尤其希望对那些准备留学的年轻人及家长有所帮助。

谢荣镇

2016 年 7 月 11 于纽约

目　录

Part 1　好的开始是成功的一半 // 005

学校，以及围绕学校产生的一系列问题，是留学生涯最重要的一环，选择适合你的学校，选择适合你的留学时机，选择合适你的留学方式……做自己，才能成为更好的自己。

Part 2　另一种生活的法则 // 083

　　踏出国门只是留学征程的第一步,另一片天空下的生活将从零开始,不要害怕接踵而至的各种情况,你的勇气撑得起你的未来。

Part 3　君子不立危墙之下 // 135

外面的世界很精彩，然而在不同的社会文化背景下，这些你所向往的精彩经常是与未知的危险并存的，在奋斗的路上全力以赴时，别忘了生命是唯一的财富。

Part 4　生活处处皆学问 //201

思路决定出路，方法决定活法，留学是一场单打独斗，学会发现和分辨你身边的机遇与陷阱，细节处的学问，需要用心领悟。

Part 5　不一样的留学 //235

陌生的文化，生活的琐事，学习的压力，留学从来都不是一件容易的事，不逼自己一次，你不会知道原来自己可以走这么远，未来的你会感谢今天的坚持。

Part 6　梦想的力量 // 271

不要只为别人的成就点赞，不要让你只是看上去很努力。榜样的力量你也可以拥有，他们在成功的前一秒跟现在的你并没有什么不同。

导语：目标+毅力=成功

正式展开本书之前，先来看一个故事。

牛牛的大名叫韩笑奇，从小时候起，亲友们都叫他的小名"牛牛"。牛牛的妈妈曲红是我太太在美国的闺蜜。因各种原因，曲红在牛牛读小学的时候就只身来到美国，打工谋生，牛牛则留在国内和姥爷、姥姥一起生活。曲红时刻思念着在国内的儿子，希望能把儿子接到美国读书。但是，在美国办一个合法身份，一直是新移民的"老大难"问题，直到牛牛高中毕业，依然来不了美国。曲红牵挂着儿子，只能依靠越洋长途电话与儿子联系，常常是一边与牛牛通话，一边默默地掉着眼泪。

也许是因为父母长期分居，而后离异，加上姥爷和姥姥都是离休老干部，对牛牛教育很严，使牛牛的性格变得早熟而且沉稳。他话不多，但善思考，有主见，从小学到中学，都是学校里品学兼优的好学生。2005年高考，牛牛以优异成绩考上了北京第二外国语学院。那年我回北京出差，特地去学校看望牛牛。牛牛对我说，他最大的愿望是能去美国留学，尽快和妈妈在一起。我鼓励他努力学习，以优异的成绩争取留学签证。

2006年，几经波折，牛牛终于被纽约布鲁克大学（Brock University）录取，拿到了留学签证。牛牛迫不及待，很快就飞到美国与妈妈团聚。当年离别时，牛牛还是个小男孩，如今牛牛已比妈妈高出一头。在机场见到高大英俊的儿子时，曲红激动不已，母子俩紧紧地拥抱在一起，为来之不易的团聚流下幸福的泪水。

最初，牛牛的理想是成为外交官，为此他曾在读中学时学过两年韩语。到美国后，他看到母亲打工很辛苦，知道母亲为了他能来美国，付出了太多太多，他被伟大的母爱所感动，想尽快完成学业，找到工作，让母亲过上好日子。所以，牛牛选读了商科。又因为会计师在美国吃香，好找工作，所以牛牛读的是会计专业。

一天，牛牛在网上偶然看到一篇文章，说精算师在欧美是金领中的金领，在中国也是十分稀缺的人才。精算师薪资很高，在美国十大高薪行业中排名第6，年薪在13万美元左右。牛牛动心了，经过几天的思考，他决定改读精算师，这时他在会计系已读了半年。

在美国读精算师是件很难的事，因为课程要求很高，很多学生最后只能知难而退。但牛牛是一个不怕困难的人，他以顽强的毅力投入学习之中。

读精算最重要的是数学一定要好，但是牛牛的数学成绩在国内读高中时只有中上水平，可想而知他最初改读精算时是多么吃力。但是，善于思考是牛牛的优势，他不断思考着如何改进学习方法，突破数学难关。一次，牛牛在做一道数学题时，用英文的思维方式去思考解题，发现数学题很容易解答，再用中文的思维方式去解题，却变得很难。他豁然开朗，之后一直用英文思考方式去学高等数学，难题迎刃而解，势如破竹。从此，牛牛各门功课在班里一直名列前茅。

做精算师要经过很多次考试，而且每次考试费用都很高，曲红给了牛牛最大的支持，母亲的鼓励也成了牛牛的最大动力。2010年，牛牛从布鲁克大学毕业时，8门精算师必考课已通过3门，获得准精算师资格。毕业后，牛牛顺利通过一家大公司面试，得到一个很不错的工作岗位，第一年的年薪比一般商科大学毕业生高出很多。

然而牛牛并没有停下深造的脚步，他的目标是成为正式精算师。但是越到最后，考试的关卡越严。他所在的公司也很支持他向精算师的高峰攀登，每当牛牛考过一级，都给他加薪，一般每考过一级都加薪5000美元以上，最难的一次考试，牛牛通过后，公司立即给他加薪1万多美元。如今，正式精算师的所有考试，牛牛都已全部通过，已获得正式精算师的资格。他最初定下的奋斗目标，已经实现。

随着职位的提高，以及凭借在公司的优秀表现，牛牛的待遇也水涨船高，现在已拿到了精算师应获得的高薪。他工作的第二年，就在纽约长岛的好区，给妈妈买了房子。牛牛很高兴自己实现了美国梦，也让妈妈过上了好日子，妈妈也找到了如意的第二春。现在，一家三口生活在一起，其乐融融。刚到而立之年的牛牛，并不急于成家，他希望能进一步巩固发展自己的事业。所有认识牛牛的亲友，都夸奖他是个争气的好孩子。

牛牛是个谦虚的人，每听到有人夸奖他是"成功人士"的时候，牛牛总是淡然一笑，借用孙中山先生的名言回应："革命尚未成功，同志仍须努力。"

牛牛的奋斗经历可以用一个公式来总结：

目标+毅力=成功

目标：牛牛留学的目标很明确而且具体，不好高骛远。最初，他看到母亲为了他能出国留学辛苦赚钱，为了让母亲过上好日子，他选择毕业后容易找到工作的会计专业，后来看到精算师职业待遇更好，决定改读精算师。

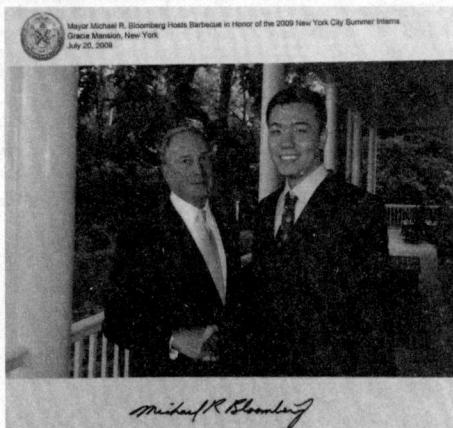

2009年，牛牛获纽约市长彭博（左）亲切接见

而很多留学生对留学的目标并不明确，缺乏具体的努力方向。有的人留学一两年了，对将来的就业方问仍没有头绪。有的学生是在家长安排下"被留学"，对将来更没有具体打算。也有的人目标定得很高很空泛，表示将来要当科学家、作家、设计师之类，要努力的方向就很模糊、笼统。

毅力：顽强的毅力，是牛牛成功的又一要素。正如富兰克林所说："从事一项事情，先要决定志向，志向决定之后就要全力以赴毫不犹豫地去实行。"牛牛不因为家庭的变故而心灰意冷，也不因为家庭的经济困难而退缩，而是毫不畏惧地全力以赴，以坚韧不拔的毅力，去克服求学之路上所遇到的一个又一个困难，一步一步地向目标迈进。

正在留学或即将留学的年轻学子们，希望你们能从牛牛的奋斗经历中，得到一些有益的启发。

Part ①

好的开始是成功的一半

　　学校，以及围绕学校产生的一系列问题，是留学生涯最重要的一环，选择适合你的学校，选择适合你的留学时机，选择合适你的留学方式……做自己，才能成为更好的自己。

在国外读高中比国内轻松?

　　一天早上去上班,在家门口看到一个小留学生背着很沉的书包从我面前走过,"叔叔,早上好!"他热情地跟我打招呼。"早上好!"我一边回话,一边顺便掂了掂他肩上的书包,"你今天的书包很沉啊!"我说。

　　他回答说,书包里装的都是今天课堂上要用的教材和参考书,有时候没那么多,说完挥挥手,急匆匆地坐巴士去上学了。

　　由此,我想到了前些年儿子瑞克在美国上高中时背书包上学的样子,也想到了我所认识的许多小留学生,让我很想跟国内的学生和家长,谈一谈在美国上高中轻松不轻松的问题。

　　国内很多人都认为在美国上高中很轻松。许多中介的招生广告也鼓动中国的高中生:"避开千军万马过独木桥的中国高考激烈竞争压力,到自由宽松的美国校园去圆大学梦。"而据笔者了解的实际情况,在美国上高中表面上是很自由很轻松,但实际上并不轻松,学生所承受的压力甚至不亚于在国内上高中。

　　为了更具体地了解小留学生在美国读高中所面对的压力,我特地访问了近10个小留学生,他们当中有的刚高中毕业,正在上大一;有的正在读高中最后一年。他们当中,只有一个学生认为在美国读高中比在中国轻松,而其他学生大多数都认为,在美国读高中的压力很大,只是压力的形式与中国不同而已。

　　刚刚在纽约大学（New York University，NYU）上一年级的小王，今年18岁，15岁时从四川来美国留学，在美国的东北部读了3年的高中。她在接受我访问时说："以我的角度来看，在美国上高中比国内压力大很多。"

　　小王说，首先，一个人在国外完全靠自己，尤其是刚来前几个月，要花很多时间适应环境。然后，因为她是在东北部上高中，那里的人相比其他大城市的人比较穷也很少接触到外国人，特别是亚洲人，所以想要跟当地人交朋友特别难。还有，虽然平时学的东西可能比国内简单，但做作业全部要靠自己，不像在国内可以同学之间互相抄。尤其是在高中毕业之前，大学的申请都靠自己去写，想写好要花很多功夫，然后送去给学校老师修改再自己网上提交。那段时间她每天熬夜写申请，再加上要做其他一系列的准备，忙得不可开交，非常疲惫。总的来说，在美国读高中想要取得好成绩，并不是一件容易的事情。

　　从广西来到纽约的17岁的留学生小覃，正在读高中。她对我说："在美国高中，学习的压力主要源自语言问题，因为英文不如本土学生，学习各个方面都比当地的同学吃力，课下要经常自习才跟得上学校的课程进度。"

　　来自北京的留学生小李，在美国从9年级读到12年级，高中毕业后上了大学。他对我说，出国留学前，以为来美国读高中很轻松，到美国亲身经历了才知道根本不轻松。在他看来，八九年级之前的美国中小学生上学很轻松，但读高中的最后几年压力非常大。他说："在美国读高中轻松只是个传说。"

　　我注意到有不少教育专家对比中美两国的高中教育，也认为中国学生在美国读高中压力大。其中，北京大学生命科学学院前院长饶毅就说过："如果把美国的高中教育原封不动地搬到中国，绝对不会是减负而是增负。"

　　以我个人对美国高中教育的观察与了解，在美国读高中表面上轻松，实际上是外松内紧。我略加归纳大约可以说有"两松"和"两严"：

　　一是高中学生上课很轻松，但老师对作业和考试的要求很严。

　　二是管理差的美国中学对学生要求很松，好的美国中学对学生要求很严。

先谈第一个"松"与"严"。在美国上高中，学生上课的情形的确是轻松愉快的，老师与学生经常互动，课堂气氛活跃。不像中国许多高中，老师一人站在讲台上照本宣科，学生在下面鸦雀无声，极少互动。但是对于学生的作业和考试，美国老师的要求却很严。

美国高中生的作业并不见得比国内学生少，只是作业形式相对自由，但强度却不轻。美国高中科目多，作业都没有标准答案，学生做作业、写报告，有时一项作业要写几天。从初中开始，美国中学生的作业最突出的特点是阅读量大，英文原著都是学生的阅读范围，学生的负担不仅仅来自课本、教材。因此，不少学科都要求学生阅读大量参考书。有人做过统计，美国高中生一年需要背约 52 公斤重的课本和必读书，一些选读的参考书尚不包括在内。仅仅阅读量这一点，美国高中生的阅读量可能是国内高中生的十几倍甚至几十倍。另外，各门学科都要求学生在作业中表现独立的理解能力和创造力。再加上英语上的障碍，读高中的小留学生要完成作业绝对不是件容易的事。

相比之下，国内高中生的作业，大多是练习题和试卷，都有标准答案，学生只要按要求去完成，最后得出与标准答案一致的结果就可以了。

单单是看完成作业一项，美国高中生究竟轻松不轻松，就很好判断了。美国高中大多数上午七八点上课，下午 3 点多下课，一共上 6 节课。一般高年级的学生修的课程都较难，每门作业布置的时间上限是 55 分钟，如果一人修 5 门，5 个 55 分钟就是 4 个多小时，作业负担相当重，很累人。许多小留学生常常要挑灯夜战写作业，到夜里 12 点才能休息。

加利福尼亚州圣心高中的学生杰克，在一篇文章中写道："今年升上十年级，我觉得真是太忙了。在圣心高中，人人都很忙。今年我的功课很多，考试也很多。除了周末以外，天天都要开夜车，不然作业就会做不完。

"我每天上学的行程都非常紧凑，从星期一到星期五，早上 6：40 分起床，然后马上去上学，每天有 5 门课。放学后，一回到家就要写作业。因为经常很晚睡觉，所以天天都觉得很累。我忙到没办法从事任何自己喜欢的活动。虽然我没有参加任何社团，但是时间还是不够用。我看我今年会忙不过来。"

美国学校对学生的要求严格，不仅仅表现在考试上，平时的作业及表现比考试更重要，对学生也是很大的压力。

我采访的其中一个留学生说，她所在的高中，大考成绩在毕业成绩中只算 20%，平时的作业、老师的评分、平时的小测试及表现，都很重要，占总成绩 80%。学生必须每天都表现得很积极，课堂上要多发言，并按时交作业，才能得高分。有的老师给作业打分很严，如果有人一门课有一次作业忘交了，或者交得晚了，这门课他就有可能得不到 A。

再谈第二个"松"与"严"。并不是所有美国学校的管理都很好，在那些管理差的美国中学，往往对学生要求很松，只有排名靠前的美国中学对学生要求很严。相比之下，那些学费高昂的私立高中管理就很严。治安不好的学区里的高中，学校管理松懈，学习风气也差。

一个学校的教育质量与教师有很大关系，中美两国的教师有很大的不同。有留学生对比中美两国的老师，认为中国的老师像妈妈，很强调自己的权威，会关心学生，也会责骂学生，当学生分心时，他会督促得很紧。美国老师一般不会这样，都是要学生自觉去学习，他不会专门去管你。在美国得靠自己好好学，不然成绩会很差。美国老师虽然会耐心解答学生的问题，但他们是下课就走人，不会留下来专门陪一个学生，辅导你功课。在那些管理差的学校，美国老师更不会去督促学生学习。

在美国的一些管理差的公立中小学，确实是很宽松，宽松到学生上课睡大觉、聊天吵嘴、吃东西、不做作业，学生迟到或逃学，老师都不会管你，更不会找学生谈话。老师只是把这些都记录在案，仅每个学期通知家长一次，告诉家长你的子女各门课的分数，以及上学迟到多少次，逃学多少次。学生成绩好不好，能不能毕业，是学生自己的事。因此，不少留学生进了那些管理差的学校，不但没学好反而变坏了。我在美国认识的留学生中多数是好的，但我所知道的因打架斗殴、盗窃、吸烟喝酒，甚至吸毒，最后被学校开除的例子也有好几个。

更为严重的是，因为美国学校不对学生进行思想道德素质教育，学生上学之外大量课余时间无人监管，留学生的家长不在身边，监护人一般也不会像管自己的孩子那样严格，一些问题严重的留学生甚至会违法犯罪，最后被判刑或被遣返回国，更有的因酒后飙车发生意外，失去了宝贵的生命。

因此，我奉劝国内的家长，千万不要以为送儿女去出国留学是件轻松的事，也不要把中国的教育批评得一无是处。对于那些思想不够成熟，或者娇生惯养、自由散漫，又不喜欢读书的孩子，留在国内的学校读书，父母、老师和亲友还能随时进行关心和教育，这样要比贸然送孩子出国留学好得多。

美国学校的宽进严出

　　有人觉得时下在美国读书太容易毕业了，甚至开玩笑说，让一头猪进入大学读书，几年后都可以毕业，堂而皇之戴上顶硕士帽、博士帽，这有哈佛大学（Harvard University）门口的"猪头"雕塑"作证"。久而久之，似乎哈佛大门的"猪头"成了美国教育宽松的一个佐证。

　　而笔者在哈佛对"猪头"的来历做了考证，发现哈佛的"猪头门"另有典故。

　　1794 年，哈佛的学生们秘密地成立了一个社团——坡斯廉俱乐部，美国前总统西奥多·罗斯福曾是这个俱乐部的会员。最初俱乐部会员聚会时，晚餐中必有一道烤猪肉，因此被斯廉俱乐部也被称之为"猪俱乐部"。有一次，俱乐部成员参与一场球赛，取得了胜利，聚餐庆祝时凑巧没有猪肉，一位学生弄来了一个猪头，于是这个猪头光荣地成了他们的腹中餐。或许是他们认为猪头给俱乐部带来了好运气，所以后来猪头就成了该俱乐部的主要象征和会员崇拜的偶像，这就是哈佛"猪头门"最早的来历。这个猪头雕塑实际上是早期哈佛冲破禁锢、追求真理、争取宗教信仰自由的象征。至于后来有人把它说成哈佛能把"蠢猪"教育成才，甚至比喻为美国教育宽松，只是一种幽默的调侃。

　　无论如何，美国学校的宽进严出的确是众所周知的事实。在国内，我对美国学校的宽进严出没有任何体会，直到我的儿子瑞克到美读高中，才使我真正感受到什么是美国学校的宽进严出。

瑞克初中毕业后到美国读高中，我选择离家不远的贝赛高中让他就读，按规定入学要经过考试，由校方根据考试成绩决定是否录取。考试那天我陪瑞克来到学校，瑞克初到美国，英语不大好，也就会一些简单的英语会话，生怕考不好，而且就他一个考生，心里很紧张。我安慰他说，美国学生数学差，中国数学最差的学生也比美国数学最好的学生强，鼓励儿子别怕。

负责考试的考官是学校的副校长，一个高大的中年白人。他态度和蔼，又带着几分威严，寒暄几句，考试开始了。我安静地站在一旁，看他如何考瑞克。

他出的几道题都很简单，其中有一道几何题：他在一张纸上画了一条直线，又在直线上，斜着划了两条一长一短的并行线，形成角度相同但看起来是一大一小的两个角，然后问，这两个角的度数哪个大，哪个小？瑞克毫不犹豫地回答，这两个角的度数相同，答对了。

考官接着问瑞克，喜欢什么样的体育活动，瑞克答喜欢打篮球。考官有些惊讶，因为瑞克才14岁，虽然身高已超过170厘米，但身体仍显得单薄，与美国同龄孩子相比相差很大，根本不像是打篮球的料。于是考官就接着问他为什么喜欢打篮球，没想到瑞克谈起篮球来了精神，紧张的心情顿时一扫而空，回答说打球可锻炼身体，长个子，有利于学习，等等。瑞克还对考官说，他从小就喜欢NBA和乔丹。听到瑞克的回答，考官脸上露出满意的笑容，站起来对瑞克说："祝贺你，你通过入学考试了。"

就这样，瑞克很轻松地踏进了美国高中的大门。而接下来，令我想不到的是儿子在美国读高中的艰难。美国老师授课并不要求学生死记硬背，而是要求学生理解所学课程，融会贯通。

我常常看到瑞克在家里为了完成一篇作业，要翻阅好几本教科书，做功课经常忙到深夜。依我看，瑞克比在中国上初中时用功多了，经过多次严格考试才拿到高中毕业证。

据我了解，瑞克能高中毕业并考上大学，还算不赖。据美国官方统计，近几年，美国每天大约有7200名高中生辍学，一年总数为130万。

就全美国来说，只有 70%的高中生能拿到毕业证。至于大学生的毕业率也很低。根据哈佛大学教育研究生院的研究报告，美国仅有 56%的大学生能够在 6 年之内完成本科课程顺利毕业。这就是说，接近一半的大学生不能如期毕业，可见"宽进严出"之严。与我国高校 90%甚至 95%以上的毕业率相比，我国可称得上货真价实的"严进宽出"。

美国学校的"宽进严出"，带给中国一浪高于一浪的留学热潮，但很多留学生和家长往往只看到赴美留学的"易"，看到步入中学、大学的"宽"，而看不到求学中的"难"与毕业的"严"，很容易适得其反。

在美国读高中与大学，学生首先需要完成大量的课外阅读和写作任务，需要动脑思考，才能在课内与老师及同学交流，并获得好成绩。这与中国填鸭式的教育方式截然不同。加上中国赴美国读中学、大学及研究生的学生，在第一个学期往往觉得特别困难，既有语言障碍需要克服，更有心理难关需要突破，还有学习方法问题需要解决，加上美国教育巨大的阅读量，都让很多留学生难以应付，相当数量的留学生无法适应美国学校的"严"，只好早早就"败下阵"来，退学回国。这些赔了金钱又折兵的教训，值得准备赴美的留学生记取。

孩子何时出国留学为好

笔者长期在美国工作，对美国教育有所了解，所以不少朋友很希望向笔者了解留学的相关信息，为孩子留学做准备。最初，他们提出最多的问题就是，孩子什么时候留学最合适，是大学毕业出国读研究生好呢，还是高中毕业直接出国读本科好？随着小留学生越来越多，有的朋友又问，年纪多小的孩子适合去留学？出国读中学好不好？

这些都是家长很关心的问题，也是很难回答的问题，因为每个希望留学的学生的情况都不同，何时留学为好，必须根据各人情况做出相应判断，不能以年龄一刀切。

几年前，我的一位朋友闭先生到美国考察访问，到纽约找我希望帮助他的女儿来美国留学，当时他的女儿小馨正在读初中二年级，13岁。我当即表示，小馨年龄太小，还是在中国读了大学再来美国留学好一些。但闭先生说，小馨所在学校高考升学率很低，按小馨的成绩很难升入好的高中，更不可能考上大学，来美国留学读中学，也许能给小馨一条新的出路。

我想了想，问小馨有什么特长，闭先生说，小馨在学校的功课虽然不是很优秀，但她从小爱弹钢琴，经老师多年指导，已有五级水平，还在学校演出时表演过钢琴独奏。我觉得小馨的钢琴水平虽然不是很高，但对于在南方山区的一个中学生来说，已经是很不错了，可以用来申请留学。在我有建议下为小馨申请了美国一家音乐学校，想不到这所学校的校长亲自回信,同意小馨来留学,因小馨年纪小,校长还特地同意她的妈妈来美陪读。

凭借学校录取通知和校长的信,没有良好英语基础的小馨,14 岁那年和妈妈一起来到美国。闭先生是公务员,收入有限,女儿的留学费用对他而言是个很大的负担。但闭太太来美国后通过律师办了工作许可,正好遇到一个华人房东需要管家,闭太太获得了这个工作机会,食宿有了着落还有工资,女儿上学也有了保障。几年过去,懂事的小馨高中毕业,考上了著名的南加州大学(University of Souther California,USC),现在已经是大三学生,品学兼优。

从小馨的故事看,出国读中学再读大学,是正确的选择。

还有另一个故事,我我堂弟的女儿谢天娜。堂弟在天娜读中学时就想我帮助她出国留学,考虑到侄女的学习情况和家庭经济情况,堂弟在县城只是普通干部,收入不高,天娜出国留学的开销,家里吃不消,我建议侄女在国内读了大学,再争取申请美国大学的奖学金来美留学。堂弟与侄女接受了我的建议,高中毕业后考入大学英语系,2010 年毕业后,成功申请到美国俄亥俄州州立大学(The Ohio State University,OSU)奖学金,2013年毕业。从天娜的方式看,在中国大学毕业后再出国留学读研究生,这样的选择也是对的。

分析上述两个案例,早留学有它的好处,晚留学也有它的优势,各有各的长处,要根据具体情况审慎考虑。

综合一些留学生的经历与有关专家的建议,学生何时出国留学为好,有以下四种选择:

第一种选择,成绩优秀的学生若家庭经济条件允许,出国留学越早越好。

经验证明,学习成绩优秀,自我约束能力较强的学生,如果家庭有足够的经济条件,家长可以为孩子留学早做准备。收集相关留学信息,选择适合孩子的留学国家,争取早日出国留学。初中或高中毕业后留学都是很好的时机。这个年龄段留学,既不会忘记中文,外语学习进步又很快，能很快适应外国的学习环境，融入当地文化，为继续升学做准备。

出国读高中有以下几个好处：第一，有利于提高学生的语言能力，有研究表明留学孩子的年龄越小，接受能力就越强、越容易熟练掌握外语。第二，有利于学生更深入了解当地文化，进而融入当地文化。如美国的高中都开设有丰富多彩的文化、体育活动，以及各类学生团体，平常学生除了学习课本知识之外，参加学生活动对培养自己的社交能力很有用。第三，有利于以后直接申请留学国家的大学。第四，除了为孩子进入留学国家的大学奠定基础外，还能为家长节省不少的时间和金钱。

第二种选择，思想不够成熟者建议晚些出国留学。

有的孩子学习成绩虽然优秀，但思想不够成熟，性格不够坚韧，又怕吃苦受累，如果家庭经济条件一般，不建议这样的孩子过早留学。这样的孩子适合在大学毕业后留学，那时候他的思想成熟多了，生活经验也多了，这时出国留学会好一些。如果大学毕业的成绩优秀，也便于申请奖学金，减轻留学给家庭带来的经济负担。

第三种选择，经济条件差的情况下要提前准备好足够的经济条件再出国。

就拿美国来说，美国只有大学能给优秀留学生提供奖学金，对高中的留学生没有资助，一些私立高中除外，高中生留学靠自费，所以到美国读中学的小留学生，前提自然是家里有足够的经济条件。如果家长有心让孩子留学，建议早做准备，尤其是资金准备，同时，提早收集相关留学信息，选择适合孩子的国家和学校。

第四种选择，如果学生学习目标不明确，缺乏吃苦的思想准备，在国内学习成绩又一般，或者只想出国留学"镀镀金"，建议这样的学生就不必留学了。

成功不一定要上名校

　　我朋友周先生的女儿薇薇很优秀，托福和 GRE 考试都得了接近满分的好成绩，想来美国留学。周先生夫妻俩都是中央机关的干部，"清水衙门"根本负担不起女儿留学的费用，周先生与女儿了解到哥伦比亚大学（Columbia University in the City of New York）的奖学金很优厚，向我咨询如何申请。为此，我请教了在哥大任教授的一位朋友。

　　朋友的回答使我很意外，他说，申请哥大奖学金的中国学生很多，而且托福和 GRE 的成绩也都比其他国家的学生高出一大截，为公平起见，哥大一般都不给中国留学生颁发奖学金，就是有也是极个别。他建议薇薇改为申请美国其他大学，不一定要上名校，获得奖学金的机会一定更多。

　　我认为朋友的意见很在理，周先生一家人听取了建议，放弃哥大而改为申请美国中南部一家非名牌大学，结果薇薇获得每年三万多美元奖学金，与哥大的奖学金差不了多少，高高兴兴来美留学。薇薇很争气，几年后，拿下硕士、博士学位，成功进入美国 50 强之一的大公司工作。又过了两年，买了大房子，结婚生子，实现了"美国梦"。薇薇学有所成，还经常应邀回国到国内的大学讲学，为祖国做力所能及的贡献。周先生退休后每到美国探亲，都要取道纽约，感谢我当年的帮助。

　　在我认识的留学生里，像薇薇那样没有读美国名牌大学，却在美国找到高薪工作的有好几位。

朋友高先生的儿子高阳，从上海来美国读高中，然后上大学，学的是金融专业。他没有上哈佛等常春藤名校，读的是排名中等的大学。高阳是个非常刻苦的孩子，功课都很出色。从读高中开始，每当学校放假，他都争取机会去打工，或者到一些非盈利机构当义工。上大学后他因学业优秀，热心公益，为人公道，又能团结同学，被选为学生会主席。

大学毕业后，一个偶然的机会，高阳得知华尔街一家金融公司招收员工，他抱着试一试的心态递交了申请。本来，像高阳那样不是常春藤名校的本科生，要想得到华尔街的工作非常之难，很多常春藤名校的硕士、博士都很难挤进华尔街，本科生自然就更难了。但是高阳凭借优秀的专业成绩和他热心公益的经历，以及学生会主席的职务，获得了面试的机会。面试时，高阳熟练地回答了几个专业问题，沉稳冷静而不失机敏的个性又给他加分，终于被美国著名的金融公司破格录取，工作第一年年薪超过 6 万美元。又因他工作能力出众，公司第二年就给高阳升职加薪，年薪高达 10 万美元，加上年终奖金，年收入甚至超过了一些哈佛等名校的毕业生。

说到这里，笔者想强调，本人并非不主张进入名校读书，只是说，没有能够进入名牌大学照样有机会成功。

时下，国内许多学生与家长，都把出国到名校留学作为终极目标。为了实现这一目标，学生为此什么苦都得吃，家长也什么都愿意做，甚至倾家荡产在所不惜。名校成了年轻学子人生成功与否的第一块奠基石，但很少有家长会去想，孩子是否合适上名校，是不是有更合适孩子上的大学。

可以说，这种名校情节是很多国人的一个误区，在人们心中，名校等于成功，进了名校就等于有了金饭碗，前途无量，不必为找不到工作发愁。国内书店里关于哈佛精英、名校指南一类书籍也汗牛充栋，为国人的名校情节推波助澜。但是，就如在国内，高考生不可能人人上清华、北大，上了清华、北大也未必成为成功人士。同理，到名校留学未必就拿到了成功的通行证，关键要看留学生本人学到了什么真本事。

　　笔者发现，在美国主流社会也反对学生盲目追求名校。2011年9月，《纽约时报》（*The New York Times*）曾发表一篇文章，分析了美国名校的种种不足，认为物非所值。文章认为，美国名校的名教授很少亲自授课，大学越来越多依靠兼职老师教授本科课程；学生难与教授直接联系，多数大学鼓励终身教授休假，加上寒暑假，本科生可能无缘与名教授见面；设备一流，教学质量打折，部分大学具备豪华食堂、健身房，但所需费用都转嫁至学生；美国名校非职业保障，根据针对九百多名普林斯顿大学毕业生的调查得知，仅有少数人在事业上取得成功，因此，事业的成功与否与所读大学是否名校基本无关。

　　《纽约时报》的文章还认为，美国许多不是名校的公立大学教学水平并不差。许多大学学费低廉，但其教学水平堪比常春藤名校。

　　成功不一定要上名校，只要努力，不上名校也能获得成功。这一点，很值得留学生和家长们思考和借鉴。

留学不要只选大城市

目前国内有不少家长送孩子出国留学，不管是读高中还是读大学，都喜欢选择大城市，到经济发达地区的学校上学。认为这样不仅有利于孩子读名校，毕业后就业的机会也多。笔者认为，选择经济发达地区留学无可厚非，但这也是国内许多人留学观念不够理性的一个误区。实际上，留学选校不要只关注经济发达地区，相对偏僻的地区对留学生同样大有好处。

我的侄子谢国颖在国内大学毕业后，申请来美留学，目标是纽约、波士顿、旧金山、洛杉矶这些大城市的学校。他能来美留学，我十分高兴，自然全力支持。纽约的大学很多，如果侄子能在纽约的学校上学，我可以多加照顾，也是一件好事。可是我考虑再三，还是给侄子提出建议，不要选择纽约等经济发达地区的学校，应该选择远离发达地区相对偏僻的学校留学。

理由有三点：

第一，发达地区的大城市中国移民很多，如纽约、洛杉矶、旧金山等地，是华人聚居最多的地方，留学生也很多。留学生扎堆的地方，不利于学习英文，也不利于融入美国社会。

据 2014 年 3 月美国联邦移民和海关执法局（U.S. Immigration and Customs Enforcement）发布的一项报告显示，中国学生最多的 10 所美国大学，几乎全部地处大城市，其中，南加州大学（University of Southern

California）拥有的中国留学生最多，占全体学生比重高达到 26%；纽约大学（New York University）中国留学生占全体学生比重 18%；加州大学洛杉矶分校（University of California，Los Angeles，ULLA）中国留学生占全体学生比重 15%；哥伦比亚大学（Columbia University）中国留学生占全体学生比重 16%。

许多集中在大城市或在大城市附近的美国大学，学生一般都有数万人，按所公布的比重计算，每所学校中国留学生都多达数千人。除了上课，国内来的留学生喜欢聚在一起，日常都讲中文，显然不利于留学生学习和提高英语水平。

还有，像纽约这样的大城市，是各国移民聚居地，各族裔的语言各异，说的英语都各有口音腔调，口语很不标准。如有的大学里的印裔或日裔教师，他们讲课许多母语是英语的学生都听不懂。相反，在美国一些中小城市的大学及稍为偏远的地区，以白人居多，学校里的师生也以白人为主，英语纯正，有利于中国留学生学到一口纯正标准的英语。

第二，发达地区生活方便，环境繁华，但诱惑也多，不利于专心学习。相反，在偏远地区学成后，却能增加到发达地区就业的筹码。

第三，发达地区交通便利，交通事故就很频繁，治安隐患也多，偏远地区民风淳朴，安全系数相对高很多。

侄子听了上述三点理由，就没有去申请纽约等大城市的学校，而是申请了俄亥俄州南部一所大学。正如我所分析，那里的语言环境对他的英语提高有很大帮助。在那里他完成了研究生的学业，接着又到美国中部地区攻读博士，并取得博士学位。侄子只用了几年时间，就从一个普通中国留学生成长为美国大学教师，现在，侄子已经是维珍尼亚州的一所大学的教授了。

后来我的侄女来美国留学，以及国内一些朋友的子女相继来美留学，我都尽量建议他们不去大城市的学校留学，而是选择一些中小城市的学校。

笔者认为，去美留学避开大城市，有利于减轻升学、在校学习、经济负担这三方面的压力。

无论你是申请大学还是申请读研究生，都首先会面对升学的压力。留学地点如果避开大城市，避开名校，而选择美国一些中小城市的学校及稍为偏远地区的学校，有利于提高被录取的概率。

众所周知，美国常青藤名校录取率很低。地处大城市的经济发达地区的学校，报名申请的人很多，被录取的概率自然就会减少。以南加州大学为例，在2013—2014学年中，有超过45000名高中生申请，录取率为19.6%，也就是说，高达80.4%的高中毕业生被拒之于门外。哥伦比亚大学MBA项目入学竞争压力很大，每年大约收到5500—7000个入学申请，录取率仅为15%左右。哈佛、耶鲁（Yale University）、麻省理工（Massachusetts Institute of Technology，MIT）和普林斯顿（Princeton University）4所世界上最难进的大学，录取率均低于10%的学校。

相比之下，美国一些中小城市的学校及稍为偏远地区的学校，录取率要高得多。而且，进了一般的学校并不是说就与名校无缘了。相反，只要你够优秀，名校的大门随时为你敞开，在一般的大学拿到学士或硕士之后，你完全可以申请到名校读硕士或博士。

在大城市留学，面临第二个压力是学习上的压力。与小城市相比，大城市的学校学习上的压力相对要大得多。加上大城市各种娱乐、应酬也多，无形中也加大了学习上的压力。我所熟悉的一位小留学生，在美国东北部的一个小城市读私立高中，那里人口稀少环境优美，她集中精力投入学习，高中毕业后被纽约大学录取。纽约是美国最大的城市，来来往往的人也多，第一学期的功课本来就很紧张，忙得她喘不过气来。可是亲戚、朋友、同学来了总得见个面吃顿饭吧，一来二去，耽误了做功课的时间，只能熬夜完成作业，使她苦不堪言。

至于哈佛、麻省理工这些名校，全世界优秀的学子云集在那里拼搏，更是学生学习的"高压锅"。我多次走访那些学校，看到不少学生一边走路一边看书，校园内各个角落，到处都有静静地坐在那里看书的人。学生读起书来不管时间，睡起觉来也不管空间，学生入学后学习的刻苦程度十分罕见。常有一些学生忍受不了如此沉重的压力，无奈退学或毕不了业。

在经济发达地区的大城市留学，面临第三个压力是经济负担加重。大城市的学费贵、生活成本高，是绕不开的问题。

暂且不提大城市的治安问题，媒体上常常看到重大犯罪案件，大多发生在发达地区的大城市。如果仅从经济上考虑，大城市生活费昂贵，对留学生就是一大负担。

据美国媒体报道，美国 2013 年发布的一项经济政策报告显示：经过对651 个小区食品、交通、住房、儿童保健、医疗和税收成本等项指标调查，纽约名列全美生活成本最高的城市。纽约四口之家一年的基本生活费用93500 美元，首都华盛顿特区 88600 美元，波士顿 85600 美元和旧金山 84100美元占据第 2、3、4 名。居住在纽约市的生活费用是密西西比州的两倍之多。在密西西比州的马歇尔县，年收入 48000 美元就可以过上舒适的生活，而纽约曼哈顿年收入在 93500 美元的四口之家，其家庭收入仅可以用来支付食品、交通、住房、医疗保健及税收费用，但却无法支付休假、外出就餐或适当储蓄的费用。马歇尔县的住房平均每月租金约 500 美元，不到 10万美元可以买到舒适宽敞的大房子。即使少数保存完好的独栋别墅售价也在 6 位数，基本在 50 万美元以下。相比之下，纽约人花费 3150 美元才能享有一间狭小的卧室，在曼哈顿 100 万美元以下很难买到两居室的住房。

如果再具体一点，拿留学生房租相比较，纽约等发达地区的大城市，一个单房的月租金在 1000—2000 美元以上，而边远地区相同的单间月租只要 200—300 美元左右。

因此，如果是到美国或类似的国家留学，笔者建议最好不要选择在发达地区的大城市。不妨把眼光放宽一些，思考再细一些，到发达地区以外的中小城市或稍为偏远的学校留学，那里的美国传统文化气息浓厚，大学城里生活也很方便，各种社会问题相对比发达地区要少得多。在那里留学，会有意想不到的收获。

绘画在留学中的优势

在美国，我发现一个很有趣的现象，有绘画天分的学生，在申请大学时会比其他学生有更多的优势。

我的朋友殷先生是个画家，他的儿子雷雷从小耳濡目染，绘画很有灵性。从小学起，雷雷在学校的图画课就很优秀，北京的报刊也曾发表过雷雷的习作。谁也没想到，雷雷的绘画特长使他成功申请进入美国的大学。

在北京读中学的雷雷是初三那年申请来美留学的，除了各个学科的成绩，雷雷那些花花花绿绿的绘画习作，引起美国学校的兴趣，也吸引了美国签证官的眼球，使他很顺利地通过申请、拿到签证位小留学生。

在美国读高中时，雷雷的课余时间大都用来写生和练习绘画，同时留心哪里有绘画比赛。类似可口可乐、麦当劳这样的大公司，一般每年都会举行青少年绘画比赛。一次，雷雷参加纽约市举行的绘画比赛，获得中学生一等奖，颁奖典礼那天，当时的纽约市长彭博亲自出席颁奖，还与雷雷一起照了相。这一下雷雷成了学校的名人，学校认为他为学校增了光，同时也为雷雷高中毕业报考大学加了分，使他成功考进纽约大学的艺术专业。

类似雷雷的例子还有很多。芝加哥市的华裔学生雷慧雯，6岁开始学习绘画，从小培养起来的对艺术创作的兴趣，使她在绘画领域不断进步。后来她在老师的鼓励下参加全美绘画大赛，并多次获奖。她的艺术天赋与绘画才能得到了专家的肯定。2012年雷惠雯高中毕业，被哈佛大学、耶鲁大学两所名校提前录取。雷惠雯经过考察，认为耶鲁大学有最好的艺术专业，更适合她今后的学习和创作，最终选择去耶鲁大学深造。纽约长岛塞奥瑟高中学生姜源，从小偏爱画人像、人体结构，她将科学研究主题融入绘画，于2013年提早被哈佛大学录取。

目前，国内越来越多的高中生申请赴美留学，竞争也越来越激烈，绘画的特长也成了许多准备出国留学的中学生的优势。在广东的一所中学读初中三年级的学生小高，在校平均成绩80分，但是托福只考了37分，这么低的分数根本不具备竞争力，在许多人看来，小高连最基本的入学门槛都难以跨越。但是，小高从小在艺术氛围浓厚的家庭中长大，培养了他的绘画兴趣及能力，并且接受过毕业于芝加哥艺术学院（School of

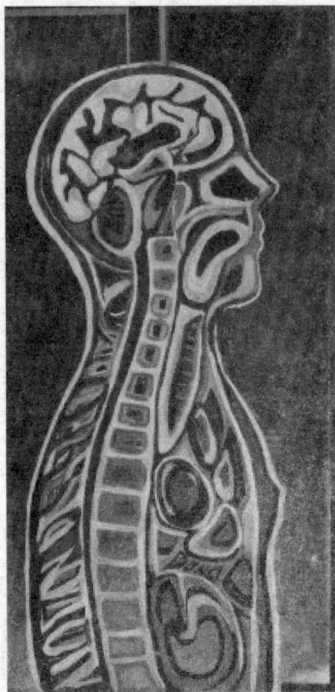

姜源的画作

the Art Institute of Chicago，SAIC）的老师的指导。因此，小高的作品终于打动了美国多家艺术学校的老师，尽管他的托福考试分数很低，仍然被芝加哥艺术学院、因特劳肯艺术学校（Interlochen Arts Academy）、加州艺术高中（Idyllwild Arts Academy）和胡桃山艺术中学（Walnut Hill School of Arts）4所著名艺术高中破格录取。

由于具有绘画才能的学生比一般的学生申请美国的大学更容易，因此美国各大城市的业余美术学校很多，办学的成果也很丰硕。

纽约有一家华人开办的业余绘画学校，每年都帮助数十位学生考上美国的大学，其中不少人考入哈佛等著名学府。2014年，这家学校共有超过50位学生考入美国理想的大学，12名学生被名牌大学提前录取，其中哈佛大学3人，普林斯顿2人，耶鲁大学1人。在各种学校多如牛毛的纽约，这家美术学校培养艺术人才的成绩，可以称得上首屈一指。

笔者曾为此向一位纽约艺术家请教，为何有绘画天分的学生更容易被美国大学录取？

艺术家讲了三点理由：

首先，绘画可以发展提高少年儿童的智力。人脑分为左与右，左脑主要控制着知识、判断、思考等，和显意识有密切的关系，通常左脑较发达的人文科目较强；而懂得活用右脑的人，听音就可以辨色，或者浮现图像、闻到味道等，所以右脑与数理科目的发展有密切关系。而学习绘画可以平衡脑力发展，提高创造力、欣赏力和审美能力。

其次，绘画可以改变或缓和较激烈的特殊性格，美国的许多教育工作者，在面对精神无法集中或是有过动症倾向的学生时，往往都是以绘画的方式，培养学生的专心、耐心和毅力。尤其许多过动或是个性孤僻的孩子，也可以从他们的美术作品中，探索他们内心的世界，进而做分析和沟通治疗。

第三，过去的20年里，由于社会发展需要，美国各大学和学院的美术建筑、服装、平面、工业设计等科系十分吃香，招生人数增加，无形中也给绘画优秀的高中生提供了更多上大学深造的机会。而且美国大学招生规定，凡考生参加各种美术大赛获奖者，占申请大学总成绩的20%，这是一项别的学科所没有的优势。

对于热爱绘画的中国青少年来说，如果有志于在绘画专业上有所发展，建议做好各种准备，申请去美国留学深造，或许是一个不错的选择。

不考托福能否来美留学

我有一位北京的朋友很希望正在读高中一年级的儿子能到美国留学，但是儿子两次参加托福考试，成绩都不理想，朋友心里很纠结，问我有没有办法帮助他的儿子不用考托福又能来美留学。

我向这位朋友详细介绍了留学美国必须考托福的要求，同时也介绍了一些可以不考托福就能来美留学的变通方法。这些方法都符合美国政府的相关规定，而且可以获得美国签证官员的同意。需要说明的是，笔者不是这方面的专家，权威的答案一定要咨询留学咨询专家或律师。

按规定，外国学生不论是中学生还是大学生，来美留学都要考托福，校方根据托福成绩高低决定是否录取。尤其是在考生不能提供 SAT（美国高考成绩）或 ACT（美国大学入学考试）成绩的情况下，一定要考托福，托福成绩已成为申请 offer 的敲门砖。多数的美国大学对国际学生的托福成绩都有最低要求。一般来说，排名高的美国大学录取的标准要求托福成绩都要 100 分以上，其他院校大部分要求在 80 分以上，一般学校的最低要求起码不会低于 61 分。但是，美国许多学校的规定比较灵活，只要在中国学校的各科学习成绩优秀，没有托福成绩，学校也可录取，但入学时要通过学校的英语考试。我的儿子 Rick 来美国读高中，就没有考托福。

几年前，我曾帮助过一位在北京媒体工作的小蔡来美留学，他大学毕业，工作了一年，没有考过托福。我建议他先来美读语言学校再读研究生。

原则上，美国移民局对没考托福通过到美国读语言学校再申请其他大学的留学生，在这一方面要求很严，很难给予签证。

我建议小蔡去碰碰运气，并建议他按美国驻华大使馆的要求，准备好签证需要的各种材料，其中有大学毕业成绩单、获奖证书、教授推荐函、财产证明、经济担保等，很幸运，家庭经济条件很一般的小蔡通过面谈，得到了来美签证。

他来美国后只读了半年语言学校，就考入一家美国大学读研究生。在选择学校时，我帮他找到两家不要托福成绩的大学，但都要通过学校的英语考试。考试那天，校方单独给他拟了试题，没有人监考，还允许查字典，不到一小时，考试结束，又过了十几分钟，考试结果出来了，成绩及格。小蔡很快收到录取通知，入学攻读了两年，拿到硕士学位，并在美国找到了一份理想的工作。

小蔡的经历说明了不考托福也能来美留学，在国内没有考过托福或托福成绩不理想的学生，可以参考他的经历。在网上查一下，就可知道美国哪些学校不要托福成绩。

直到现在，不少美国高中依然可以不考托福，但接受用 SLEP（Secondary Level English Proficiency Test，中学生程度英语水平考试）成绩申请，有的学校会加面试作为第二个考核和筛选的标准。另外美国每个学校的具体要求不同，例如有的学校要求在英语国家读书两年以上的学生就可以免考托福。

但是，不考托福来美留学是下下之策，不值得借鉴。考好托福才是上上之策。因为托福考试成绩是国际学生申请美国留学的标准化考试中最普遍的英语考试，是检验学生的英语学习能力、智力因素及学习态度的重要标准之一。所以，想要留学的学生应该做好准备，全力以赴考托福，尽最大可能取得理想的成绩。有了好的托福成绩，是进入美国好学校的先决条件，尤其是读大学，如果没有托福成绩根本不可能申请奖学金。而随着中小学留学生的增多，也直接导致了美国私立高中录取分数线水涨船高。几年前，一般的美国高中甚至只需要进行英语水平测试就能入学，而现在美国高水平私立中学的录取标准，已经提高到托福成绩100分左右。

　　无论如何，想去美国留学的中国学生，一定要努力提高自己要的英语语言能力，经过多年实践检验，托福已经成为对学生英语言能力（包括听、说、读、写）的一项权威测试，如果达不到要求，来美留学的路将非常艰难。

大学先修课程的好处

　　大学先修课程（Advanced Placement，AP 课程）是在美国和加拿大等国家的高级中学里，由美国大学理事会（College Board）赞助和授权的高中先修性大学课程，至今一共有 34 门科目可供修读。许多中国家长与学生对美国中学的大学先修课程了解不多，甚至不知道有这一课程。大学先修课程对于来美国读中学、家庭经济条件又一般的留学生很有好处，很值得去深入了解。

　　大学先修课程相当于美国大学课程水平，比一般的高中课程更深入、复杂和详细。学生通过 AP 考试换取的学分，可以同等换取相应的美国大学学分。

　　在美国，大学的学分就等于金钱，如果你在高中的大学先修课程获得了学分，上大学就可以不再学这些课程，等于为你省下了这些科目的学费。我所认识的在美国读高中的孩子，包括我的儿子，都选修过大学先修课。我的儿子在美国读 12 年级时，选读美国历史和中国语文两门课作为大学先修课，并得到了学分，这对他上大学后很有帮助。

　　在我住处不远处有位中国朝鲜族邻居崔先生，他的女儿崔美玲被麻省理工学院录取，一个重要的原因就是选修了多门大学先修课程。

　　崔美玲在国内读初中时，是个品学兼优的好学生，成绩在学校均保持第一名，还是学校奥林匹克数学组成员。读高一那年她来到美国，进入法拉盛国际高中，从 9 年级读起。该校只有四百多人，老师容易照顾所有学生，加上几乎全数是移民学生，给了她很大的安全感。初到美国读书，因语言障碍，头几个月崔美玲感到很困难，她觉得 SAT 是最大的挑战，虽然她数学一直考满分，但英文成绩始终不理想。她常在法拉盛图书馆饿着肚子苦读，就怕离开去吃饭回来位置就被别人占了。她的刻苦换来了回报，英文成绩从五百多分进步到七百多分，SAT 总分也达到 2210 分，英语的进步，使其他科目的疑难问题迎刃而解。

从来美国读高中开始，崔美玲就把考入名校作为目标，用心探索名校录取之道。她在参加课外活动时了解大学申请、学费补助及奖学金的相关问题，发现大学先修课对她申请名校大有好处。然而，法拉盛国际高中人数少、大学先修课有限，无法证明她的实力，她了解到法拉盛高中大学先修课程较多，便申请转学到法拉盛高中。

申请转学前，崔美玲与法拉盛高中副校长通了三十多封电邮，想确定自己到底能选多少大学先修课，但始终没得到肯定答案。转学后，校方认为她过去上的数学课程难度不足，甚至不允许她选修微积分。经沟通后，她获准在课堂旁听，加上在家自学，她考取了全班第一的好成绩，校方才同意她选修微积分。高中毕业前，崔美玲共选修了生物、经济、历史、微积分、物理、英文等 8 门大学先修课，平均成绩也由 98 分一路升至 101 分。

读 11 年级时，崔美玲入选专门协助低收入家庭优秀学生申请名校奖学金的 Quest Bridge 计划，12 年级暑假她申请到麻省理工学院鼓励女学生主修物理、电机的夏令营。该活动每年仅招收六十多人，不少学生都是为了申请该校而报名。见到许多比自己优秀的学生，崔美玲的学习更加努力。

高中毕业，崔美玲在校平均成绩为满分 4.0，荣获法拉盛高中 2013 年毕业生第一名。

因为崔美玲认为自己 SAT 总分竞争力不够强，申请大学时，原本不准备申请麻省理工学院，她的第一志愿是宾州大学商学院，直到最后一刻才匆匆补上麻省理工学院，没想到竟获得麻省理工校友面试的机会。

面谈在该校友工作的摩根大通银行（J.P.Morgan）进行，校友面试官问崔美玲，你对校园的多元性有何贡献？崔美玲说自己是在中国长大的朝鲜族人，来美后在校是多元文化小组成员、组织文化才艺秀、参加韩国扇舞社、在非盈利机构教成人英语班，也协助华人小区选民登记工作，用一颗开放的心接受不同文化。

校友面试官还让崔美玲谈谈如何面对生活的挑战。她说，母亲很早便来美工作，自己在中国与父亲相依为命。11 岁时，父亲因病行动不便，但仍坚持每天拄着拐杖来学校接她放学，她觉得没面子，总躲在角落里等同学都散去才出来。有一回下大雪，看到父亲捧着烤地瓜在路边等待，刹那间感觉自己应该长大了。后来暑假到美甲店打工，她体会到父母的辛苦，考虑要在上大学时兼职打工赚生活费。

崔美玲对被麻省理工学院录取并不抱太大希望，直到 2013 年 11 月，她收到麻省理工学院录取通知，获知当时只有 5 人获得全额奖学金时，仍旧不敢置信。与此同时，她也获得了加州大学伯克利分校等学校提供的奖学金。但是麻省理工学院给了她 4 年全额奖学金，因此，她选择了麻省理工学院，开始了人生的另一段旅程。

崔美玲的成功经验，证明了大学先修课的重要性，也说明高中先修大学课程能够帮助弱势学生。

现在，美国家庭经济情况不好、学习成绩不是最好的高中生，非常注重申请大学先修课。首都华盛顿友谊中学学生史蒂芬，为了更快实现自己的大学梦，他从 10 年级就开始到大学里修学分。12 年级时，他已经修了 19 个大学学分。与他一同努力的还有其他 50 名学生。这些年轻人自愿参加了先修大学高中项目，他们当中许多人的目标是成为家族中第一个上大学的人。

由此可见，包括中国学生在内的许多美国高中生，都把大学先修课当作跨入理想大学的"梯子"，到美国读中学的小留学生们，也可以好好利用这把"梯子"。

哈佛的"正门"与"后门"

世界闻名的哈佛大学有两条规则，一条是"公开规则"，录取世界上最优秀的学生；另一条是"潜规则"，录取有背景的学生。可以说，公开规则录取的学生走"正门"，潜规则录取的走的是"后门"。

哈佛招生有潜规则早已是公开的秘密，如果是家庭背景够硬，或者家里有钱，可以向学校捐个百来万上千万美元的学生，不用考试，哈佛也会向他伸手。这一点可以理解，因为哈佛需要后台、需要关系更需要金钱，这样哈佛才有更多的发展可能。有研究分析，享受这一潜规则特权的学生比例高达 40%。

王冰芳 2001 年 10 岁时从福建移民来美国时根本不懂英文，连 26 个英文字母都念不全，谁想到 9 年后她奇迹般的被哈佛大学录取。王冰芳没有背景没有钱，家里穷得叮当响，她的父母很有骨气，靠打工养家供女儿读书。堪称寒门学子的王冰芳能考上哈佛，证明了哈佛另一条公开规则：只要你够优秀，哈佛的大门就会为你打开。专家分析说，靠自己的本事考进哈佛的优秀学生约占 60%，这部分人才是哈佛的栋梁与精英。

王冰芳初到美国时已经 10 岁了，但由于之前在福建农村生活，父母远在美国打工，顾不了她的学习，所以文化水平比同龄人要低。到了美国，按年龄她插班入小学 5 年级读书，因为不会英语，她听不懂老师讲什么，也不能与同学交流。她的父母亲在中国只读了中学就移民到美国了，全靠在餐馆打工略懂一些英语，根本无法辅导孩子的学习。王冰芳只好一个人硬着头皮上学，一点一点地强记英语。第一年，是她最苦的一年。王冰芳说，她靠勤查字典学习英语，一年多后才敢开口说英语，从此突破语言难关，学习成绩便突飞猛进。

餐馆中长大的王冰芳，中学时期就一边上学，一边在父母开办的餐馆打工，负责电话接单和一些杂务，在不懂英语的父母眼中，女儿成了个好帮手。王冰芳早就习惯了在学校上课时，不时接到父母从餐厅打来的求助翻译的电话。到了大学，类似的电话仍然不期而至，尽管在同学们看来这简直不可思议，但王冰芳却习以为常，随时帮助父母解决英语方面的问题。

从小学到中学，王冰芳一直是学校里的好学生，高中时期还选修了 15 门大学先修课程，并兼修拉丁文、西班牙文，同时精通普通话和福州话，会弹钢琴和拉小提琴，更是学生会干部。

高中毕业时她报考了几所大学，很快就同时被布朗大学（Brown University）、芝加哥大学（University of Chicago）等名校录取，哈佛大学原先并不在她的申请名单中，而是在收到报名表后临时起意，想到哈佛是最有名也最难进的大学，一贯不服输的她抱着一线希望，向哈佛寄出申请。想不到很快传来喜讯，哈佛也向她抛出了橄榄枝。

王冰芳说，她的 SAT 成绩不算顶尖，只有 2200 多分，这样的分数在纽约市的多所明星高中，肯定不起眼，但是，她有绝大多数高中生没有的生活历练，这是她的最大优势。她认为，哈佛录取她的主要原因是她的一篇申请书。

为了申请哈佛，她很认真的写了一篇申请书，把父母移民的艰辛，以及她学英语的曲折经历写了进去，她在申请书中说，在中餐馆打工日子里，使她深刻体会到知识的重要，生活阅历则使她养成独立、刻苦的性格。她是艰难的生活中得到了磨炼，培养了自己战胜困难的勇气，并表达了自己希望进入哈佛深造的愿望。王冰芳说，一定是这篇文章打动了负责招生的学校负责人，自己才有机会来到哈佛。

如今，王冰芳已是哈佛大学的学生，她对哈佛的课程适应良好，成绩优秀，也积极参与社会活动，结交了许多新朋友，学习生活如鱼得水。相信毕业后，等待王冰芳的将是一个美好的前途。

王冰芳能被哈佛大学录取，主要是因为她本人优秀的综合成绩。但是她那篇申请文章也起到了十分关键的作用。客观地说，如果没有这篇文章，以她不算顶尖的 SAT 成绩，很难获得哈佛录取。

从王冰芳申请哈佛的经历，我们可以看出在申请美国大学时，申请书多么重要。当一所大学在审阅学生的申请时，审核学生所写申请书是很重要的一环。实际上校方也是通过申请书，考察申请者两方面的能力：首先，申请者是否具备一定的写作能力，能否用英语写出一篇拼写正确、语法正确、条理清晰和主题明确的文章；其次，申请者有什么样的想法，为什么要申请这所学校。

申请留学的学生，务必要写好申请书，把你的申请书，当作是向学校招生委员会展示你个人情况的一个难得的机会。学校想招收的不只是一些各科分数高的学生。如果你的申请书没有写好，也许你多年努力所得的各科好成绩，参加 SAT 考试花费的大量时间和金钱，都将付之东流。虽然学习成绩的好坏是你能否入学的关键，但是，把申请书写好了，就有可能战胜很多 SAT 和托福成绩都比你高的竞争者，最终被学校录取，还能获得可观的奖学金。

出国短期游学的好处在哪里

　　肖鹏是我认识的一个小留学生，他来美的过程可谓是一波三折，他读初中时就想来美留学，但那时他年纪小，美国办签证很严，他的签证很难通过。

　　随着中美教育方面的交流加强，来美留学人数逐年增多，面向中国学生的夏令营、冬令营等多了起来。在父母的支持下，肖鹏报名参加了中美私人机构合办的一个中国学生夏令营，终于来到美国佛罗里达州的迈阿密。夏令营的管理很严，不许学生请假离营，也不许亲友前来探望。肖鹏的父母是我在北京的同事，他们原先希望我能见一见肖鹏，给他一些鼓励，可是夏令营组织者严格执行规定，不给见面的机会，所以我只能跟他电话联系。

　　夏令营之所以管理得这么严格，是因为曾有中国学生私自脱团，在美国留下来读书，这是违反美国移民法的，也是一种偷渡行为，所以夏令营组织者不得不严加防范。

　　可是，肖鹏的父母还是希望儿子能在夏令营结束时留下来，投靠在美国的其他朋友，让儿子能在美国读书。我极力劝说他们别这样做。因为私自脱团留下的人，会上美国移民局的"黑名单"，不但不可能获得合法身份，不能合法去上学，一经查出还会被遣返中国，今后 10 年内拿不到来美签证。我还向肖鹏的父母建议，要是肖鹏能按时回国，第二次申请美国签证会容易得多，如果再将所需资料准备充分一些，获得签证就更有把据。

肖鹏的父母接受了我的建议，让儿子按时回国，果然不出所料，肖鹏第二次签证顺利通过，成了一名合法的留学生。现在肖鹏已大学毕业，在纽约找到一份不错的工作。

近年来到美国读大学和高中的中国学生日趋增多，不少家庭改变以往依靠留学中介，或从媒体等渠道获取有关信息，利用假期参加游学团，亲身体验美国文化，走访校园，提早为留学做准备。中美教育界、旅游业纷纷抢滩游学热潮，导致游学团质量参差不齐，部分游学团的安排走马看花，有的甚至将游学团变成了采购团，但也有不少游学团以专精深广取胜，与美国的教育机构及学校合办美国名校深度巡访团，为家长和学生提供了解申请美国学校详细信息的机会。

常常有国内的家长问我，来美短期游学到底好不好。我认为好处是有的，能踏出国门开开眼界，对今后留学也很有用。关键是要选对办学机构，有的主办机构只顾赚钱，办学质量差，收费高，效果并不好。

近些年来，到美国各地游学的中小学生很多。从游学日程看，他们在美国逗留期间，与当地同龄学生在一起上课、玩耍、参观、旅游，表面上，这些学生不可能在课堂上真正学到多少的知识，但实际上，通过各项课外活动，这些学生开阔了眼界，这就是收获。

参加只有一两个星期的夏令营和冬令营，也许对学生以后赴美留学作用不是很大。但是，参加时间约 7 周的美国暑期学校，对申请留学的好处不言而喻。

方文琪是杭州某高中一年级的学生，在一次活动中，她看到了美国一家暑期学校的宣传，使她产生了想去美国一探究竟的想法，为了提升英语水平，她报名赴美参加暑期学校的学习。暑期学校的语言课程相对轻松。每天上午上课，或讨论或参观，除听说能力的相关训练外，还能融入美国文化课程。课余，她跑遍了美国知名大学，比如布朗大学、耶鲁大学、麻省理工学院、达特茅斯学院（Dartmouth College）和波士顿大学（Boston University）。在美国暑期学校学习虽然没有修得学分，但方文琪认为，暑期学校使她感受了美国大学生活，明确了自己努力的方向。虽然这 7 周的暑期学校之行，花了近 10 万元人民币，但后来方文琪被美国斯坦福大学（Stanford University）录取，她参加的暑期学校可以说是物超所值了。

近年来，暑假海外游学数量呈现出逐年增长的态势，且呈现低龄化的特点。对于两三周的时间、花费数万元人民币的海外游学，专家建议，要量力而行，切勿跟风。

校友面试官为什么拒高分录低分

　　每年都有媒体刊登这样的消息，有学生以 SAT 满分申请美国名校，经校友面试后被拒绝，而某某学生 SAT 分数低，却被录取了。人们把高分被拒当成美国留学申请之怪现象，甚至给校友面试披上了一层神秘的面纱。

　　其实校友面试并不神秘，早就是美国名校录取新生一道约定俗成的必经程序。在美国，大学和顶级中学的录取通常都需过面试一关，除了学校专职人员面试，大多采用校友面试的方式。这些校友大部分就业于美国各行业的名企。在北京、上海、香港等地，美国大学常会利用自己的校友网络，对中国的学生进行面试。出于对母校的感恩，许多美国名校毕业生，都会义务当校友面试官，替母校对学生进行面试。

　　面试一般分三种情况：电话或视频面试，到校面试和校友面试。本科申请多采用校友面试，尤其是对于在国内的申请人。像常青藤联盟的大学校友遍布海外，安排面试相对容易。约好会面的时间地点，一般是在咖啡厅、图书馆或公园等比较安静的公众场合。面试时间一般在半小时到两三小时不等。

　　面试到底有多重要？虽然大部分学校都明确表示面试并非强制性的，不会影响录取结果，但事实上还是有影响的。面试得好可能收获意外惊喜，面试得不好，校友面试官会直接如实回馈到招生办。有些学校对面试态度是 highly recommended（强烈推荐），有些学校甚至根据面试的表现隔天直接录取。所以，校友面试官的建议常常起到举足轻重的作用。

我有一位熟悉的朋友路易斯，在联合国某部门担任要职，他曾在两个美国名牌大学深造，多年来被母校选为校友面试官去面试中国学生。为了对校友面试加深了解，我特地去访问他，谈了有关高分被拒低分录取等问题。

路易斯很坦诚地承认，是有高分被拒这种情况，而且很多。在他担任校友面试官的经历中，他曾建议拒绝过不少托福和 SAT 接近满分的中国学生，但也建议录取过很多个成绩中等而综合能力很强的学生。他说，分数高当然是名校录取学生的一个权威标准，但也不是绝对的标准。学校对学生面试是希望了解到学生高分之外的东西。有的高分生在书面申请中，将社会实习经历、工作经历等介绍得很全面，但面试官经过当面交谈，有时候十几分钟内就能从谈吐中知道学生的知识水平、实践能力及道德修养的程度，从而作出判断。虽然校友面试官只是把学生一些信息回馈给学校供参考，是否录取并非校友面试官一锤定音，但由于母校的充分信任，所以，校方在做录取决定时，会充分考虑校友面试官的建议。

路易斯还谈到低分录取的问题。他认为美国学校普遍认为高分的中国学生来美后适应能力差是个大问题，被停学、退学的不在少数，这些数字多半不公开，但大多都是高分生。这种情况不是简单一句高分低能可以概括，但这些学生实践能力差的确是实情。很多美国学校会觉得，高分生很多时间都在备考，只是个"考试机器"而已。所以，美国学校渐渐把目光转向分数低一些但实践能力、综合素质更强的学生。路易斯表示就他个人认为他更喜欢经济落后地区家庭贫困但学习成绩好的优秀学生，这种学生比起一些大城市出身家境又好的高分生，虽然分数差了一截，但艰苦环境和社会实践磨炼所养成的素质是很多高分生所缺乏的。这些所谓的低分生实际上在实践中可以打很高的分。他面试这种学生时，从他们的谈吐和目光，都会感受他们的善良、诚实和坚强。来到美国，他们会用最大努力克服学习中的困难，不轻易退缩。常有一些学生因压力而畏惧，甚至自杀，而这种学生不会。

另一位担任校友面试官的华人博士教授，认为被拒的高分生一般都是只关心考试，对中国和世界上一些热点问题都不关心不了解。面试时与其聊起美国金融危机等情况，学生一无所知。教授认为这种学生成了"两耳不闻窗外事"的书呆子。他们缺少的不仅仅是社会经验，还包括许多和考试无直接关系的社会知识。这就造成了他们在这一点上理解力低下。这种情况下高分生被拒绝就理所当然了。

哈佛大学面试官 Jason，也谈到他对中国学生的看法。哈佛作为美国的顶尖名牌大学，毫无疑问，敢向哈佛提出入学申请的学生都是分数很拔尖的学生。Jason 根据面试中国学生的经验，指出中国学生的不足：一是申请者的英语水平不够流利。很多中国的申请者在这方面无论是心态还是语言能力都没有准备好。二是中国学生对于将来学习生活的计划方向不明确。他认为一个杰出的申请者应该有自己的计划，哈佛只是计划中的一部分，无论能否去哈佛，这个申请者都会按照自己的计划获得成功。哈佛不是终点，但是很多中国学生就是把进入一所名校作为终极目标。

上述校友面试官对中国学生的分析，值得计划留学的学生与家长思考。

在面试学生的时候，校友面试官一定会问一些模式化的问题，比如：你为什么选择这所学校?为什么选择这个专业？你有什么优势？等等。如果面试的学生对这些问题都答不上来，不知所措，或者回答很笼统空洞，那么就说明他没有准备好。具体一点来说，所有的学校都会关心一个问题：为什么你要来我们学校？一般学生都会这样回答："因为这个学校是个非常好的学校。"面试官认为这是最常见的错误回答。因为，面试官希望学生对所报考的学校有深入的了解，想知道学生想从这所学校学到什么，将来能不能为学校带来荣誉。因此，学生一定要做好功课，对自己申请的学校有起码的认识。例如耶鲁大学非常重视学生的社会责任感、重视社会公益，麻省理工就比较重视学术科研、发明等。只有你对所申请的学校有较深入的了解与面试官的交流才会得心应手。

除了必须问的一些问题，每一个校友面试官都会很随便地问一些看起来很奇怪而且不着边际的问题，比如你暑假做什么？你参加哪些户外运动？课余时间做些什么？花多少时间帮妈妈打理家务？你是否愿意花时间做可能没有收获的事情，或者说不会立即有收获的事情？其实，面试官提出的这些问题是在考查学生将来能否适应美国的学习生活。一位面试官解释说，比如运动就是不会立即有收获的事情。在美国，读高校其实是很残酷的，学生们压力很大，有人会因为承受不了压力在课堂上失控尖叫，慢慢地不去上课，甚至还有人选择自杀。基于这些因素，校友在面试时首先会考察，这个学生是否能在高压之下生存下来。显然，运动可以释放压力，大多数学校认为爱运动的孩子生存能力更强些。

还有一个面试的环节是要求学生向校友面试官提问，什么问题都可以问，特别欢迎学生问与学校相关的问题。如果学生什么都不问，面试官会很失望。因为，美国学校普遍认为，中国留学生的一大缺点就是在课堂上不喜欢提问，所以学校很欢迎敢于提问、善于思考的学生。去年，接受两名哈佛校友面试的镇江女生高秋秋，主动问了一些学校的问题，哈佛校友很高兴。秋秋认为，学习需要一个好心态，课堂上一定要专注，要创造机会和老师互动，"哪怕我的答案是错误的"，也要敢于"亮剑"。后来秋秋很快收到了哈佛的录取通知，成功迈进哈佛大门。

坊间有许多辅导学生如何应对校友面试官的秘诀，一般说来，如果是出自校友面试官和应试考生的亲身经验，这些秘诀许多都很有针对性，值得参考借鉴。但是许多实践经验不是面试之前考生临阵磨枪就能起作用的，临渴掘井是挖不出水来的。

比如常见的面试问题还包括：你读过哪些英文原著？如果确实读过，答起来当然很容易，与面试官也能聊起来。若是根本没读过，结果只会是扣分。可要是考前临时抱佛脚，一知半解，效果也不会好。

还有，一个人的修养和秉性是日积月累培养而成的，是很难伪装的。

比如，有位面试官问一个学生："你以前打过架吗？"

考生答："当然打过呀，小时候在学校经常打架，三个人都打不过我。"

面试官又问："现在还想打架吗？"

考生答："也想，不过我是打抱不平，英雄救美。"

这样的回答虽然够直率，但有暴力倾向的问题也表露无遗。因为美国近几年校园暴力事件频发，对有暴力倾向的学生重点监视严加防范，这位考生理所当然没有通过面试。

还有一点值得中国学生认真对待，以往担任校友面试官的大多数是外国人，近几年中国面孔多了起来，不少已成为知名专家教授的美国名校中国校友，担起了校友面试官的职责。究其原因，是因为长期以来中国学生的申请材料可信度不高、普遍存在造假的现象。聘请美国华裔和中国校友任面试官，主要是为了更好地检验学生申请材料的真实性。作为校友，他们的立场及对母校的忠诚是不用怀疑的，比起外国面孔的面试官更能识别真伪，所以，申请材料有渗水的学生，千万别奢望同种同文的华裔能网开一面，放自己一马，这是不可能的。最好的方法是别在申请材料上造假，一经发现，后果不堪设想。

体育专长给留学加分

　　我采访过纽约皇后区卡西娜一所中学的校长，我问她最喜欢什么样的学生。校长说，她最喜欢热爱体育特别是有体育专长的学生，然后是那些热爱学习喜于独立思考的学生。

　　又有一次，我在纽约一个会议上遇到一位在大学负责招收国际学生的主任，他对我说，他所在的大学很乐意吸收有体育专长的学生，并希望我能推荐几个在体育比赛中得过世界冠军的运动员到美国读大学。

　　为什么美国学校重视有体育专长的学生？专家认为，热爱体育活动不仅可以强身健体，而且在体育锻炼的过程中，还可以帮助青少年建立时间管理观念、培养团队精神、增强耐力和意志力，训练他们精神集中，提高学习效率，头脑也容易获得充分的休息。与此同时，体育运动也会对完成学业及人格成长有正面帮助。更重要的是，美国学校欣赏的是全面发展、多才多艺的学生，注意学生个人特质的表现。因此，在各项运动上的杰出表现，对学生考进美国的好高中和大学都有很大帮助。

　　近几年，中国已有越来越多的体育好苗子，受到美国重点高中与名牌大学的注意。

　　唐子豪 11 岁时身高已经接近 1.75 米，对篮球十分痴迷。为了培养儿子的篮球特长，唐子豪的父亲从他 8 岁开始对他加强训练。2006 年，唐子豪接受正规篮球训练。

2007 年全国少年 NBA 技术挑战赛中，唐子豪表现优异，获得了赴美观看 2008 年 NBA 全明星赛并接受 NBA 大牌球星亲自指导的机会。在全明星赛期间，中国 NBA 少年队与美国 NBA 少年队进行了比赛，唐子豪斩获全场 MVP，也获得了珍贵的留学机会，在美国接受进一步的专业训练。

2008 年，唐子豪前往美国读书打球深造。读中学时，唐子豪在 AAU（业余体育联盟）表现突出，他在 2010 年进入弗吉尼亚州纽波特纽斯汉普顿学院（Hampton Roads Academy）就读，代表校队打州高中联赛，并入选了弗吉尼亚州高中明星队。在高一的时候，他就坐稳了主力后卫的位置，场均可以贡献 17 分 4.8 个篮板 3.8 次助攻。升上高二之后，唐子豪身高 1.88 米，与同年龄的球员相比，唐子豪身体素质优势明显，弹跳更为突出，可以出任控球后卫和得分后卫两个位置。唐子豪的表现更为成熟全面，平均单场得分已经超过 20，曾经有两场比赛唐子豪砍下单场 41 分和 42 分的高分。

的突出表现引起篮球名校橡树山高中（Oak Hill High School）的关注，向他敞开了大门。橡树山高中是美国高中篮球界当之无愧的第一名校，曾培养了很多 NBA 著名球星。值得一提的是，虽然唐子豪还在高中就读，但是已经引起了包括林书豪母校哈佛大学在内的多所美国大学的注意。曾有美国体育评论员评论：唐子豪比同时期的林书豪更加出色。

除了篮球，在橄榄球、高尔夫球、田径、游泳等运行方面具有天赋的学生，美国学校同样青睐。据介绍，大多数美国大学都给有体育专长的学生提供非常优厚的奖学金。仅以高尔夫球为例，全美最高水平的高尔夫球联赛包括 900 余所高校，而每所学校每年都有 6 个高尔夫球专案的奖学金，即全美这一层级的高校就可提供高尔夫球奖学金多达 5400 个，还不包括那些低一级联赛水平高校所提供的同类奖学金。

可以说，具有体育专长，是赴美留学的一条快捷之路。在某一方面有体育优势的中国学生，应该好好把握，加以利用。

社区学院是美国名校的"跳板"

常有国内的朋友向我了解美国社区学院的情况，因为申请名校门槛很高，想让子女读门槛相对低一些的社区学院。但是，这些家长又担心社区大学影响子女的前途。

到美国留学读社区学院到底好不好？

美国的社区学院主要招收学习成绩平平的学生，提供两年制的初级高等教育，程度相当于中国的大专。但是社区学院却是美国教育体系的重要组成部分。

美国前总统克林顿曾这样评价："社区学院是美国最棒的。"美国共有1200多所社区学院，拥有一千多万注册学生。社区学院是极具美国特色的教育机构。在中国教育部涉外监管网上认可的美国3600多所大学中，一半是社区学院。很多的社区学院无论师资还是校园环境都非常不错，拥有的在校生比很多四年制大学都要多。前些年全球性金融危机造成了世界各国教育经费的普遍匮乏，而美国社区学院以其灵活的专业设置、低廉的教学成本，获得了越来越多的学生的青睐。

根据美国教育方面的法律规定，社区学院只能授予副学士学位（Associate Degree），但同时可与四年制大学联合授予学士学位（Bachelor's Degree）。美国的社区学院有公立和私立之分，以公立为主。大多数社区学院提供三种类型的课程:本科转学课程、职业技术教育及小区服务，后者包括成人继续教育和工商业的培训与再培训。

由于社区学院入学门槛低、没有入学考试、学费低廉、教学内容立足求职就业与小区需求、学制灵活、出口多元，所以对学生的多元学习选择、全民的终身教育及公民再就业教育都起到了很重要的作用。尤其在美国经济状况不好的时候，一些失业人员会选择进社区学院修一个新学历，以利再就业。社区学院毕业的学生，还可以选择进入大学继续深造。

社区学院教学方式灵活，教学内容多样。职业课程（Vocational Program）会比较贴近当地的职业需求和升学需求。由于授课对象是那些在职进修或想学得一技之长的人，职业课程常常包罗万象，有的社区学院甚至开设了上千种职业课程。社区学院通常与当地的工商业界建立有良好的关系，有时候学校会邀请公司企业的主管或专业人员来讲课，提供非常实际和最新的信息与知识。在社区学院，无论是希望和需要得到迅速就业的，还是渴求在较长时间学习培训后从事理想职业的，都可以选到合适的课程。

例如纽约市有多家社区学院，有移民局授权可以审核并签发 I-20，接受符合条件的国际留学生。学院除了设有两年副学士学位课程，还有会计系、商业管理系、商业技术系、诊所管理系、国土安全及安全管理系和法庭速记系等，对学生毕业后就业非常有利。多数学生，几乎在毕业前就已经找到工作。

社区学院所提供的课程主要以转学课程和职业课程为主。转学课程（College Transfer Program）是专门为以后想继续申请 4 年制大学的学生设计的，学生可以在社区学院读完大学前两年的通识课程，毕业时，学校会颁发副学士学位给学生，所修的学分也是被四年制大学所承认的。如果学生想继续深造进修，可以转读四年制大学，直接申请报读大三的课程，继续后两年的大学课程，取得学士学位。

在美国大约有 44%的人选择就读社区学院，美国有不少名人年轻时曾在社区学院就读，包括现任美国总统奥巴马、前国务卿鲍威尔、加州前州长阿诺·施瓦辛格、苹果的两位创始人等，都曾是社区学院的一员。

奥巴马出生在美国夏威夷州的黑人小区，少年时期，奥巴马因为自己的种族背景，很难被社会认同，十分自卑。十几岁的他成了一个瘾君子，他和许多绝望的黑人孩子一样，不知道生命的意义何在。家境是贫穷的，肤色是被人嘲笑的，前途是无望的，根本找不到自己的路在何方。他过了一段荒唐的日子，做了很多愚蠢的事情，比如逃学、吸毒等，成了一个不折不扣的"迷途叛逆少年"。后来，奥巴马渐渐懂事，觉得应该去读书，用知识改变自己的命运。但是以他当时的能力与家里的经济条件，他不可能直接去报考正规的大学，于是他选择了入学条件低而且学费也很低的社区学院。浪子回头金不换，奥巴马首先在加利福尼亚州的洛杉矶西方学院（Occidental College）求学，两年之后，以优秀成绩转学到纽约市的哥伦比亚大学，于1983年取得文学学士学位之后，工作了几年，于1988年进入哈佛大学法学院，主修法律。1991年他在哈佛大学获得了"极优等"（拉丁文的学位荣誉）法律博士，此后进入仕途，一帆风顺。回顾奥巴马的成长史，可以说，没有社区学院，就没有现在的总统奥巴马。

也许是因为国内的许多家长对美国社区学院缺乏了解，前些年来美国读社区大学的中国留学生并不多见。在我认识的留学生中，只有三位在纽约的社区学院就读。其中一位名叫周莉的女孩，留学之初在纽约皇后社区学院（Queensborough Community College，QCC）就读。周莉的父母都是工薪阶层，收入有限，积蓄自然也不多；加上周莉在北京读的学院不是重点高校，而是一般专科大学，她知道拿到美国名牌大学的录取不容易，而且名牌大学和正规四年制大学的学费往往高达数万美元，所以她选择了每年学费只有五千多美元的纽约皇后社区学院，计划先读两年副学士学位，然后转学读4年制大学。

周莉入学不久，就对美国社区学院产生两个全新的感触。

第一个感触是社区学院的学习环境不比美国正规大学差。来美后她用周末到多家美国东部的正规大学参观，为将来转学做准备。这样对比之后，才发现她就读的社区学院环境很好。

第二个感触，是社区学院的小班授课效果很好，一个班通常只有30个学生，老师会照顾到每一个学生，而且老师的板书写得很详细，这对于母语不是英语的学生非常有利。而在很多大学里，更多是大班上课，学生多，老师不可能照顾到每一个学生，许多老师板书教学少，甚至基本上是没有板书。周莉说她有一个北京同学在美国西部的加州大学读书，经常抱怨所在大学的课堂上基本都是上百的学生，老师在讲台上口若悬河，同学们在下面常常是丈二和尚摸不着头脑，不知所云，很难有机会得到老师的个别辅导。所以，周莉认为读社区学院是很正确的选择，使她入学后很快就适应了美国的留学生活。

周莉是个很懂事的孩子，留学两三个月后，对学校和周边的环境熟悉了，她在离学校不远的一家律师楼找到一个前台服务的兼职，然后把课程多数安排在夜间，这样既有了工作又不影响上学，虽然辛苦一些，但周莉很高兴，因为，她可以减轻家里的经济负担，她兼职的收入足可支付留学学费与日常生活开销，不必向家里要钱了。周莉两年后顺利从纽约皇后社区学院毕业，转入纽约大学读书，靠奖学金先后获学士、硕士学位，被纽约一家著名大公司录用。

从周莉留学的经历，我们可以看到，到美国社区学院留学有两大优势：

其一，社区学院门槛虽低，却是可以进入美国名校的"桥梁"。美国两年制社区学院和四年制大学实行"2+2"转学制度，大多数社区学院和四年制大学签有转学协议，从而确保社区学院的学分可以在四年制学位课程中得到承认。美国一些名校每年都会招收一部分社区学院转学的学生。据统计，美国大学有近50%的入学者来自社区大学转学生，其中15%属于国际学生。对于很难直接被名校录取的学生，选择社区学院是升入名校的最佳选择。

其二，社区学院学费低廉，工薪家庭可以负担。社区学院每年学费在5000美元左右，而美国公立大学学费每年一般在两三万美元以上，私立大学每年学费在3.5万美元以上，名牌大学学费更高。因此，对于经济情况一般的留学生家庭来说，让孩子来美国社区学院留学是很好的选择。

当然，读社区学院转学时有一定的风险。现在大部分选择社区学院的学生，都是希望两年毕业后将学分转入 4 年制大学继续攻读。但是，需要注意的是社区学院的学分是不能转入所有大学的。家长在为孩子选择社区学院时，特别要注意所选择的社区学院跟哪些大学有对接协议。最好在申请之初就圈定几个将来希望升入的大学，然后跟学校确认学分是否能够对接。这样就可避免出现两年社区学院毕业后不能转入四年制大学的风险。

免费读大学

　　美国有一些免费大学供年轻人就读，这些免费大学的学生，大多数来自经济条件差的家庭。此外，美国为了鼓励年轻人去当兵，承诺有的兵种退伍后可以免费上大学。美国不少华裔子弟，通过去当兵免费上大学。由于种种原因，美国华裔子弟参军都不大张扬，在伊拉克战争中，美国将大批军队派到伊拉克战场，当中就有不少华裔士兵。一些为身在前线的华裔美军担惊受怕的军人亲属，成立了"华裔士兵家属互援会"，希望通过定期会面，交流信息，分享感受，排解心中的担忧。

　　对于经济基础较差的美国家庭来说，参军是一个"鲤鱼跃龙门"的机会。参军待遇不错，有的兵种甚至还有免费上大学的机会。加利福尼亚州一个美籍华裔男生黄轩昂，参军服役 8 年获得 25 万美元奖学金。①美国大学学杂费昂贵，黄轩昂生活在单亲家庭，经济条件并不宽裕，供他上大学有很大困难。黄轩昂计划去参军以获得免费上大学的机会。他在高中毕业之前，很早就参加各项与预备军官有关的训练课程，如愿获得美国"预备军官训练团计划"（Reserve Officers' Training Cops，ROTC）赞助，于 2014 年秋天进入南加大商学院就读，获 25 万元奖学金补助。

　　黄轩昂同时获加州大学伯克利分校、加州大学洛杉矶分校商学院入学

---

① http://world.people.com.cn/n/2014/0422/c1002-24930179.html。

许可，这些学校也是 ROTC 计划参与者，他选择任何一所，ROTC 都会提供全额奖学金。但他考虑南加大商学院提供的学位包括直攻企管硕士，大学毕业后不需再考 GMAT 及申请研究所入学许可、只要读 5 年就有望获学士及硕士学位、担任实习生有薪水可拿等理由，于是选择南加大。

据悉，参加 ROTC 计划意味着上大学后须接受军事训练、在指定日穿军服上学，开学后每周有两天清晨 5 点就必须起床接受三个多小时的体能训练。此外，还须参加额外军事领袖训练课程及更多的体能训练营。

黄轩昂学业平均成绩 4.41、SAT2160 分、ACT32 分，在尔湾学区，不算出类拔萃。但他很早就立志，想通过 ROTC 计划上大学，一上高中就往相关方向努力，最终如愿以偿。黄轩昂参军服役的 8 年时间是从上大学算起，意味着他读完 5 年大学后，只要再服役 3 年。但军方承担学校所有学费及书本费，并且每个月提供给他 350 元零用钱，并随年级增加每年每个月增加 100 元。黄轩昂懂中文，薪水也有加码资本。

若以南加大当年学费 47562 元、书本费 1500 元来看，5 年下来，美国陆军将给付 25 万元奖学金。对于许多财力中下的家庭来说，要为子女拿出如此巨额学费是遥不可及的梦。但是黄轩昂通过努力得到了这笔巨额奖学金。

黄轩昂的母亲黄方争，早年因丈夫病逝而独立抚养儿子，家里经济条件差，她认为是参军让儿子圆了大学梦。她还指出，年轻人如果希望参军获得 ROTC 奖学金，首先是高中不要吸毒或喝酒，并且要努力读书争取好成绩，还要积及参与社团活动。各方面表现越好，军方就会越想吸收你。

除了参军获得读免费大学的机会，美国还有一些免费大学供优秀的学子就读。这些大学不向学生收取学费，每一位被录取的学生都能享受到优质的免费高等教育。有些学校这样做是因为在某个学科领域特别突出，可吸引这方面的优秀学生；而另一些学校则是采取类似于中国勤工助学的方式代替学费。

美国著名的免费大学有以下几所：

库伯联盟学院（The Cooper Union for the Advancemenf of Science and Art），全名库伯高等科学艺术联盟学院，所有被录取的学生都可免去 4 年的学费，价值 13 万美金。这所学校以招生的严谨程度与常春藤盟校不相上下而著称，是美国最难进的大学之一，录取率只有 10%，其中艺术和建筑专业录取率只有 5%。该校招生委员会明确规定：申请者的居住地不是录取与否的考虑因素。

艾德菲大学（Adelphi University）被称为纽约州的哈佛，1896 年建校，可授予各种学士、硕士及博士学位。艾德菲大学坐落于闻名遐迩的纽约长岛，距离纽约市仅 1 小时的地铁路程。本科及硕士专业涉及人文、科学、人性学、商学、教育、护理和保健、社会福利和临床心理学等课程。2005 年，普林斯顿评论（*Princeton Review*）把艾德菲大学评为美国东北部最好的大学之一。目前该大学约有 200 名中国留学生就读。据笔者了解，艾德菲大学留学费用是 33450 美元。由于该校对符合条件的学生提供优厚的全额奖学金，所以美国《商业周刊》将其列为免费大学。

深泉学院（Deep Springs College）是一所两年制学院，也是美国最吸引人的学校之一。学院每年新生录取人数很少，录取率通常只有 10% 左右。录取学生更在意学生的学术能力和在面试环节的表现。深泉学院是一所边工作边学习的学校。除了学习以外，学生每周要在学校的农场上至少劳动 20 小时。学生的学费、住宿费和伙食费等均由奖学金承担，只需付少量书本费，学生每年可节省的全额奖学金至少 50000 美元。自我管理是该校很重要的一环，学生们在两年之内要独立的生活并做出对未来的打算。

柯蒂斯音乐学院（Curtis Institute of Music）成立于 1924 年，是世界上最著名的音乐学院之一。柯蒂斯音乐学院对所有学生都提供全额奖学金，但是学院的录取非常严格，每年平均只招收 160 名新生。该校的办学理念是："为那些最具音乐天赋的年轻人提供最优质的教育，并将他们培养成最为专业的艺术家。"柯蒂斯音乐学院故意控制学生人数，以提供最个人化的教学，由当代最杰出的音乐家对学生一对一的指导，学院在"在实践中学习"这一理念的指导下，每年为学生提供超过 100 场公开演出的机会，这一方式使得学校在近百年的历史中，培养了许许多多著名的艺术家。郎朗就是该校培养出来的优秀音乐家。1996 年，14 岁的郎朗以第一名的成绩考入科蒂斯音乐学院，开始在科蒂斯学习各种音乐课程，并进入当地高中学习文化课。入学 3 个月后，他与国际著名的 IMG 演出经纪公司签约，从此走向了职业演奏家的道路，成为世界著名的钢琴家。

此外，一些美国教会大学，也免费供优秀学生入学。

从上述介绍可以看到，这些学校为优秀的年轻人敞开着大门，家庭经济条件差的孩子，只要你具备条件，不必为高昂的学费发愁。国内学习优秀但家庭经济条件不好的学生，应该创造条件，勇敢地向自己喜欢的免费大学提出申请。

网络大学靠谱吗

美国的网络教育很少在媒体上进行宣传，也很少看到这方面的广告，因为美国很多网络教育不是以赚钱为目的。而中国媒体上关于网络教育的信息就非常多，相关的广告也是风起云涌，很多是瞄准了学生口袋里的钱，以赚钱为目的。

当然，不是说美国的网络教育没有问题，比如发展不平衡等问题同样存在。但美国对网络教育的投入很大，各财团与大企业也肯花钱支持网络教育。这在中国和很多国家都难以做到。所以，美国的许多网络教育是免费的，哈佛和麻省理工等大学早已经把课程放在网上，免费供数十万人学习。

美国很多高校的网络在线教育，是免费的、公益性质的，这类教育不提供文凭。提供文凭颁发学历证的网络教育学校要收费，但费用要比全日制正规大学低很多。现在，许多美国大学已经承认网络教育的学历，对完成学业的学生颁发相应的学历证书，这对于那些无法正常上常规大学的学生来说，是大好事，也深受平时工作繁忙、学习时间不固定的在职人员的欢迎。

我的一位朋友赵明，就是通过网络教育，只花了比正规大学少很多的学费，取得了大学本科学士和研究生硕士学位。

赵明 1996 年持学生签证来美留学，家里经济条件一般，母亲第二年下岗，全家靠父亲微薄的工资生活，已难以负担他在美国留学的学费。赵明只好选择到纽约打工，希望能通过半工半读完成学业。因为他当时的学历，美国公司不可能雇用他，只能到待遇很低的华人商家里打工。他年轻力壮，搬货收银卖鱼卖肉都干过，工资虽不高，但可以养活自己，还略有积蓄。他每天工作时间很长，晚上下班后非常疲累，难以兼顾学业，赵明干脆休学，专门打工。

两年后，他换了工作，到一家食品公司仓库上班，依然很忙。接下来又是结婚又是养孩子，学业就拖了下来。后来，他觉得不能再这样下去，决心要上学拿学历，换一个福利好的工作。他选择了一家大学的网络教育课程，一边工作一边学习，修满学分后，终于获得学士学位。接着，赵明又修了两年研究生课程，他选的是网络与教室相结合的形式，最后也顺利获得 MBA 硕士学位。

有了学位，美国绿卡也拿到了，赵明到一家跨国食品公司应聘，这家公司认真看了他的学历和工作经历，看到他读的虽然不是名牌大学，而且还是网络大学，但学历货真价实，是被美国教育系统承认的。再加上赵明在食品公司仓库工作的经历也帮了他的忙，这家大食品公司很需要熟悉仓库管理的人才。赵明获录用，两年后升任总经理助理，后来又任副总经理，负责与亚洲各国的进出口业务，赵明工作得心应手，待遇随之提高，每年还有带薪假期。

赵明的学历在北京也派上了用途，他的经济条件好转后，想以自己的名字在北京买套房子，给父母居住。贷款时，除了付头期款，还需要他的美国学历与工作证明，结果很快就买到了宽敞的新房。赵明曾对我说，如果不是上了网络大学，拿到了学历，他很可能还在华人食品公司仓库里打杂，日子肯定没有今天好过。

其实，赵明只是一个很普通的例子，在美国通过网络教育取得大学学历的人实在太多了。甚至有许多高中生也热衷在网络上学。

如今，美国网络中学课程也很普遍。高中生可以用网络上修得的学分申请大学，也可以修高校的在线课程拿到大学文凭。中小学阶段的网络学校同样有两种性质，一种是免费的公立学校的网络中学课程，但只面向居住在美的学生，中学各个年级的课程都有；另外一种是收费的私立性质的网络学校，也是各个年级的课程都有面向美国本土和国际招生，让国际生不出国门和家门就可以拿到美国中学文凭，并可凭此文凭和学分申请美国的大学。

据了解，在美国高中 9—12 年级可选高中网络课程超过 100 门，修完 21 个学分（语言艺术 4 个学分、科学 3 个学分、卫生保健 1 个学分、数学 3 个学分；社会研究 4 个学分、美术 1 个学分）即可毕业，不受时间限制，可以提前完成。学生之前在其他学校获得的学分可以计算在内，在中国国内学校的成绩可转换为美国学分，但是至少要在美国网络学校获得 5 个学分（其中 4 个核心主修科目：英语&语言、数学、科学、社会科学，各一个学分，选修课一个学分）。

什么样的学生适合选这样的美国网络学校课程呢？

（1）身在美国，想在家自学的学生，可以系统的上网学习并拿到文凭。

（2）在中国国内想来美国留学的学生，可以及早学习美国的网络课程，提高英文成绩和语言水平。如果是高中生，可选读整门核心课程和其他课程，争取多拿学分，为申请大学增加竞争力。有的家长不放心让孩子在中学就出国留学，如果选择美国网络学校，就可以不用离开父母也能留学了。

（3）想出国留学，但又担心留学学费太高的家庭和学生，可以根据需要选择网络课程，学费相当实惠。

（4）有体育、艺术、音乐天赋的学生，可以花更多时间在自己的强项上，而用美国网络学校来作为文化学习，毕业后依然可获得文凭。

美国网络教育的资源丰富，从互联网上认真查询，你会找到很多有用的网络学校和课程，如果中国留学生能根据自己的情况加以利用，会大有益处。

别上"野鸡大学"的当

许多中国学子出国留学时都满怀信心，希望毕业后能找到一个满意的工作，实现自己的"美国梦"。然而，理想与现实往往有很大的差距，并不是所有留学生都能顺利毕业拿到学历。于是有的留学生想到了"野鸡大学"，花钱买张"野鸡大学"的文凭用来找工作，同时也好向家人交代："我拿到美国文凭了"。

我在北京的一位朋友老秦，他的儿子秦亚南高考失利，于是老秦千方百计将儿子送来美国留学。一家入学门槛低，但收费不低的美国语言学校录取了亚南。美国的许多语言学校，吃定了中国家长急于送子女出国留学的心态，只要出得起高昂学费，懂不懂英文、够不够条件的学生都一概"笑纳"，于是，不少英语底子不好的中国学生，就这样通过语言学校的途径来美留学。老秦送儿子留学的动机当然是好的，他希望儿子在语言学校能加强英语学习，先过英语关，再报考美国的大学。

在美国，几乎所有的大学都把 SAT 或 ACT 成绩，作为自己录取新生的重要标准，考生只需参加其中一种考试，就能够申请美国任何大学。

亚南来到美国之后，学校发现他的英语水平很差，就把他分到最基础的英语班上课，老师也加大学习强度对他进行个别辅导。学了两个月，亚南发现自己进步不大，跟不上其他同学。他觉得自己要通过 SAT 很难，SAT规定了词汇内容，词汇量高达 10000 ~ 12000，而他的词汇量只略高于 3000。

至于 SAT，包括阅读、写作和数学、物理、化学、生物等考试，在亚南眼里更是一座座难以跨越的大山。亚南苦苦思索了几天，考虑到自己的家庭经济条件，再读下去既通不过考试，还要花大笔学费，得不偿失，于是他决定退学去打工。

一般来说，留学生如果没有经过政府的许可，打工是违法行为。但是美国很多城市出于经济发展的需要，对非法打工采取睁一只眼闭一只眼的宽容态度。留学生没有工作许可，只能去餐馆等一些卖苦力的地方打工，工资也很低。纽约、旧金山、洛杉矶等许多美国城市的中餐馆，就成了不少中国留学生找到工作机会的去处。

亚南很快在纽约一家中餐馆找到了工作，每天给客人端茶送菜，没客人时要在厨房里洗碗、打扫卫生。他是独生子，出国前没吃过苦头，打工的头两天他累得几乎要趴下，回到宿舍浑身酸疼，躺下就不想动，眼泪直流。但他不愿再回学校，咬牙坚持去餐馆打工。第一个星期，他从餐馆老板手里接过 500 美元周薪，这是他第一次用自己的汗水换来的，心里特别高兴！就这样，他一直在餐馆打工，而远在国内的双亲并不知道儿子弃学打工。亚南常给家里报平安，说学习一切正常，还能课余去打工。重要的是，儿子不仅不要家里寄钱了，还时不时给家里汇美元，老秦和妻子很高兴，街坊邻里都知道亚南在美国有出息了。

又过了三年，亚南觉得长期在餐馆打工没有前途，想换一个白领的工作。他知道找白领工作需要有学历，于是花了一千多美元买了一家美国"野鸡大学"的本科毕业文凭。一天，他从纽约的中文报纸上知道一家华人开办的旅游公司招聘管理人员，被聘用可办绿卡。亚南觉得机会来了，带上简历前去应聘。接待他的经理本有意聘用他，可是细看他的学历，觉得不认识这家大学，当即上网查询，马上查出结果，亚南的求职理所当然遭到拒绝。后来亚南又有两次求职经历，同样铩羽而归，又因为早已被学校和移民局取消了学生身份，他只能打黑工。至今多年过去了，他仍然在餐馆打工，申请绿卡也被拒绝，前路茫茫。

笔者列举这一真人真事，是希望读者对美国的"野鸡大学"能有所了解，不要上"野鸡大学"的当，别轻易给这些学校送钱。

美国的正规高校，不仅要合法而且还要取得相关机构的认证。美国绝大部分正规高校都是由六大区域性的认证机构所认证的，所谓的"野鸡大学"就是没有认证机构认证的学校，也被称为文凭工厂（diplomas mills）。

美国是世界上"野鸡大学"最多的国家，为什么美国的"野鸡大学"那么多？原因是在美国办学如同开办公司一样简单容易。比如在加州和夏威夷州，对注册大学的管理最为宽松，没有特别的门槛限制，仅需要租下一个邮箱，就可当作办学地址。加上美国大学毕业率很低，为"野鸡大学"提供了巨大的市场需求。美国哥伦比亚广播公司曾调查揭露，甚至许多美国政府高官、国防部、五角大楼的要员、核电厂工程师、生物武器专家和政府各个机构职员，持有的都是"野鸡大学"学历。

前几年，美国"野鸡大学"的客户主要是在本国，随着中国留学大潮的兴起，"野鸡大学"已把目标转向中国，把中国留学生当成任人宰割的肥羊。加之美国正规大学入学条件相对严格，"野鸡大学"却开出种种优惠吸引留学生，所以上当受骗者源源不断，许多留学生损失严重。

据美国媒体报道，近年屡次发生持F1签证赴美的中国留学生入境时遭遇刁难，甚至被原机遣返或关押移民监狱多日，主要原因就是受美国"野鸡大学"所连累。有律师指出，在美国，学校须获得联邦政府认可的资格才可签发留学生I-20表，政府也常对学校进行抽查，发现问题后会取消签发留学生I-20表的资格。但是有的学校被取消招收国际学生的资格后沦为"野鸡大学"，仍继续签发I-20，而美国海外使领馆数据库可能未及时更新，导致"野鸡大学"录取的学生仍能申请到签证赴美，到达美国机场时，一旦被移民官发现问题，这些学生就会遇到麻烦了。对于那些被"野鸡大学"录取而且侥幸进入美国的留学生，也会陷入重重困难之中，很难学有所成，找到工作。因此，有关专家提醒，中国学生申请留学之前，应通过权威机构核查学校是否正规可靠，不要上"野鸡大学"的当。

虽然近年来美国加强了对大学的管理，"野鸡大学"数量有所减少，然而"野鸡杀不尽，春风吹又生"，东方吹来的留学风潮，给"野鸡大学"带来了生机，更刺激了"野鸡大学"办学方式的不断翻新。

如何识别"野鸡大学"？美国教育部和高等教育认证委员会，归纳出"野鸡大学"的一些普遍特征和惯用的行骗招数：

（1）"扯"国际大旗，在学校的校名上做文章，往往冠以"国家"、"国际"、"太平洋"、"世界"或者"××州"的大名，一些学校还以"国际认证"为噱头。

（2）爱打"糖衣炮弹"，一些"野鸡大学"擅打感情招牌，以美丽的校园照和专职教师的承诺作为欺骗人的"糖衣炮弹"。

（3）提供"免费午餐"，一些未被认证院校打着"会为学生提供实习经验学分"的幌子，进行招生，很显然这是不符合大学制度的。

（4）与名校起同名，一些"野鸡大学"为求生存，想出了"同名不同地，打着名校旗号行骗"这一类招数。由于这些学校与正牌知名大学的名字极易混淆，学生们稍为疏忽，就极易上当。美国教育当局曾公布10所此类冒牌"野鸡大学"[①]：哥伦比亚联邦大学（Columbia Federal State University）、华盛顿大学（Washington University）、布雷耶州立大学（Breyer State University）、美国格林威治大学（Greenwich University）、美国中央大学（American Central University）、亚特兰大国际大学（Atlantic International University）、哥伦布大学（Columbus University）、夏威夷大学（American University of Hawaii）、国际美国大学（International American University）和哥伦比亚州立大学（Columbia State University）。

总而言之，当今社会信息发达，留学前留心向权威机构咨询，应可避免中"野鸡大学"的圈套。

---

① 来源：美国高等教育认证委员会（CHEA）网络和美国联邦教育部（USDE）网站。

美国中学生的"跳级"

　　家住加利福尼亚州哈仙达岗的方家柔初中毕业后，像一般学生一样进高中就读，但她总觉得高中的学习生活很无聊，原因是功课太简单了，上课所学的知识她已经会了，于是自己在网上找到"提前录取计划"（Early Decision，ED），这个计划与许多著名院校大学合作，专门招收有才华、愿意提早上大学的学生。这一计划考核的科目包括数学、英文和智力测验等，且报名限制 16 岁以下，最终只选取成绩排在前 5%的学生，且还要参加 10 周的课堂评估和观察，才能录取。后来，14 岁的方家柔，经过严格考试，以全部科目均取得 A 的成绩，被加州大学洛杉矶分校经济系录取，小小年纪就走进了大学校门。

　　方家柔是美国中学生跳级上大学的一个例子，说明在美国的中学生，只要学习成绩很优异，是可以跳级上大学的。

　　类似上述方家柔参加的"提前录取计划"，因为对学生要求很高，能越过高中，直接上大学的学生其实很少。美国初中和高中学生跳级，最多最普遍的还是在中学里跳级，即从 7 年级跳到 9 年级或从 9 年级跳到 12 年级。

　　我在美国的许多朋友的儿女都正在美国读中学，而且成绩都很好，但是很少有人选择跳级。通常是孩子到了高中，才鼓励孩子选读美国大学先修课程。我的一位好友晋先生，有一儿一女，儿子在中国出生在美国读小学，女儿在美国出生，兄妹俩从小学到中学都很优秀，本来是可以跳级的，但晋先生夫妇没有为儿女选择跳级，他们认为，跳级之后儿女与比自己年纪大的同学一起学习，既影响交友，对学习也并不见得有好处。他们觉得让孩子把基础课学得扎实一些会更好，直到儿女上了高中，才让孩子选修美国大学先修课程，后来这对兄妹都以优秀的成绩进入名牌大学深造。

关于美国大学先修课程我在"大学先修课程的好处"中曾提过，在此再次提及，是想强调这一课程的重要。大学先修课程是在高中阶段开设的、达到大学学术标准和学业水平的课程，供优秀的美国高中生在完成普通高中学习任务后选修。高中学生可以根据自己的实际能力和将来的发展方向选读大学先修课程。读大学先修课程的好处是有利于报考大学，高中通过的大学先修课程，上大学后可以免修并计入学分，这对经济条件一般的家庭来说，可以节省一笔不少的费用，所以很多华人家长都鼓励支持孩子去多修一些美国大学先修课程。

为了能对美国中学生跳级的情况有更多的了解，笔者曾多次访问纽约华人家长会会长朱宝玲女士。她是一位资深教育家，30年来一直致力于华人家长与公立学校之间的沟通，帮助新移民家长适应美国公立学校教育制度。朱宝玲女士详细地给我介绍了美国初中和高中学生跳级问题。她说，美国的中学可以跳级，但学校并不鼓励小学生在读完 5 年级之前跳级，她本人也不鼓励中学生过早跳级。如果学生学习很优秀，可以抽出更多的时间去做义工，多学习一些与将来上大学及就业有关的大学先修课程，这样学生学到的知识会更扎实，更全面，更利于将来就业。她还说，美国公司录用大学毕业生，并不看他是否在学校跳过级，而是综合考虑他的各种表现，重要的是专业知识和实际能力。有的学生很会读书，但没有社会实践经验，大学毕业后去找工作，面试的时候只会看着天花板，这样的学生没有一家公司会录用。

朱宝玲女士还提醒，中学生选修大学先修课程并不是越多越好，选择大学先修课要量力而为，因为大学先修课影响了必修课就得不偿失了。

目前，美国承认的大学先修课程已在全球一万五千多所高中普遍开设，具体内容参考：http://apcentral.collegeboard.com/coursehomepages。

关于美国"提前入学计划"，有兴趣的家长和学生，可登录：http://www.earlyentrancefoundation.org/。

发现神童

"神童"出国留学要比一般人容易一些。美国是个重视神童的国家，近几年美国国内出现了不少华美籍华裔神童，引起主流社会的关注。

被喻为美国"文坛小巨人"的华裔神童邹奇奇，10 岁时就出版了 20 万字的文集《飞舞的手指》，其惊人的写作天分及对阅读的狂热，被英国《每日镜报》（*Daily Mirror*）称为"世界上最聪明的孩子"。

1997 年 12 月 31 日出生于纽约的美籍华裔女孩张元昕，因出生在牛年，所以小名叫"牛牛"。张元昕 6 岁开始在文坛崭露头角，"何事地上数点红，春暮来临落草中。初夏轻浮挫芳菲，可怜桃李一阵风。"这首《残春曲》，就是张元昕 6 岁时的作品。她在 10 岁时就已经写了六百多首古典诗词，并且出版了自己的诗集《莲叶上的诗卷——牛牛诗词三百首》，牛牛真是够"牛"。

还有以下很"牛"的神童：

华裔神童凯孝虎 11 岁时从东洛杉矶学院（East Lost Angles College）毕业，获得两个文学副学士学位，16 岁从加州大学洛杉矶分校的数学系毕业；作曲达 500 首的美籍华裔儿童陶祎文；8 岁能凭记忆弹奏超过 400 首古典钢琴乐曲的华裔男孩余峻承；5 岁时已能解简单的代数题目的徐安庐，12 岁即进入华盛顿大学就读，16 岁毕业于加州大学洛杉矶分校数学系。

总结这些华裔神童成长的共同特点，除了拥有超强的学习天赋，还必须勤奋、专注，家长善于发现和培养，等等。

华裔家长对挖掘发现孩子的天赋，有的放矢地进行培养，是神童成长的重要条件之一。与西方父母对待子女较为放任的态度不同，华裔家长对孩子的要求都较为严格。创作了六百余首古典诗词的华裔女童张元昕，每天都严格地按照家长的要求写字、背诗，一刻也不曾放松。

除了严格要求，华裔家长还善于根据孩子的特长培养兴趣，激发潜能。一位神童的母亲说，要求虽严，但是，对于孩子未来道路的选择，我们并不做过多的干涉，我们充分培养孩子的兴趣，激发他们的创造力和活力。

现年 15 岁的美国华裔神童徐安庐，认为父母的教育至关重要。他 5 岁已能解简单的代数题目，6 岁时智商超出量表能测出的范围，8 岁起开始在家自学，11 岁赢得华盛顿州高中组科技展大奖，成为该奖项有史以来年纪最小的大奖得主，并代表华盛顿州参加英特尔国际科学与工程大奖赛（Intel International Science and Engineering Fair，Intel ISEF）。12 岁即进入华盛顿大学就读。徐安庐还关心世界上受压迫的儿童，11 岁时与弟弟共同创立了"世界儿童组织基金会"关怀儿童教育问题；并结合专家学者完成一套共 130 册的英语教材，免费赠送各地贫童。美国《时代周刊》等主流媒体均曾详细报道徐安庐的故事，其学习经验更被编入美国教科书中。

徐安庐说，"从小到大，我如果有一点点的成绩，有一些受人看重的成果，对我影响最大的是什么？想来想去，答案是我父母给我的教育。他们的教育，看似无形，但是对我做的事，都具有全面性的影响。"他还说："父母的支持，给了我自信和自重，我认为这是我父母影响我最深远的地方。"

写下这篇关于神童的文章，是希望国内的家长善于挖掘、发现自己子女的长处和优点，根据子女的天赋与兴趣认真培养，说不定你家里就能出一个小神童。当然，并不是家家都能出神童，但发现孩子某一方面的天赋，制订适当的措施进行鼓励教育，对孩子将来成材是有利的。

孩子上美国教会学校好不好

瑞克高中毕业那年，曾为填报志愿的问题考虑了很久，在这个问题上，我和他妈妈都让他自己做主，挑选自己喜欢的大学和专业。也许是因为瑞克受了很多美国孩子 18 岁就自立的影响，他希望能不花或少花家里的钱上大学，听说美国教会学校学费低，甚至免费，他将目光转向教会大学。

一天，瑞克在放学回家的路上，碰见两个身穿黑色西装、衣着整齐的年轻白人在传教，就与他们聊了起来，发现对方是刚加入"摩门教"（Mormonism）的新人，并从他们口中得知，凡加入了"摩门教"的高中毕业生，教会都可以让他们免费上大学。两个年轻传教士的话，让瑞克动心了，周末开始到纽约的"摩门教会"参加活动，学习"摩门教"有关知识。

之前，我对"摩门教"一无所知，担心瑞克上当受骗，我开始注意在网上查找关于"摩门教"的知识，才知道"摩门教"其实也属于基督教。80%以上的美国人都信教，在美国众多的宗教派别中，基督教毫无疑问占有绝对优势，《圣经》始终是美国最为畅销的书籍之一，年销量高达 900 万册左右。虽然基督教并不起源于美洲大陆，但基督教实际上成了美国的"国教"，基督教文化也演变成了美国的主流文化，其影响之大，只有深入到美国社会之中才能深刻地感受到。"摩门教"其实并不是该教会的正式名称，正式名称是"耶稣基督后期圣徒教会(The Church of Jesus Christ of Latter-day Saints)"。"摩门教"也是信上帝、信耶稣、信圣经的，这点与一般基督徒无异，只不过他们还把另一本书——《摩门经》奉为经典。"摩门"其实是古代一位先知的名字，他记录并整理了一些古代关于耶稣基督在美洲大陆的有关事迹，装订成册，也就是《摩门经》了。

"摩门教"创立于 1830 年，教会本身还拥有多所大学：美国杨百翰大学（Brigham Young University，BYU）成立于 1875 年，是美国最大的教会大学，2014 年美国大学综合排名第 62，最佳的学科是电脑科学、工程、初级教育、商科，尤其是会计学科，排在全美前 10 名之内，备受学生的青睐；此外，还有犹他州立大学（Utah State University，USU）和摩门商学院（Latter-day Saints Business College，LPSBC）等。这些大学，教规十分严格，对教徒子弟学费有优惠政策，入学都可获减免学费。

瑞克去教会学到了不少关于"摩门教"的知识与规矩。他对我说，加入"摩门教"除了要遵守"摩西十戒"之外，还要遵守教会的"智慧箴言"，太多的清规戒律让他感到很疑惑。这些清规戒律包括：不抽烟、不喝酒、不吸毒、不喝有刺激作用的饮料、不看色情片等；在恋爱婚方面，不能有婚前性行为，提倡"早婚多育"，婚后要忠于家庭，不提倡离婚，等等。

每一个成年摩门教徒，在 18 岁高中毕业之后，要义务为教会传教两年。瑞克最初在路上碰到的那两个年轻人，就是正在义务传教的传教士。

"摩门教"很有钱，据说是因为实行了一种叫"十一奉献"的制度，也就是每个教徒工作后，要定期把工资收入的十分之一捐赠给教会。因此，有人称"摩门教"可能是世界上最富有的宗教之一。

瑞克到教会参加活动不到一个月，就被动员加入"摩门教"，并安排了受洗的日子。瑞克虽然对加入"摩门教"也很犹豫，但想到将来可以免费上大学，又觉得教会的年轻人都很优秀，其中一个二十多岁的年轻"长老"对他关怀备至，瑞克终于决定入会，准备接受洗礼。瑞克还希望父母能参加他的洗礼，我和他妈妈尽管也很犹豫，但也答应了。

到了瑞克受洗的那一天，我和太太跟着他来到一个很高大的教堂，这是我和太太第一次踏足"摩门教"的教堂。说心里话，我和太太都不赞成儿子去信教，但又不便干涉儿子的决定。之前我曾很慎重地与瑞克谈过这个问题，我说咱们家祖祖辈辈都没有一个人信过西方的宗教，请他慎重考虑。但瑞克劝我们不用顾虑太多，他只是奔着免费大学去的。尽管我心里明白，瑞克的动机是为了上大学，但心里仍免不了七上八下，五味杂陈。

正在忐忑之间，轮到瑞克受洗了，一身黑色西装的瑞克表情严肃地站在一个装满圣水的水池跟前，只要教会的长老给他淋上圣水，他就算接受了洗礼，正式成为"摩门教"的教徒。

一位面无表情的教会长老面对瑞克念起相关戒律："信教之后，不抽烟、不喝酒、不吸毒，你能做到吗？"

"能!"瑞克回答很坚定。

教堂里很安静，只有长老和瑞克一问一答的声音在回响。

"工作之后，你要永远把工资收入的10%捐赠给教会，你能做到吗？"

这时瑞克犹豫了，思索了好几秒钟之后，轻声对长老说："能让我再考虑一下吗？"

"可以。"受洗仪式暂停。

在美国参加教会成为教徒，很尊重入教者的选择。瑞克站在那里思考了几分钟，终于决定放弃加入"摩门教"。主持仪式教会长老没有为难瑞克，同意了他的决定。

我顿时松了口气，我想他不入教会，一定是因为"十一奉献"。果然，瑞克后来对我说，教会许多教规当然是好的，但他并不认同教会的许多戒律。他是为了省去学费才考虑入教会，但教会却要从他的工资中拿走10%，而且是终身捐献，也太多了。瑞克还说，很多政党的党员交党费都是自愿的，如果将来有钱了，直接捐给中国的穷人也比捐给教会好。后来，瑞克选择了一家学费不高的社区学院就读。

随着到美国留学的中国学生人数逐年增加，在选择学校时，很多家长和学生，开始把目光投向教会学校。很多家长想问，孩子上美国教会学校好不好？

这个问题很难回答，需要自己去权衡利弊。

如果是为了节省学费，去一些免费的教会学校留学当然是一个好选择。但是许多教会学校并不是像摩门教那样，可以供信教的年经人免费上大学，相反，那些教会学校是看中的是中国学生的钱袋子，他们频频向中国学生招手，通过扩大招生增加收入，以弥补资金不足。甚至许多教会学校把中国视为金矿，要求中国学生支付的学费，相当于本地学生数倍之多。

但是，很多中国家长还是愿意让子女到美国教会学校求学。而中国一般的工薪家庭是否能支付得起如此高额的学费，就要认真考虑了。

国内有的家长认为，教会学校对孩子要求严格，在宗教教规教义等的熏陶下，沾染不良习惯的可能性会减小，对孩子成长有利，这一点也是可以考虑的。近年，美国放宽对中国留学生入读美国教会学校的签证审查，也为希望留学的学子提供了机会。

据了解，美国教会学校有以下优势：

（1）可以深入了解美国的《圣经》文化，对于学生日后在美国的学习、生活，都有很大帮助。众所周知，《圣经》文化在美国文化中是无可替代的，熟悉《圣经》文化，等于掌握了融入美国主流社会的钥匙。

（2）即使就读教会学校，学生也并不一定要选择宗教课程，完全可以根据自身情况来定，因为美国的大部分学校都有宗教背景，而且教会学校的最大资金来源就是教会支持，这些有宗教背景的学校条件也会更为优越。

（3）对于宗教课程的学习，对学生成长有帮助。宗教课程传授的与人为善、诚实和博爱等世界观，以及在哲学、伦理、文化和史实等方面的教育，也会培养留学生不一样的眼光和眼界有利。

（4）一些教会学校的学费便宜。虽然有不少教会学费很高昂，但对优秀学生提供奖学金。一般没有奖学金的走读制教会学校的学费，通常是非教会学校的 60%。

当然，美国教会学校也会有一些弊端，由于管理严格，教会学校发生的罪案当然比非教会学校少得多，但也并非"圣洁的天堂"，各种案件同样时有发生。媒体也常常揭露一些神职人员暴力对待和性虐待学生的事件。另外，从来没有接触过美国宗教的孩子，需要一个适应的过程，甚至会有不能适应的可能。

因此，为孩子选择教会学校的时候，需要慎重考虑。

获重大奖项是进入名校的最佳快捷方式

在美国，每年都有专门针对中学生举办的各种大奖赛，使众多优秀学生趋之若鹜。因为获重要大奖是进入名牌大学的最佳快捷方式，如果入围其中某一项大奖，不仅可以获得几万甚至 10 万美元的巨额奖金，同时，基本上可以肯定获得名牌大学的门票。

美国专门针对中学生举办的大奖赛主要有以下几个：英特尔科学奖（Intel Science Talent Search Semifinal）、西门子科学奖（Siemens Competition）、国际数学奥林匹克竞赛（International Mathematical Olympiad，IMO），还有奥林匹克物理、化学和各种写作竞赛等。

英特尔科学奖是美国历史最悠久，也最具权威的高中生科学竞赛奖项。原本称为西屋科学奖（Westinghouse Science Talent Search），这一奖项是西屋公司于 1942 年所创设，颁发给优秀的高中学生，1998 年改称为英特尔科学奖。不少英特尔科学奖得主，其后成长为科学前沿的弄潮儿，其中超过百人获得世界知名的科学及数学奖项，包括诺贝尔奖与国家科学奖章（National Medal of Science），因此英特尔科学奖又有"小诺贝尔奖"之称。

1998 年成立的西门子科学竞赛也是全美中学生最重要的科研竞赛之一，致力于选拔美国最优秀的科学工程方面的学生。每年的比赛共有 2000 多名学生参加。通过初选的只有 300 名左右，最后仅有数十名能进入决赛。

宾夕法尼亚州 17 岁的华裔高中生王怡然，是 2013 年英特尔科学奖入围者之一，她的父母来自中国四川省。王怡然从小就非常喜欢玩泡泡，曾参加各类型的科学营，经常拿家里的各种清洁剂做实验。父母一直很支持她对科学所展现的浓厚兴趣，她的父亲是机械工程专家，在科研方面给了她许多帮助与启发。她在费城帕克兰高中（Parkland Secondary School）读书期间，进行化学领域有关接口活性剂及催化剂的研究，成果获有关科学家高度评价，并获英特尔科学奖初选入围。

自从上中学以后，王怡然在科学方面的潜力逐渐展露，在许多地区性、全国性的竞赛中崭露头角，在 9 年级与 10 年级参加宾州少年科学学院的州竞赛，两度夺得冠军；11 年级参与英特尔国际科学电机展，荣获化学奖第四名与美国化学学会特别奖第三名；曾两度入围奥林匹亚化学竞赛决选。

由于王怡然的突出表现，2013 年他高中还没有毕业，就被常春藤名校斯坦福大学提前录取。

据笔者分析研究，要想在这类竞赛中脱颖而出，起码要具备以下几个要素：

（1）参赛项目必须具有科学的前瞻性与实用性。原籍中国福建的刘冶城，2013 年入围英特尔科学奖，之前他曾入围西门子科学竞赛半决赛，是英特尔与西门子的"双料状元"，他的获奖项目是如何去除水中的金属和杂质。水与人类生活息息相关，如何去除水中的金属和杂质，也是许多科学家正在攻克的课题，年轻的刘冶城研究的这一项目自然受到英特尔科学奖的青睐。

纽约布朗士科学高中（Bronx High School of Science）华裔学生程玉文，入围 2011 年西门子科学奖，她的研究辨别出一种新型的蛋白质，该蛋白质参与了细胞修复 DNA 的初期阶段，而这一发现对于阐明细胞通过修复 DNA 来预防癌症发生的理论有重要意义。

（2）要获得相关专业的导师及实验室的支持。身为在校的高中生，还没有接受高等教育，缺乏有关科学实践及社会经验，要想在这样的大奖赛中入围，如果没有相关专业的导师及实验室的支持，几乎是不可能的。因此，无论是选题与实验，选对专家与实验室非常关键。

2012 年 11 月，加利福尼亚州有两位华裔高中生金乔伊和鲁托马斯闯入当年西门子科学竞赛团队赛的决赛圈，他俩参赛的项目是针对肺癌的形成和发展，探索其两个蛋白质之间的关系。他们的指导教师是加大旧金山分校综合癌症中心胸腔肿瘤实验室研究员李湖。经过李湖耐心认真的指导，他们的研究成果有所突破。加大理工学院化学教授，也是西门子加州赛区的评审希西（Jim Health）称，金和鲁的研究项目"发现了一个潜在的肺癌转移的重要机制"。这位教授认为，转移性的癌症几乎是致命的，所以一直被视为肿瘤学领域中一个很难的问题，然而，"金和鲁的研究项目很有可能会出现新的有效的治疗方法，他们是一支非常有天赋的团队。"

（3）家长大力支持，甚至家长就是有关项目的科技专家。笔者发现，几乎所有入围这些比赛的高中生，都有父母亲的热情鼓励和大力支持。入围 2013 年英特尔科学奖的臧奔，是纽约史岱文森高中（Stuyresant High School）的学生，他生于上海，9 岁时随父母来到纽约。臧奔的父母都从事科研工作，父亲研究癌症，母亲研究药物，他从小对科学研究耳濡目染，自己也对科学产生浓厚兴趣。上中学后便在父母的鼓励下开始做科研。他做的是跨学科研究，涉及的领域包括生化、物理、数学、工程和医学。臧奔得奖后，他的父母说，鼓励他参加英特尔竞赛，纯粹是想让儿子多一些经历，从来没有想过拿奖，想不到儿子的辛苦劳动获得了英特尔的认可。

有志于到美国留学的中学生，如果对科学研究有兴趣，不妨勇敢地报名参加类似的竞赛。一般来说，参加美国各种大奖赛的资格各有不同，重要的是必须是美国在校高中生。只有"美国数学竞赛（American Mathematics Competition，AMC）"10 年级以下的学生可以参加，也就是低年级的学生可以参加高年级的比赛。中国在读的中学生，虽不能报名参加类似竞赛，但如果是有科技专长的学生，进入美国成为小留学生，就具备参赛资格了。

托福高分是获取奖学金的杠杆

我的朋友吕先生在北京外交部工作，他的独生女儿吕谨在北京一所重点中学读书。也许是受爸爸是外事干部的影响，小姑娘对学习英语兴趣很浓，成绩也很好，希望长大后能像父亲一样成为一名外交官。

吕先生计划将女儿送到美国读高中。有一次，我回北京开会，吕先生特地将正在读初二的女儿带来与我见面，让她在我面前用英语朗读了一篇《纽约时报》上的新闻，还唱了两首英文歌。我认为吕谨的英文能力已能够适应美国的学习生活。但我了解到，虽然吕谨的英文不错，但她并没有参加过托福考试，于是建议吕谨将历年托福考试题找来学习，并报名参加托福考试。我还对吕先生父女说，去美国读高中并不一定需要托福成绩，但是如果托福的分数高，有助于被美国名牌私立高中录取，还可以获得奖学金。

小姑娘很懂事，寒假时自学英语或去找老师辅导，重点攻克托福，在后来的托福考试中取得接近满分的高分。上初三时，吕谨与父母申请了排名最靠前的三所私立高中。除了托福考试和北京所在学校的学习成绩，还附上了吕谨2008年北京奥运会志愿者证书，以及多张优秀学生证书复印件。不久，他们终于收到大洋彼岸传来的好消息，三所美国高中都同意录取吕谨，其中一所顶尖寄宿制高中，还给吕谨每学年 5 万美元的全额奖学金。还不到15周岁的吕谨，终于成为一名小留学生，独自踏上了到美国求学之路。现在，吕谨已经是获得麻省理工学院全额奖学金的学生。

吕谨的案例说明托福高分是获取留学奖学金的杠杆，读私立高中是这样，读大学更是这样。除了托福，GRE 成绩也被作为美国大学研究生录取的标准之一。建议有志于出国留学、家庭经济条件又一般的学生，把考好托福或 GRE、争取获得奖学金作为主攻目标，这样，出国留学的路就会越走越宽广。

当然，申请美国奖学金，不能单纯依赖托福高分。许多留学生的经验证明，还要注意以下几点：

其一，最重要的是要懂得如何去申请奖学金。托福或 GRE 成绩优异的申请者，要使自己的成绩更具有说服力，让美国学校欣赏申请人的整体素质而不是单一的考试成绩，申请人不是一个只会考试的人，这一点很重要。有的托福与 GRE 成绩很高的学生，申请没有被接受，原因就是让美国学校认为申请人只是会考试而已。所以，在申请中，除了托福或 GRE 成绩，还要有必要的申请材料，包括两三封推荐信、个人简历、读书计划和在中国学校的成绩单等。美国学校会根据这些申请材料综合考察申请人，认为申请人在学术上与其他素质上都非常优秀，才会把奖学金授予申请人。

其二，重视申报托福成绩之外的自身优势资料。托福或 GRE 成绩虽然很重要，但只是衡量是否能被录取和获得奖学金的一项标准，推荐信、个人简历、读书计划与学生在中国的学习成绩单这几项材料，每一项的重要性都不在托福成绩之下，一定要重视申报托福成绩之外，能说明自身优势的资料。

比如前面提到的吕谨，也许有的学生托福成绩比她还高，但吕谨在北京奥运会当过志愿者，在学校又是优秀学生，拿这些证书与其他学生一比，优势就显出来了。

对于那些托福或 GRE 成绩并不是十分优异的学生，可以在推荐信与个人简历及读书计划中弥补这一不足，也可以帮助美国学校了解申请人的素质与实力，从而获得奖学金。

其三，选好目标，避开扎堆申请的学科与学校。在美国申请奖学金，选择学校时要注意学校的入学申请人数与颁授奖学金资助人数的比率，这也是一个重要的因素。颁发奖学金比率高的学校，尤其是奖学金丰厚的美国高校，无疑容易申请到奖学金。不过，这个比率并不能完全说明申请的难易程度，因为一些低标准的学校虽然比率并不高，但申请人的自身素质相对较低，所以并不见得不易申请。同样，一些名牌大学虽然颁授比率很高，但由于申请人多为高分的申请者，反而很难获得资助。不少成绩一样的高中毕业生，申请同一所大学，申请相对冷门的理工科专业，可能比申请热门的商科专业获奖学金的机会多。

所以，建议想要留学的学生在申请学校时，尽量避开扎堆申请的学科与学校，避开那些申请人数多、难度高的热门专业。

其四，把握最佳申请时机，申请越早越好。近年来留美学生激增，奖学金申请竞争异常激烈，要提早准备好各种资料，按学校的要求及时提交。早起的鸟儿有虫吃，很多学生申请同一所大学，申请早的比申请晚的学生容易获得奖学金。

以上是笔者对申请奖学金的很粗浅的建议，有不少专家能够提供各种各样申请奖学金的秘诀，也值得中国留学生参考。

拿签证的窍门

准备出国留学的学生要闯过多道关口，在拿到学校的录取通知后，还要拿到签证。但是，并不是每个想去留学的学生都能拿到签证，美国驻华大使馆表示，2010年有20多万留学生、访问学者及文化交流人士获F和J签证，获签率达90%，也就是说，拒签率只有10%。但是10%拒签也不是小数目，以20多万人、90%获签率计算，就有2万多人被拒签，这中间有不少学生，近年来签证通过率略有提高，但仍有很多申请被拒。所以，不少学生和家长为了签证绞尽脑汁，不惜花重金请顾问，或找留学服务机构代为说明签证。

笔者在深圳有两个朋友，一个是有钱的老板，儿子在读中学，学习成绩一般，担心签证难过关，花了整整60多万人民币，请留学顾问包装他的儿子，终于获得来美签证。另一位朋友是工薪族，没有花一分钱给女儿去做签证培训，也获得签证。

我分别问过这两位朋友，孩子获签证有什么窍门。当老板的朋友说，留学顾问帮助他儿子到一家大机构及一家著名企业实习，弄到两张有分量的实习证书，还在某家媒体登了一篇表扬儿子的新闻稿。钱是多花了点，但儿子的签证过了，值。

工薪族朋友则说没有什么窍门，他女儿也不是班里前几名的优等生，只是按照美国大使馆的要求，一项一项地认真准备。在提供经济担保材料这一项时，他认为家里只有 30 多万存款不够，提早从亲友处借了 50 万存入银行，开了张 80 多万元的存款证明，还把家里的房产做了公证。就这样通过了签证。

有人总结了美国留学签证被拒签的原因，主要有以下几点：英语口语表达能力差；学历不够，如申请人没有高中毕业文凭，就想去美国读大学，很难让签证官批准；提出申请的时间太晚，错过美国大学开学时间，不能在开学前到达美国；说谎、递交假材料；课程选择不当，如果申请只是为了到美国语言学校学习英语，签证官多半不会准签；学习目的不明确，有的申请人对留学的大学及专业不甚了解，也没有明确的学习计划，不知道学成后干些什么，同样难免被拒签。

总结起来，要想顺利拿到签证还是有窍门的，有留学专家表示，签证成功的窍门有以下几点：

（1）参加标准化入学考试。按美国学校的需要提供托福考试成绩，如果想申请美国 TOP100 的大学，还会要求申请者提供 SAT 成绩。申请研究生需要参加 GRE 或 GMAT 考试。

（2）提供在校成绩单。由学校提供在校平均成绩并转换为美国四分制的 GPA。不管是去美国读中学还是大学，成绩越好对申请好学校及签证越有优势。

（3）准备好个人陈述和简历。个人陈述是影响大学录取及签证的重要文件，个人陈述要真实、全面，简明扼要。个人简历文字要能够突出自身优势，还要注重简历纸张及文字的外观质量。在面对签证官时，口头陈述更要简洁、自信。

专家还认为，必须提前准备好在接受签证官面谈时给出一个清晰的学习计划，包括为什么要选择上美国的学校、选择什么样的专业，以及未来毕业之后有什么样的打算等，而且要表明毕业后一定不会滞留在美国。

（4）准备好推荐信。申请者一般需要提供两封以上的英文推荐信。

一般由中学班主任老师、大学系主任和专业导师来写推荐信，如能够拿到校长或者著名专家写的推荐信则更好。

（5）其他证明材料。为了突出学生本身优势，还可以补充其他证明材料。例如参加社会活动的经历、特长证书、发明证书、发表过的文章及各种竞赛的获奖证书，等等，这些都会对留学申请及签证有帮助。

（6）准备充足的经济担保证明。申请自费美国留学签证时，提供充足合理的经济担保材料至关重要。要向签证官证明你有足够的经济实力使自己完成国外的学业，而不会因为留学费用问题拖累家庭或成为别国的负担。经济担保材料主要是指存款证明和收入证明等材料。

还有，要注意美国留学生签证规定的变化，按要求及时准备好所需材料。

网上有很多关于签证的辅导知识，甚至包括面对美国签证官需要注意的各种细节，都应有尽有，只要注意收集，充分准备，就有成功拿到签证的把握，千万别轻信那些承诺百分之百能获签证的顾问。

不雅自拍影响申请读大学

时下的年轻人爱自拍，或许想不到自拍与申请大学还能扯上关系。

我在美国的朋友老李的儿子李克在高中读书，很喜欢发自拍照给父母。与朋友在餐厅用餐，拍几张发给父母；到一个新地方，也会自拍一张"微"给父母。李克在自己的脸书（facebook）、博客、qq空间与微信上，更是贴满了自拍照片。

李克与女朋友在热恋中也热衷自拍，上学放学，散步逛街，两人常常发些亲密的照片，张张都露着甜蜜的笑容。此后，这种情况愈演愈烈，甚至发展到上传他们极为私密的自拍。

一天，老李偶尔发现儿子电脑的相册里有数十张与女友在一起的私密照，老李大吃一惊。再打开李克的脸书和博客，更不得了，竟然也有不少私密照，有的照片虽然在私密处打上了马赛克，但动作毕露，非常不雅。

老李联想到前不久在美国媒体上曾看到一条新闻，说的是美国各大学校招生处，经常在网上"人肉搜索"申请人，如发现有不雅行为将直接影响录取结果。李克很快就要高中毕业，正在准备申请大学呢。老李急了，训斥了李克一顿，责令李克删去脸书博客上的裸照。李克很不高兴，反而批评老李侵犯了他的个人隐私，删不删照片是他的自由，谁也无权干涉。直到老李把美国媒体报道各大学校招生处在网上"人肉搜索"申请人的新闻拿给李克看，李克才认识到问题的严重性，终于很不情愿地删去了裸照。

老李所担心的并非空穴来风。据美国媒体透露，随着网络技术日新月异，社交媒体不断壮大，有不少中学生使用脸书等社交平台，互相交换自拍的不雅照片，也为各大学校招生处在网络上"人肉搜索"申请人提供了方便。一旦发现申请人有不雅行为，申请人立即"见光死"，入学申请就会被拒绝。

据美国卡普兰测试培训中心（Kaplan Test Prep）2015年的一项调查，如今越来越多的大学在网络上搜索申请人，借助社交媒体查看申请人在做些什么。29%的招生人员称曾用谷歌搜索申请人，高于2014年的27%；31%的招生人员表示曾查看申请人的脸书或其他社媒网站，高于2014年的26%。大学招生人员正以一种"无孔不入"的方式，搜索申请人不想被别人发现的秘密，比如负面的评价、不好的用语和坏习惯，等等，并根据这些搜索结果来决定是否录取申请人。

虽然"人肉搜索"申请人的方法引来不少争议，有人认为这有失公平，但无论公平与否，大学招生"人肉搜索"申请人的盛行，将直接影响学生是否被录取的结果，值得每一个希望申请出国留学的学生注意。

此外，需要注意的是，在美国，自拍个人隐私，私下保留不违法，但在网上公开传播会触犯法律。

Part ②

另一种生活的法则

　　踏出国门只是留学征程的第一步，另一片天空下的生活将从零开始，不要害怕接踵而至的各种情况，你的勇气撑得起你的未来。

同胞扎堆英语难过关

一次很偶然的机会，我认识了在休斯顿留学的 4 位来自四川的留学生，3 男 1 女，他们都是高中毕业后来美读大学的。

在异国他乡能与同乡一起求学，对排解远离亲友带来的寂寞很有好处。但是，我很快就发现了问题，即便是与美国老师和同学在一起，他们 4 个仍是在一旁用四川话聊天，不与美国同学说英语。我走过去与他们闲聊，问他们为什么不主动接触美国同学，一个说，自己英语太烂了，开不了口；另一个说，怕说错，所以干脆不张嘴。

后来我去了他们住的地方，他们没有住在学校宿舍，而是在校外租房住。租的是一座两层小楼，4 个房间一人一间。客厅是公用的，有一个大电视机，加上几个沙发，看上去居住的条件很好。我注意到客厅一角的桌子上零乱地放着一副麻将牌，周边 4 把椅子，不用问就知道是这 4 位学生课余娱乐的项目之一。

房东是华人，单独与我聊天时说了说这几位年轻人的一些情况。他说，他们优点不少，比如懂礼貌、节俭，不像别的富二代留学生那样开豪车、铺张浪费，等等。但是，很少看到他们做功课，上学时间也很短，又不去打工，常常一起打麻将到深夜两三点，或者打电子游戏，互相交流游戏战绩，讨论夺取游戏高分的方法，却没有听到他们讨论功课。睡得晚，第二天起床自然也很晚，一般中午才起床。有时一天只吃一顿饭，麻辣火锅是他们的最爱，隔三岔五就围坐在一起吃火锅，十分享受。

曾经是留学生的房东，说到这里不断摇头叹息："哪能这样留学啊，这是在浪费父母的钱，浪费自己的青春呀！"他曾很委婉地劝过他们，但作为房东又不能多说，所以并没起到什么作用。

听到这些，我不禁为他们的前途担心。我想到了不少来美三四年的中国留学生，英语进步不大，许多课程过不了关，不能毕业。有的留学生出国数年，英语水平仍然停留在出国前的水平，做不到张口就说英语。曾有媒体报道，一个男生花费百万人民币出国留学 7 年，口语仅为初中水平。出现这样的问题，也许有个人努力不够的原因，但中国同学扎堆，恐怕也是主要原因之一。

中国同学扎堆留学还助长了早恋等许多问题。我认识的一位朋友，在纽约有一套三室一厅的公寓房，分别租给 3 位来自华东地区的小留学生，两个男生分别是 15 岁和 16 岁，女生 17 岁，三人分别读不同的学校。开始一个月学习生活还算正常，但是大家生活在一起，随着接触增多，3 个学生之间竟然有了感情纠纷，两个男生都喜欢这个比他俩大的学姐。最后，15 岁的高个男生胜出，与女生一起不辞而别，悄悄搬走了，另租爱巢同居，小小年纪便坠入情网，弃学业而不顾。这绝对是送他们出国留学的家长所料想不到的。

随着中国留学潮席卷美国，中国学生扎堆留学现象有增无减，很多美国大学的中国留学生多达数千人，自然而然形成了"中国圈"。圈里的留学生都希望能住在一起玩在一起，以排解远离祖国和亲人带来的孤独感，因此这些留学生聚居地，又犹如形成"中国街"。本来，到国外留学，学生彼此之间相互照顾，淡化思乡之情，感受家的温暖，无可厚非。可是，大伙天天扎堆聚集，把自己圈在华人的小圈子里，口不离汉语，刻意减少或者拒绝与美国同学的接触与交流，也就阻碍了自己英语水平的提高。

随着中国留学生大量增加，不少美国学校，同一个班级里中国学生占了多数，让学生感觉进了"中国班"。留学生小刘曾对我说，他刚来留学时，班里有 30 多个同学，中国学生占了 25 个，其余 3 个来自东南亚，美国同学只有两个。课堂上只有这两个美国同学主动发言提问，中国同学成了"沉默的大多数"。在课余时间甚至在课堂上，中国同学全都用普通话交谈，与在国内上学没有区别。所以，小刘觉得在"中国班"里学习进步缓慢，第二年想办法转学到一所中国留学生少的大学，使他的英语水平得到较快提高，3年后顺利毕业。

现在，美国很多大学都有"中国班"。有专家分析认为，容易出现"中国班"的院校分为三大类：

一是集中在语言学校，而且这些语言学校一般都集中在华人多的大城市。随着中国留学生人数的快速增加，很多中国学生留学最初都是先上语言学校，"中国班"就这样形成了。

二是名校，"名校情结"造就了"中国班"，不少中国家长和学生，都把读名校作为目标，申请的人越多，名校形成"中国班"的概率也越高。

三是大学门槛低、学费便宜的学校，家庭经济条件一般的学生大多喜欢到这些学校留学，所以也就容易形成"中国班"。

如今，随着中国新移民的增多，在纽约、洛杉矶、旧金山和芝加哥等美国大城市，形成许多新的"中国街"。如纽约皇后区的法拉盛，原本是一个名不见经传的区域，近10多年来中国新移民潮水般的涌入，使之成为全美闻名的新"中国街"。据人口普查统计，仅法拉盛的16区，就有超过17600亚裔人口，其中绝大部分是华人。在法拉盛，华人商店林立，大家都讲中文，到了这里，就像是到了一个国内的城镇。

不少国内来的留学生，很喜欢在这些新的"中国街"附近选择就读学校，并在那里租房居住，为生活方便。笔者对此很不认同，因为留学生集中住在华人聚居地，对读书及毕业后找工作就业都不利。笔者帮助过许多学生来美读书，都建议他们到美国人占大多数的主流社会选校，远离"中国街"。而且在学校里也要尽量避免与国内来的学生扎堆，避开大学里的"中国班"。接受笔者建议的留学生大多数都顺利毕业，并找到工作，他们都认为笔者远离"中国街"、避开"中国班"的建议是对的，对尽快突破最初来美国时的语言障碍，尽早融入美国社会很有好处。

如何面对在外国交友难

瑞克来美国留学之初，英文底子很差，基本开不了口与老师和同学对话。我鼓励他，一定要想办法和美国白人同学交朋友，多与他们对话，尽快突破英语难关。

硬着头皮去跟白人同学"套磁"，但都碰了软钉子。瑞克觉得这些白人孩子很可能有种族歧视倾向，不愿与亚洲人多接触，更别说交朋友了。

瑞克说班上有几个黑人同学，对他还算友好，愿意跟他交流，可是瑞克很犹豫，觉得许多黑人说英语有口音，担心常与他们交往会受影响。我认识一位福建的唐人街侨领，他偷渡来美时曾被美国移民局抓获，蹲过两年监狱。在狱中，他向黑人狱友学英文，出狱后说一口"黑人英语"，但是很多懂英文的人，常常听不懂他在说些什么。我当然不愿意瑞克将来也遇到这样的窘境，既然来到美国，一定要学标准英文，说正宗美语。但我提醒瑞克，要处处尊重黑人同学，不可以对他们使用任何歧视性语言。

我建议瑞克，如果有在美国出生的亚裔同学，他们从小说英语，可以多接触。后来，瑞克果然结交了一个菲律宾裔男同学，他在美国出生，母语是英语，家人也全都讲英语。因年纪相仿，志趣相投，瑞克与他成了知心朋友，一起上课，放学后又常常在一起做作业，对瑞克提高英语水平很有帮助。至今，这个菲律宾同学仍与瑞克有来往。瑞克是独生子，父母工作也忙，交了这个朋友，除了有利于学英语，对排解瑞克来美之初的孤独感也大有好处。

潘婷是我一位福建移民朋友的女儿，14 岁时从家乡来美国读中学，因为英语差，学习进步很慢。潘先生与我一样要求她的女儿，在班上与白人同学多交流。开始，白人同学对她也很冷淡，但潘婷不放弃，仍想办法多接触白人同学。潘先生做的是鞋子和服装生意，生意做得很大，是个成功的商人。一天，潘婷将父亲公司里的几张样品图片，有意识地拿到学校向白人同学征求意见。这些由专业摄影师拍摄的图片，将模特儿与产品拍得十分漂亮，一下就吸引了同学们的目光，拉近了相互间的距离。一位犹太裔白人女孩，家里也是商人，很乐意与潘婷交朋友。潘婷很快突破了语言障碍，英语水平直线上升。

对于出国留学的学生来说，不管是谁，出国之初或多或少都会碰到语言上的问题，要想突破难关，多与美国同学交朋友是一个很好的办法。但是很多留学生的经验表明，与美国同学交朋友并不容易。

来自杭州的林迪，17 岁时去美国留学，在内华达州读高中，学校地处沙漠地带的一个小城镇，路上几乎看不见人。想到自己要在这个荒凉的地方生活 3 年，人生地不熟的林迪刚到学校第一天，就哭着想回家。入学的第一周，她哭了很多次。她说，周围很多与她一样的留学生也都是这样。林迪很快认识了学校里所有的中国学生，一共 10 个人，其中有 6 个是女孩子，她们都是在国内读完初三或高一后到这里留学的。因为英语还不熟练，女孩子们下课喜欢扎堆一起用中文聊天。林迪也觉得，这样下去自己的英语难有进步，而且美国同学也不会来搭话，因为他们根本不知道中国学生在讲什么。

林迪以前听人说，寂寞是小留学生要攻克的一大难关，到美国留学后她才有了深切的体会。和她一起住的女孩子比她早来一个多星期，也常想拎行李回家。林迪说，晚上哭完了第二天还是要上学，出来了就要敢于面对。

美国《岱伯洛谷学院问询报》(Diablo Valley College Inguirer) 曾报道中国留学生交友难的问题。报道称，中国留学生冼生生希望结交更多的美国朋友，事实上，对他来说，在美国生活将近一年，如果能结交到一个美国朋友是很好的事情。冼生生说，结交美国朋友很难，大家在课堂上能说几句，下课以后从来不多说话。而且大多中国学生从来不尝试和美国人交朋友，中国人喜欢在自己的小圈子里混，不太喜欢结交新朋友。

另一名在岱伯洛谷学院学习的中国学生张贤瑜则表示，中国学生和美国学生从小在不同的文化圈生活，感兴趣的话题也不一样。她说："如果我和美国学生谈论私人生活，我不太能把握美国人的情绪。"在张贤瑜看来，中国学生与美国人交往难的另一个原因就是语言问题。"下课后，我就只想说汉语，不想说英语，因为那样还要琢磨语法。"

因为中国学生不够主动，自然就很难交上美国朋友。曾有美国的一项对国际留学生的调查报告指出，40%的国际生没有要好的美国朋友。值得注意的是，在中国留学生和东亚留学生中，这个比例更高。

许多留美的中国学生谈到与美国学生交友难时，往往会说："不是我们不和美国人接触，是美国人排斥我们。"事实上并非完全如此。

在一项调查中，美国学生表示，他们不是不想与国际学生接触，更不是排斥，而是不知道说什么，也不知道如何同国际生交往。艾瑞克·罗奎斯特（Eric Lofquist）是岱伯洛谷学院一名当地学生，他说，自己不知道和中国学生说什么，也没有理由和他们说话。"有那么多事情要做，主要是我也不会说汉语。"岱伯洛谷学院学生会进行的一项在线调查显示，超过40%的美国学生表示，自己会努力亲近国际生。

还有一种情况值得中国留学生注意，并非所有美国学生都自视高傲，相反，许多美国学生也有自卑心理。很多普通的美国人，尤其是来自边远地区的美国人，与外国人接触同样信心不足。笔者有一次在美国中部偶遇几个年轻纯朴的白人中学生，得知我是开车从纽约来的，都很惊讶，流露出羡慕的神情。其中一个学生说，纽约！大城市呀！另一个学生则说，电视上看纽约很漂亮，我还没去过呢！

在美国的中学与大学，有的白人学生或许从来没有与中国人打过交道。有留学生说，他们见了你板着脸，也可能是心里紧张、不自信。你主动一些，对方经常在第一时间就会笑容以对。

许多留学生的经验还证明，与美国学生交朋友，要善于展示自己的优势。

何欣 15 岁时来美国读中学，初到异地的她因为什么都不懂而闹出了许多笑话。何欣当时一句英文都说不出来，同学问她"What's up"（打招呼）时，她还以为同学在问她头上有什么东西，还真的仰头到处看。那时候，大家都觉得何欣很奇怪、很笨，很少与她接近。何欣从小弹钢琴，而且弹得很不错。高中班主任知道她会弹钢琴后，特地让她给学校的活动伴奏或参加比赛，甚至腾出一间空琴房让她自由使用，同学们见到她的精湛琴艺，十分佩服她，逐渐跟她交起了朋友。何欣来美之初也曾经为自己交不到美国朋友感到困惑。可是，在她展示了钢琴才艺之后，一切都改变了。连她自己都没想到，最后竟是钢琴才艺，帮她在美国学校打开了交友圈。在老师和同学的热心帮助下，所面临的英语难关被她一一攻克。

如今，何欣已经完成学业，在美国一家大公司就职，她除担任设计大楼能源结构的工程师外，还经常踏上纽约林肯中心的舞台表演。

不久前，美国有个网友讨论移民的成就时说："那些敢于冒生命的危险、破坏了法律而来到我们这里的人，智商一定超高。我们美国人不可能'斗得过'人家。"虽然他说的是非法移民，但也反映了美国社会对移民的尊重。所以，中国的留学生应该建立这样的信心：我们敢出来闯荡的都是强者！要以强者的开放心胸跨越文化鸿沟。要知道，留学最大的一个好处，就是为年轻一代提供了建立国际人际网络的机会。这种网络，是日后参与全球化竞争的重要本钱。

逃课"坑爹"

在美国，或许是因为"自由"、"平等"、"人权"之类的口号喊得响亮，许多学校学生很自由散慢，逃课现象严重。

我的一位朋友吕先生，1991年来美国留学，几年后研究生毕业，在纽约的一家银行工作。工作安定了，移民身份也办妥了，就为在国内的太太和儿子申请移民签证，一家三口终于在美国团聚。他的儿子名叫吕晓雄，来美那年12岁，进入纽约市皇后区一家中学读7年级。

晓雄在国内备受爷爷奶奶的宠爱，很贪玩电子游戏。在纽约上中学第一年，因为吕太太没有去找工作，在家里全职照料晓雄的生活，每天都送晓雄上学，对晓雄要求也很严格，规定他每天必须完成作业，只有周末才可以玩游戏机。晓雄贪玩的毛病，几乎被吕太太给治好了。

可是第二年，吕太太找到了工作，每天都要去上班。夫妻俩也以为晓雄可以自己去上学了，渐渐放松了对儿子的监督。晓雄重获"自由"，加上在学校结交了几个同是中国来的贪玩同学，就养成了逃课的毛病，一遇到不喜欢听的课，立即和那几个贪玩的同学一起溜出学校，跑到附近的公园玩耍，或跑回家里玩游戏机。

本来美国学校对学生上学的管理很严，如果学生逃课，学校都要通知家长。但是纽约很多学校对学生管理松散，甚至有的老师担心管得太严格了，学生会有意见，一旦有学生向学校投诉，会给自己带来麻烦。所以，考虑到自己的饭碗，一些老师对学生逃课往往很宽容，并不是学生每次逃课都通知家长。但学生考勤还是要做的，只要发现学生逃课，都会记录在案，待每学期结束一并通知家长。

晓雄的父母因工作忙，起初并没有发现儿子逃课有多么严重，等到学期结束，吕先生看到了学校的通知，知道了晓雄一个学期逃课竟有70多次。吕先生气坏了，痛骂了儿子一顿。

经教育，晓雄逃课的毛病有所改正，但依然时好时坏。旷课太多，功课不好，直接影响到晓雄的毕业。正常情况下，晓雄18岁就应该高中毕业了，可是他比别人多读了两年，20岁才拿到高中毕业证，勉强被一家入学门槛很低的社区学院录取。

晓雄上大学后，因为基础差，功课跟不上别的同学，逃课的毛病又犯了，第一年就因为逃课次数太多，又不好好完成作业，原本起码应该修30学分，他竟然只得到2学分，被学校勒令退学。

晓雄的表现使父母伤透了心，再三劝说，晓雄就是不愿意上学复读，也不愿意去找工作，每天都"宅"在家里玩电脑，还养成了抽烟的坏习惯，把家里弄得乌烟瘴气。吕先生忍无可忍，终于将晓雄赶出家门，让他自立。在美国，孩子年满18岁就离家"自立门户"这种现象非常普遍，尽管吕太太不同意，但吕先生认为，这是不得已的最后一招，也许只有这样做，才能挽救晓雄，让晓雄清醒。于是，吕先生在皇后区为晓雄租了一间小屋，付了一年的租金，强行把晓雄搬了出去。吕先生交给晓雄500美金作为两个月的生活费，让晓雄自谋生路，他要求晓雄振作起来，变好了才能回家。

晓雄后来在清洁公司打工，因为他没有学历，也没有其他工作技能，一直找不到好的工作，300多岁仍找不到女朋友，孤身一人，甚至早生白发。

在美国，只要肯自食其力，无论从事什么工作，都是件好事。但是，像晓雄这样的年轻人，本来可以在美国争取到更好的前途，但因为贪玩，浪费了大好青春，不能不让人深感惋惜。

从晓雄的案例中，我们可以得到以下一些启发。

首先，美国中学、大学的毕业率很低，学生逃课是主要原因之一。纽约市的高中4年毕业率，2010年只有61%左右，2015年有所提高，达到70%，但仍有30%的高中生不能按时毕业。美国的学生上美国的一般大学，都不需要任何的考试，只要有高中文凭就都能入美国大学读书，入学后来不来上课，都由学生自主，但结果毕业率更低了。

毕业率高的学区，学校对学生管理很严。有的州，学生上学期间无故旷课5次，家长会被指控违反了州法，有可能被处以上千美元的罚款，也可能是30天以内的监禁，或是强制性小区服务。但是在那些对学生管理松懈的州，学生逃课严重，毕业率自然就很低。有数据表明，治安越不好的地方，逃课就越严重。据《费城询问报》（ The Philadelphia Inquiree ）报道，2015年，费城学区的161000名学生，有18243人受到停学处分；在过去18个月，有274名学生遭到勒令退学；在上课的日子，每天约有12000人逃学。因此，建议国内的家长送子女出国留学，尤其是读中学，一定要选管理严的学区。

其次，从晓雄的事例，可以看到，逃课对学生的前途有着直接的影响。因为逃课不能毕业，没有学历，就找不到好的工作。这不仅是"坑爹"，也坑了自己。

因此，每一个留学生，都应从晓雄的事例汲取教训，不要白白浪费了家长所付出的学费，白白浪费了自己的大好年华，也毁掉自己求学上进的机会。

"立家规"

小虎是来自江西的小留学生，在纽约读中学，他的妈妈李淑芬辞掉了国内的工作，来纽约陪读。据我了解，像李淑芬这样的陪读妈妈，在纽约、洛杉矶和旧金山等美国城市，都有不少。

李淑芬和儿子刚来纽约的时候，因朋友介绍与我认识。我与小虎母子俩见面机会并不多，只是偶尔电话联系。一天，她来电话说，小虎越来越贪玩游戏机，早上不大愿意起床，放学后做功课也拖拖拉拉。她说，为教育小虎，她的嘴皮都磨破了，但作用不大，希望我能出面与小虎谈谈，帮助小虎改一改贪玩的毛病。

我虽然工作很忙，但为了帮助小虎，还是抽空与小虎见了一面。

为了这次见面，我像当老师一样认真备课，向李淑芬详细了解小虎的情况。得知小虎是两代单传的独苗，小虎的爸爸妈妈、爷爷奶奶及姥爷姥姥，对这个独子独孙从小疼爱有加。我还了解到，小虎家庭环境虽好，为了小虎将来成长不惜代价早早送他出国留学，但家里对小虎的日常生活并没有具体的要求。知道这些情况，我有主意了，我对淑芬说，应该给小虎立几条家规，见面的时候我们就以家规为话题。淑芬很高兴地接受了我的建议。

一个星期天，我特意在麦当劳与小虎母子俩见面，请小虎吃他最喜欢的汉堡，大家边吃边聊。我先给小虎变了一个"空手生钱币"的小魔术，让小虎找破绽，我变了两次他都没有看出破绽。然后又与小虎一起玩了几分钟手机上的游戏，这是我和小孩子联络感情的老套路。小虎虽然12岁了，像个小大人，但毕竟还是个孩子，很快就和我亲近了许多。

我慢慢把话题转到他的学习上。我问小虎："你知道郎朗吗？"

小虎说："知道呀，他是钢琴家。"

"可是你知道吗？他也曾经是个小留学生，他是14岁到来美国读书的。"

小虎来了兴趣，听我讲郎朗的故事。我曾采访过郎朗和他的父母，对郎朗的成长过程很了解，我特别谈到父母对郎朗的严格要求：什么时间起床，什么时间做功课，练琴多长时间，等等。我对小虎说，任何有出息的人，都会像郎朗那样，必须从小就严格要求自己。

我点到为止，尽量让话题放松一点，接着对小虎讲了美国总统奥巴马与太太一起给女儿制定的家规：美国媒体很善于"扒粪"，总想扒出总统家里有什么不好的新闻，可是扒来扒去，多年来一直没有找到奥巴马两个女儿的负面新闻，于是大众普遍认为奥巴马和太太米歇尔家教有方。《纽约时报》为此还挖出了几条奥巴马的家规，其中一条是平时不许女儿使用科技产品，包括手机、随身听。奥巴马的大女儿也只有周末才能动手机；两个女儿不到周末不能看电视，电脑只能在做作业时才用。

小虎听到这里，感到很惊讶：哇！这么严！不到周末不能看电视，电脑只能在做作业时才用。那么玩游戏更不行了，是吗？

我说，是呀，你要比总统的女儿自由多了。

小虎笑了起来。我接着说，小孩子玩一玩也是要的，但玩得太多不是好事，建议他和妈妈商量给自己立几条规矩。他妈妈也接过话题，鼓励小虎按我的建议去做。但具体说到规定玩游戏的时间，小虎有些犹豫。我想小虎已经理解了我的意思，而且很多事情欲速则不达，就提议让他回家再与妈妈商量再说。

后来，经过妈妈做了大量的工作，小虎在国内的爸爸、爷爷和奶奶、姥爷姥姥也在电话上鼓励他严格要求自己，小虎终于同意给自己立几条规矩，除了自己上闹钟按时起床、睡觉，以及上学、做作业、做家务等基本要求，主要是对玩游戏时间有了规定。虽然后来小虎并不是每天都能按规矩去做，但规矩是家长与他商量决定的，不是家长强加给他的，小虎也逐渐能接受这些家规的约束。

又过了一两个月，小虎妈妈告诉我，小虎有了很大进步，贪玩的毛病有所改变。

小虎的进步当然要归功于家长的耐心教育，如果不是小虎妈妈长时间的谆谆教导，耐心说服，主意再好也等于零。由此我想到，给小留学生制定了家规的家庭恐怕不是很多，不少家长习惯采取强迫命令的方式管教孩子，今天不许这样，明天不许那样，效果并不理想。"无规矩不成方圆"，如果对孩子晓之以理，制定出几条切实可行的家规，说不定对孩子的进步大有帮助。

"家规"可以帮助孩子建立良好的生活和学习习惯，改正诸如拖延、网瘾之类的毛病。

美国专家认为，重要的是家长要了解清楚自己的孩子为什么会有网瘾，然后再对症下药。曾最早下定义并描述"网络上瘾症"的社会学家、美国网络上瘾中心执行主任金伯利·杨博士在她的报告《应对校园网络上瘾》中分析说，青少年学生沉溺网络的原因包括：校园中几乎无限的免费上网机会；大量的课余时间；网上行为没有监管或控制；逃避学习压力；与社会疏离，等等。她还指出，上网成瘾的恶果不可小视，网瘾会导致青少年学生缺乏睡眠和体育锻炼，学习成绩下降，与朋友关系恶化，不参加团体活动等。患有"网瘾"的学生一旦成绩急剧下降，往往很容易逃学、退学，甚至离家出走；如果流落到社会上，其命运更加难以预料。

综合治疗网瘾的经验，大体有以下几点：

第一，认识上网成瘾的征兆。广义而言，上网成瘾就是过度沉迷于使用电脑、网站等形成的问题，因而影响到日常生活、工作、学习及人际关系等，可包括色情、社交、游戏、赌博和 eBay 等。要辨别孩子使用电脑的行为是否健康，必须留意沉迷、沉溺或失控的一些症状：如使用的时间过长，孩子在受阻止使用时易发怒，十分情绪化，未能完成功课，疏离亲友，逃避现实等。至于身体方面会产生手指麻痹，眼睛干涩，视力下降，背、颈、头感到疼痛，睡眠紊乱，体重增加或减少等问题。

第二，管理孩子上网或使用电脑的时间。网瘾不单影响正常生活、学习及人际关系，甚至对其本人的心理及精神健康，以及未来人生都有着严重影响。父母是未成年子女的监管者，设定电脑使用的规则及时间，如孩子未做好功课，就不能玩电脑或做其他网上活动；不妨鼓励和帮助孩子发展其他有益身心的活动和兴趣，但父母必先有共识并能以身作则。

第三，洞悉上瘾症状背后的原因。如孩子感到压力大、孤单、抑郁、焦虑、苦闷，甚或藉电脑活动来得到慰藉及逃避面对问题等深层次的心理和精神问题。

必要时务必寻求专业辅导，美国大多数城市可上网寻找专业辅导。

中国留学生尤其是小留学生，来到美国留学后缺乏家庭环境的监督管理，有了自由的空间与时间，很容易染上网瘾。尽管小留学生一般都有监护人管理，但监护人不可能会像亲生父母那样去严管孩子上网，网瘾问题照样容易发生。因此，建议家长在送孩子出国留学之前，应认真评估自己的孩子是否有抵御网瘾的自制能力，给孩子打好"预防针"，然后再决定孩子是否应该踏出国门。

儿子在高中上的第一堂数学课

一天瑞克放学回家，给我讲他上第一堂数学课的情景：

上课了，一位白人男教师走进教室，他空着两手，没有拿教科书之类任何资料，待七嘴八舌的学生们安静下来，站在讲台上的老师拿起粉笔，在大黑板上唰唰写下几行数字：

Graduated from high school（高中毕业）$20000

University（大学）$40000 起

Master（硕士）$50000 起

Ph.D（博士）$60000~$90000 起

写毕，老师轻轻拍去手上的粉笔灰，对班上的学生说："这是美国学生毕业后参加工作的年薪，学历不同薪水也就不一样。大家回家可以上网查一下，看看是不是这样。希望大家思考一个问题，要不要好好读书。下一堂课我们再讨论，大家都要发言的啊！"

说完，老师问同学们有什么问题，可能因为是第一课，没有同学举手发问，老师立即宣布下课。这一时间极短的第一堂数学课，令瑞克印象十分深刻，也让我这个当过老师的认为很有意思，觉得这位数学老师的教学别出心裁。

这堂课的时间虽短，但课后瑞克花了不少时间做功课、上网查资料，从美国政府劳工部（United States Department of Labor，DOL）的网站，他查到了当年不同学历的人的工资标准，大体与老师说的数字相差不多。按教育程度不同划分，准确的数字是：

学　　历	收入水平（美元）
高中以下毕业生的平均收入	23400
高中毕业生的平均收入	30400
大专毕业生的平均收入	38200
本科毕业生的平均收入	52200
硕士毕业生的平均收入	62300
博士毕业生的平均收入	89400

瑞克还查到了以下资料：当年美国人的平均工资是多少，什么人的工资最低，什么人的工资最高，差别在哪里。按行业分，美国平均工资最低的是食品相关行业人员，年薪只有 2 万美元；平均工资最高的是管理人员，年薪超过 10 万美元。还有，全美的低收入者中，没念完高中的约占 1/3 以上，高中毕业的约占 1/3，大专毕业的约占 20%，大学及以上包括硕士、博士毕业的只有 8%。可见，绝大多数低收入者受教育水平不高。于是瑞克得出结论，受教育水平是影响收入高低一个重要原因。

瑞克把在电脑上查出的结果，写满了一页 A4 纸，作为第一堂课的作业。到了第二堂数学课，老师随机点名让学生发言，瑞克的发言获得了老师夸奖。据瑞克说，老师在课堂上让大家讨论要不要上学，大家齐声答："要！"还七嘴八舌争相发言，有的说，学位高了我才能买好车、住好房，这是我的美国梦；有的说，我可不想去排队领失业救济金，引起大家哄笑。

瑞克的第一堂数学课体现了美国教育的灵活，也是美国社会金钱至上的意识反映在学校的一个缩影。它没有说教，而是让学生直接去领会接受教育与自己的切身利益相关。这种近乎赤裸裸的教育方法，也许很"另类"，若是在国内根本行不通。国内对学生的思想教育，大多不能说错，但显得很空泛无物。

类似这样结合实际的教学方法，确有它的可取之处。提高自己受教育程度，争取更高经济利益，无可厚非。受教育的人多了，国家只会更强大。所以在某种意义上，不能说靠读书挣钱是不爱国。换句话，也不能说，不好好读书，将来走进社会去领失业救济金就是爱国。

从一篇作文看美国教育

"美国为何向日本扔原子弹",这是儿子瑞克上高中时一篇作文的题目。

美国高中老师讲课很少照本宣科,主要是讲重点,允许学生课堂上随时提问,同时启发学生进行讨论,学生在课堂上很轻松。然而,老师布置的课外作业不仅量大,且难度也高,绝不是套套公式或按例题依葫芦画瓢就能完成,只有融会贯通地掌握书本知识,经独立思考,综合运用所学知识,才能完成课外作业。

美国学校的课外作业要计入总成绩,所以学生也都会认真完成课外作业。瑞克也不例外,对课外作业很重视,他常常为了完成作业,放学后直奔图书馆,抱一大摞书回来,在书里翻来覆去的寻找数据。我认为,单从这一点来看,美国学校的教学方法,很有效地培养了学生的自学能力和综合分析问题、独立解决问题的能力。

瑞克上12年级的时候,有一天,老师布置了一篇作业,主题是关于第二次世界大战,作文的题目自选。瑞克从小喜欢看好莱坞的战争片,对"二战"的故事比较了解,但是选什么题目让他犯难,他向我求助,我说,最好还是自己选,这样才能有进步。从选题找素材到写作,我都没参与,我想看看他会如何完成这篇作业。

后来,瑞克选择了"美国为何向日本扔原子弹"这一题目。他说,班上同学选的题目五花八门,都不相同,但都是关于"二战"的。他之所以选这一题目，是因为听说美国人对当年向日本投掷原子弹有争议，有人说该扔，有人说不该扔。瑞克心里也有疑问，想通过写这篇作文，了解更多的历史知识。

有了题目，儿子开始收集数据，他从图书馆借来几本关于二战的书籍，还在互联网上大量阅读相关文章。然后拟好题纲，再补充材料，最后写作完成。

这篇作文分四个部分：

第一部分，写美国人对当年向日本投掷原子弹的争论，提出论点——原子弹该不该扔。

第二部分，列举"二战"期间日本军国主义的罪行，举了两个例子，一是日本"二战"期间屠杀了接近 3200 万中国人，仅南京大屠杀就杀死超过 30 万中国人，且手段残忍。二是日本偷袭珍珠港，致使美国死亡 2403 人，受伤 1178 人。

第三部分，写日本被原子弹炸死逾 30 万人，相当于中国死在南京大屠杀中的人数，如果没有那两颗原子弹，"二战"不会那么快结束，日本会屠杀更多无辜的，美国也会承受更大的伤亡。瑞克还引用在参考书中查到的资料：美国参谋长联席会议（Joint Chiefs of Staff）认为如果不扔原子弹而派兵到日军本土作战，美军将损失 20 万人左右，陆军参谋长马歇尔认为甚至可能多达 100 万人。所以，美国为减少美军伤亡才不得不使用原子弹。

最后一部分写结论，美军的两颗原子弹，令日本遭受到了前所未有的巨大损失，但也避免了战火在日本本土燃烧。总的说来，向日本投掷原子弹是正确的。

瑞克在文章末尾还提到，日本至今没有为在战争中杀死那么多中国人而向中国认罪道歉。瑞克说他反对战争，希望今后全世界再也不会有原子弹的出现，但是如果日本再次发动战争，他赞成向日本再扔几颗原子弹。

有意思的是，瑞克的作业完成后，在上交老师之前，他找了 6 名与他关系较好的同学，在学校图书馆讨论他的文章，6 位同学里有 3 个美国人，其他 3 个分别是菲律宾、韩国和波兰裔同学，瑞克笑称这是一次小型国际研究会。讨论结果，大家意见一致，当年应该向日本投掷原子弹。瑞克也把讨论的情况写入作文当做结尾。

在我看来，这篇文章数字多了些，内容也没有展开，但对于一个中学生，有这样文字与理解已是不错了。作文交上去后，他的美国老师打分时给了他A，还在课堂上表扬他。

我很高兴瑞克通过这次课外作业，阅读了许多书籍，对第二次世界大战有了更多的了解。更令我高兴的是，瑞克在独立思考方面有了进步。

这件事使我对美国的教育方法有了进一步的认识，也看到了许多美国人对待历史问题的客观态度。瑞克的老师是美国人，老师及教科书对"二战"历史的陈述也是客观的，而且引导学生用历史的客观事实进行分析，从而得出正确的结论。

没有参加课后辅导班的中学生

中美两国在教育上的差异，加上许多小留学生难以克服语言问题，使得他们的功课往往跟不上美国的教育进度。

于是，小留学生要不要参加课后辅导班，就成了一个非常现实的问题。参加吧，美国各种课后辅导班的收费很高，有些所谓的保过班，一年费用上千至数千美元，甚至高达一万多美元，这对工薪家庭是一笔不小的负担。不让孩子参加吧，又怕影响孩子的前途。所以，我常碰到一些小留学生家长为这个问题纠结，向我征求意见。

在美国读书的华裔学生，从小学到中学很少有学生不参加辅导班的。在美国出生的 ABC，母语是英文，家长希望孩子学中文，不要忘了中国的根，所以送孩子进中文辅导班；中国新移民来美，孩子英文差，要进英文辅导班；有的孩子文科好但理科差，要进辅导班补习理科。即便孩子各科功课都好，但美国学校放学早，所以家长也让这些孩子进辅导班，与其他孩子一起参加学习和娱乐活动，总比孩子独自一人待在家里强，而且美国法律规定，12 岁以下的孩子不准单独待在家里，否则家长要吃官司。因此，美国课后辅导班的生意很兴隆。从 1 年级到 12 年级，各种各样的补习班应有尽有。

据了解，不仅美国华裔热衷将孩子送进各种辅导班，主流社会和上流社会的很多美国家庭，为了让孩子不输在起跑线上，也不惜花重金送孩子上辅导班。他们不仅要为子女缴纳高额的学费，还要支付更多的课外辅导费。据《纽约时报》报道，河谷学院（Riverdale Country School）是纽约市大名鼎鼎的私立高中，每年学费高达 3.88 万美元。一位不愿透露姓名的学生家长说，她去年支付的辅导费高达六位数，也就是说超过 10 万美元。孩子要全年接受 SAT 考试辅导，辅导教师来自"优势考试中心"（Advantage Testing），辅导一次 50 分钟，费用 425 美元。西语课和数学课的辅导教师是私立学校的现任教师或退休教师，150 美元/小时。此外，还要聘请"常青藤教育集团"的一位教师辅导"人文研究综合课"，每 50 分钟付费 375 美元。

受美国主流社会为孩子补习功课的风气影响，华裔父母不惜耗费人力财力送孩子上辅导班，就不令人奇怪了。

瑞克刚来美国读高中的第一年，在辅导班补习过英文。他在北京的初中学过几年基础英文，到了美国上高一，过去所学的英文根本不够用。应该说，那一个学期的课后辅导班对他的提升英语水平有很大的帮助。到了第二学期，瑞克的英语已经能够应对美国高中的学习生活，就没有再去辅导班。瑞克一个学期的课后辅导班收费是 500 美元，属于中等价位，但我认为这笔花费物有所值。我在美国的几个朋友，同样也都给孩子报名进辅导班，他们都是为了孩子能进步快一些，尽快适应美国学习的新环境。

在我朋友的孩子中，有两个没有参加过任何课后辅导班的留学生。一个是本书开篇提到的韩笑奇，他的自学能力强，有自制力，不贪玩，把精力都放在学习上，所以他用不着去课后辅导班。

另一个好朋友舒磊的儿子舒然，在纽约读高中，从 9 年级到 12 年级，没有参加过任何课后辅导班。舒磊对我说，然然从小学习就很自觉，从不用父母操心。他的学习方法有两条，一是有条理，二是专注。每一周，舒然会把所有的功课都写在一页纸上，再保存在手机和电脑里，每天学什么、做什么作业都心中有数，上课也很专心听老师讲课，所以能做到不用去补习。

至于不上英语课后辅导班如何突破英语难关，舒然说，他很爱看英语原版的电影和电视剧，久而久之，对自己英语能力的提高很有帮助。这个方法也是不少老师和网友总结推荐的。对于一些深奥难懂的功课，舒然说，再难的功课都是有教科书的，他在听课前提前预习，上课时专心听讲，不懂的地方主动举手发问，课后还可以找任课老师个别辅导，老师都很喜欢他去问一些疑难问题，就这样，一门一门的功课都攻下来了。

当然，每个留学生的具体情况不一样，都像他们那样学习，不参加任何课后辅导班也不实际。对上不上补习班这个问题，要根据小留学生的个人需要，有的放矢地选择重点进行补习，不要盲目地参加一些大班的补习。

需要注意的是，美国各种课后辅导班品质参差不齐，负责任的辅导班很多，不负责任的辅导班也不少。有的辅导班只顾收费，疏于管理，这种情况并不少见。大班教学不因人施教，管理也不严，老师对逃学的学生，偶尔也会提醒两句，但很少批评教育，更不会处罚，最多事后给家长或监护人打个电话。

所以，送孩子去补习，既要有的放矢，选好优质的负责任的辅导班，也要加强对孩子的教育与引导，让孩子珍惜得来之不易的补习机会。

13 岁少女姗姗离家出走

一天上午，一位小留学生家长李丽女士，急匆匆地来到我的办公室，很焦急地对我说，她 13 岁的女儿姗姗昨晚离家出走了，我连忙向她询问具体情况。

李女士是温州人，她和丈夫做点小生意，日子过得不错。但是独生女儿姗姗学习不是很好，从小学到初中，在班里的学习成绩总是吊车尾。看到周围不少朋友都送孩子到美国留学，夫妻俩为了姗姗的前途，在姗姗小学毕业 12 岁时就接她来纽约读中学，成了一名小留学生。因姗姗未成年，李女士获美国移民局批准前来陪读，而先生则留在国内继续经营生意。

来美之初，姗姗表现很好。第一学期，姗姗每天按时上学放学，成绩也有了明显的进步，尤其是英语进步很快，姗姗渐渐成了妈妈的翻译。李女士周围的朋友都夸姗姗聪明，李女士认为送姗姗来美国读书的路是走对了。

没想到第二学期姗姗有了变化。在姗姗所读的中学，黑人学生占半数以上，很多黑人孩子从小缺乏管教，上学不好好读书，吵架打斗司空见惯，逃学、旷课成为家常便饭。姗姗第二学期与几个班上的黑人同学成了朋友，也沾染了一些不良习气，先是上学不认真听老师讲课，做功课马马虎虎，后来发展到与黑人同学一起逃学，去公园、网吧、商场，四处游玩。

对于女儿的变化，李女士开始并没有发觉。她认为姗姗第一学期上学正常了，就把更多的精力放在了做生意上。温州人本就很会做生意，在纽约陪读的李女士，到唐人街转了几圈，竟然就找到了批发手表的生意。她很高兴地开始忙碌起来，洽谈、接单、运货、发货、收钱、存钱，一个人忙得不亦乐乎，女儿上学的事自然就顾不上了。直到一天她收到学校通知，才知道女儿常常缺课。李女士虽然也苦口婆心教育女儿要好好读书，但她性子急，加上女儿正处在青春叛逆期，母女俩总是不欢而散。

李女士对我说，姗姗离家出走的导火线，就是因为姗姗趁妈妈一早去忙生意，把几个黑人男女同学招到家里开 party，喝酒、抽烟、跳舞，尽情胡闹。没想到被李女士有事临时回家撞个正着，正在胡闹的几个黑人孩子立刻作鸟兽散。看到平时整洁的家里变得满地烟头、啤酒瓶，甚至还有避孕套，而女儿愣在那里衣衫不整一脸酒气，李女士简直要气疯了，想要动手"教育"女儿，可是在美国，家长打孩子是犯法的，情节严重的家长会遭逮捕，未成年的孩子还要被政府带走交他人抚养。李女士就把姗姗关在房间里，可没想到姗姗趁她不注意跳窗从后门跑了，这一跑就一整夜不见踪影，她想去警察局报案，但又怕把事闹大伤了女儿的面子，左右为难，问我该怎么办。

为防止出现意外，我建议她立即报案，让警方和学校帮助到黑人同学家寻找，但不要登报，不要四处张贴寻人启事。果然三天后，姗姗被找到并送回了家，李女士特地领着姗姗到我的办公室，向我表示感谢并让我开导姗姗。后来，我帮助姗姗转学到了一家学风较好的学校，同时建议李女士转变简单粗暴教育方法，腾出时间多陪女儿。最近，李女士对我说，一年多来姗姗渐渐改了不良习惯，正常上学了，预计可以高中毕业，再上大学。

在美国，类似姗姗这样 13 ~ 15 岁年龄的华裔少女，离家出走的现象并不少见。不仅仅在华人社会存在这样的问题，美国主流社会也时常发生，成为一个久治不愈的"常见病"。美国媒体不时刊登失踪少女的消息，在大型超市都设有寻人启事广告栏帮助家人和警察局寻找失踪少女。这些失踪少女大多数消失得无影无踪，有的可能已经遇害，更多的恐怕是被卖到不堪的地方过着暗无天日的悲惨生活。只有极少数失踪少女被找到重见天日。

当然，她们失踪的原因各有不同，有的是与父母有冲突一时想不开离家出走，有的是在上学或放学途中被绑架。前一种较容易找回，而后一种就很少有机会回到父母身边了。随着中国留学生大军源源不断流向美国，我们也应该重视少女失踪这一问题。近几年女留学生失踪案例也在增加。2014年初，一名就读于匹兹堡大学（University of Pittsburgh）的中国女留学生秦琪（Qi Qin，音译）失踪多日后，警方在媒体上发布寻人启事，寻求公众的帮助。呼吁知情者提供线索；2015元旦次日，美国媒体报道，正在美国东北大学（Northeastern University，NEU）读书的中国女生李颖熹，失去联系超过11天，中国国内家人万分焦急，东北大学中国学生会多方寻找也没有消息，只好在媒体上发布消息寻人……

据美国警方调查结果显示，青少年离家出走事件多发，以女孩子居多，家长及孩子双方均有责任。警方表示，十几岁的孩子正处于青春期，身心都在成长中。这个时候的孩子虽然心理上还在依赖父母，但是行动上已表现出独立的倾向，希望得到尊重，遇到不快容易与家人发生冲突。因此父母应该仔细留意孩子的变化，以正确方式对待孩子。

如果父母能够首先放下家长的架子，耐心地倾听孩子的心声，孩子自然而然就会向父母敞开心扉。如果父母只是一味地教育、指责，只会与孩子越走越远。

此外，新移民家庭生活压力大，父母往往忙于生计，忽视了孩子的教育，这也是一个值得重视的问题。

美国华人小区的一些教育专家认为，包括小留学生在内的很多华裔青少年，都是在十来岁时来到美国求学，初来乍到，面对的是完全陌生的生活与学习环境，很多孩子刚开始学习起来非常吃力，跟不上学校进度，进而产生厌学情绪，进一步发展便是逃课，甚至完全放弃学习，自暴自弃。

很多小留学生家庭虽请有监护人，但很多情况表明，监护人不可能像对待亲生孩子那样严格监管小留学生，小留学生因学习跟不上而厌学，这时一些社会上不怀好意的人只要稍作引诱，便很容易控制他们，带他们走上歧途，或是威胁到他们的安全。

总而言之，留学生家长应该重视对子女进行相关教育，尽量避免发生孩子离家出走而失踪的悲剧。

还有另外一种情况，常有中国家长因为与在美国留学的子女失去联系，就以为子女失踪了，结果这种所谓的失踪，实际上是"假失踪"。

笔者亲身处理过一个留学生失踪的事例，就是属于假失踪。

"失踪"的学生向我解释了他不与家里联系的原因。出国前，他的父母对他的管教一直很严格，出国留学后，依然事无巨细，天天都详细过问，终于使他产生了逆反心理，对父母的视频通话很抗拒，与家人联系渐渐少了。他毕业后在纽约一家广东华侨开办的食品加工厂工作，父母一直对他的期望和要求很高，特别是父亲，经常在电话里责备他没出息，他认为自己的工种与工资收入都与父母的期待有距离。加上居留身份迟迟没有办好，没有拿到美国绿卡，也无法回国探亲。种种原因使他没有再与父母联系。

留学生在美国失踪或失联，原因很多，不能一概而论。当然，每个失去联系的孩子，都事出有因，而且各有不同，但是事发原因多多少少与家长管教不当有关，最终做父母的很难过，也很无奈。

从不少假失踪的事例可以看到，子女不愿意与家人联系这件事，家长有很大的责任。很多家长对留学的子女期望很高，并不了解子女在美国遇到的实际困难，也不善于与子女沟通，往往会使子女产生心理障碍，加重与子女之间的矛盾，子女只好选择回避。加上美国社会的惯例，孩子18岁后离家独立生活，无论读书或工作都很少与家人联系，这种情况有时候也会传染给中国留学生，使他们忽略了与家人联系。

虽然，儿行千里母担忧，儿女出国留学，家长牵肠挂肚，但要掌握好联系子女的分寸，要给正在留学的子女足够的时间与空间，过度的溺爱与关怀，常常会适得其反。

因此，家长必须多关心体谅在国外留学的子女，切勿以简单粗暴的方式管教孩子，以免孩子产生抵触情绪，不愿意与家长联系。

　　孩子的隐私需要被尊重，秘密需要被保护，私人领域需要被维护，英国首相丘吉尔有句名言，"我随时准备学习，但是我不喜欢人家教我。"所以孩子大了，最忌引用管教的语气来相处。如果父母只会主导，儿女不只成熟得慢，待人处世方面也难有长进。久而久之，彼此之间反倒反感渐生，容易起冲突。

　　家长要在"抓"与"放"之间掌握好平衡，在"宽"与"严"之间控制好力度。

留学生自杀的警示

2014 年 2 月 11 日，在美国新泽西州泽西市，一个中国留学生跳楼身亡，在学校小区和留学生中引起不小的震动。

跳楼自杀的年轻人是年仅 22 岁的留学生周宇扬（Yuyang Zhoo，音译），据他身边的同学透露，他是个学习很用功的学生，只是性格内向，之所以自杀很可能与精神上的压力太大有关。

近几年，中国留学生在美国自杀身亡的事件每年都有几起。

2012 年 1 月，就读堪萨斯州安保利亚州立大学（Emporia State University）MBA 一年级的 26 岁杨姓中国留学生，疑因生活压力及心理压力过大自杀身亡，他先朝自己开枪后，再撞车身亡。

堪萨斯州警方表示，根据调查，这名留学生叫杨明轩，他在 10 日驾驶一辆租来的汽车，在 35 号州际公路上撞车。撞车前，他已先朝自己开了一枪，并在自杀前，自行打电话向警方报案。

根据警方数据显示，杨明轩在 2010 年到安保利亚大学就读，他的同学、友人都对其选择自杀表示惊讶，一位同学说，小杨是该学院的中国同学会副会长，人缘非常好，为人和善开朗且乐于助人，根本看不出任何他想要自杀的迹象。而有主流媒体分析，小杨可能是因为精神压力过大无法排解而走上绝路的。

后来有同学发现，就在杨明轩自杀的当天上午，他在某社交网站上写下了这样一条简短的绝笔："如果可以不向家里再要钱了，那该有多好。如果还能让父母花上我的钱，那该有多幸福。如果做不到后者，就争取做到前者吧。"

原来，不想向家里要钱，竟然是杨明轩了结自己 26 岁年轻生命的一个重要理由之一。

有朋友说，从杨明轩在该社交网站上的 699 篇日志可以看出，他是一个心思细腻表面开朗，内心却有很多想法的人。在最近几个月他发布的文章之中，多次用到"再见，纽约！再见，这花花世界！"、"几年后一切都是轮回，再次重头"、"去远方，在路上"等字眼，字里行间透露出和世界诀别的心思。据同学介绍，杨明轩在自杀之前，曾经游览波士顿、纽约等几个城市，并和那里的老同学们见了"最后一面"。可惜并没有人发觉任何蹊跷。

2010 年 6 月，美国加州河滨大学一名姚姓中国留学生失踪，事后发现，这名学生曾多次浏览自杀网站。这位中国留学生的母亲因长时间没有儿子的消息，于 6 月 12 日从中国赴美寻找儿子。通过向儿子的朋友多方了解，才得知儿子已从大学辍学一年，下落不明。姚母从儿子寄存在同学处的电脑数据中得知儿子出走，并流露出自杀倾向。

据了解，姚姓学生来美留学的兴趣是绘画，和父母要求他学习的物理差距很大，虽然勉强读了物理专业，但成绩一直不理想，他也早有转到其他专业的想法，但父母一直不同意。

有消息称姚姓学生已自杀身亡，但还没有得到警方的证实。

2013 年 11 月 17 日，来自中国的 25 岁女留学生李某，在曼哈顿中城哥伦布圆环附近的 23 楼租赁公寓跳楼，当场死亡。据警方对该案调查的结果显示。这位留学生跳楼的原因很有可能是课业压力过大，长期受忧郁症困扰。

2014 年 8 月 21 日，来自广西南宁的小留学生林旭在洛杉矶跳楼自杀。林旭来自单亲家庭，从小由母亲抚养，母亲是工薪阶层，但为了让儿子有个好前途，两年前母亲将他送往美国读书。由于林旭没有通过学校的英语测试，又没有参加补考，学校在一年前将他的学生身份终止。林母由于无法负担林旭的生活开销，一度停止给他寄钱。在美国，他成了"黑户"，曾经打过零工，勉强维持生活。可能是因为没有读上大学，使他"无颜见江东父老"，加上经济上的困难，林旭走上了不归路。

……

列举了如此之多的留学生自杀案，足见这一问题应该引起国人足够的重视。

美国是自杀问题最严重的国家之一。据美国疾病控制与预防中心（CDC）发布报告称，10～74岁美国人的自杀率1999～2014年连年上升，15年间涨幅约为24%。2014年每10万美国人中就有12人死于自杀。[①]由此可见，自杀已经是美国一个愈来愈严重的社会问题。

中国留学生自杀现象增多，是否受到了美国自杀问题严重的"传染"，目前还没有科学的研究结果给以证明。然而，美国社会自杀现象泛滥，加上媒体的渲染，政府及教育部门对防止自杀行为缺乏教育与引导，甚至造成学生在网络上可随时搜索到教唆自杀的网站，这都是导致中国留学生自杀现象增多的重要原因。

当然，每个留学生自杀的原因各有不同。针对频发的学生自杀事件，美国的精神科医生、心理咨询师和校方都认为，学生自杀的原因通常是非常复杂的，几乎总是与抑郁症和其他精神健康问题相关。有时候，一个重要考试的失败或是失恋，往往是引发青少年学生自杀的诱因。

对于中国留学生自杀，大多与课业压力或经济压力太大，或是没有处理好婚恋及家庭关系等问题相关。有的留学生出国留学前是成绩优秀的好学生，对出国后所遇到的学习困难在思想上准备不足，一旦遇到难题就会手足无措，久而久之，就会造成很重的心理负担。许多留学生家庭经济并不宽裕，为子女留学不惜巨额借贷，常使身在国外留学的孩子在经济上陷入困境，孩子耻于开口向家长要钱，又走投无路，自杀的悲剧就容易发生了。

我采访过一家国内心理危机研究中心从而了解到，近年来，诸多留学生不惜拨来越洋电话咨询心理困惑。整体来看，困扰他们的问题不外有三：一是想家，在国外不适应，感到孤独寂寞；二是遇到了困难，包括学业上

---

① http://edu.163.com/16/0426/06/BLIDL0N600294III.html。

的、生活上的和感情上的；三是需要倾诉，同家长存在矛盾，认为出国留学是家长强加给自己的困难。①

目前留学大潮兴起，低龄留学也成为趋势，年纪小小就留学异国他乡，使许多小留学生出现心理障碍，有的甚至产生自杀倾向，必须引起家长们重视。

有关专家认为，当下留学生越来越低龄，由于年纪太小，还没有明晰的人生规划及对前途和未来的判断，对家庭和父母依赖感颇强的小留学生，往往一遇到打击就"懵"了，不知道该如何是好，而有些家长不懂得如何同孩子有效沟通。这些孩子一旦出国，就必须独立面对租房、看病和上学等很现实的问题，而语言能力、生活能力都很差的他们却很难和别人沟通，难免遇到困难。而且，很多家长把美国想象得很美好，可是国外的生活却并不美好。因此，建议国内的家长，特别是孩子年纪小的家长，一定不要盲目送孩子出国留学。如果想要出国，事先要与孩子充分沟通，教育和引导孩子，而且要培养他们解决困难的能力。孩子出国后，还要注意加强对孩子进行心理辅导。孩子远走他乡，出国留学，身边没有亲人，学习和生活的压力会比在国内大得多。这时候，家长不但要关心孩子的学习成绩，更要多关心子女的心理健康，帮助孩子学会自我减压，提高抗压能力。

多交朋友是心理减压的重要一环，家长应该鼓励并帮助孩子交朋友。人需要朋友，需要调剂。因而学会交朋友，学会在生活中寻找快乐是一件比学业更为重要的"技能"。这一代的留学生，绝大部分都是独生子女，由于家长严格要求，不管是在国内学习还是出国留学，都是把百分之百的精力放在学习上，而忽视了交朋友，忽视了体育、娱乐等活动，这样并不好。因此，在不影响学习的前提下，家长应该鼓励孩子多交朋友，建立一个良好的人际互助网络，对孩子的心理健康，以及将来的发展都大有好处。

---

① http://edu.sina.com.cn/a/2013-01-16/0925224548.shtml

与老师沟通是一门学问

在美国留学生如何与老师沟通，绝对是一门学问。有的留学生不注意处理好与老师沟通的相关问题，这不仅会影响他的成绩，还会影响他能否顺利毕业。有的学生因为与老师发生冲突，最后导致自己被退学，或吃官司，甚至被遣返回国。

我曾帮助过一位留学生解决与美国老师沟通的问题，老陈是我在北京的一位朋友，他是国家机关一名普通公务员，儿子陈立良高中毕业后来美国波士顿留学，读大学会计系本科，眼看差一个学期就要毕业了，就在这个节骨眼上，立良却闹着要退学回国。老陈与妻子都不同意儿子退学，可是立良铁了心不去上学，收拾行李，逼着父母买机票，准备回北京了。

老陈很着急，办加急签证很快来到纽约，找到我请我做说客，说自己脾气急，怕与立良谈崩了，总之是不能让立良退学。

我和老陈冒着大雪，从纽约开车到波士顿，到了立良租住的宿舍，只见他两只旅行箱已经装好，看样子是非要跟着父亲回国不可了。立良房东是个华人，也反对立良回国，知道我和老陈来，特地留在家里等我们。他为我们煮了一大锅饺子当午餐，饭后我们 4 个人在客厅里，我问立良为什么要退学回国，可是立良闷在那里不说话，只说要回国。

坐在一旁的房东说话了，"别闹小孩子脾气呀，你爸和叔叔这么大老远冒着大雪来看你，是为你好。"我接过话头说，"退学回国也并非完全是坏事，但你得给你父母一个交代，说清楚原因，如果有什么困难说出来，也许我们能帮帮你。"

立良低头沉思片刻，说："我毕不了业，只好回国。"

"为什么毕不了业？"我问。

"有一门功课很难，我肯定过不了关。"

"哪一门课？"

"微积分。"

"你缺过课吗？"

"没有。这门课一次都没缺过，但是很多内容很难懂。"

"为什么你认定自己过不了关？"

"作业和期中测验从来没及格过，我知道最后考试肯定也是不及格。"

"找任课老师谈过吗？"

"没有。我觉得自己这门课实在太差了，很丢人，也没胆量找老师谈。"

原因终于找到了。我对立良说，你应该找老师谈谈，我在大学做过兼职教师，知道老师对学习有困难的学生会特别关照，不但会加强辅导，考试或许也会有所通融。我还告诉他要对老师说，别的课我都过关了，如果这门功课过不了关，我就毕不了业，毕不了业就找不到工作，就对不起辛苦供自己留学的父母。我还说，和老师沟通时，态度一定要诚恳。

大家好说歹说，为他出主意，终于说动了他，同意按我们的建议去试试，暂时不退学。但是他仍然坚持，如果这门课的考试仍通不过，一定要回国。我劝老陈回国等消息，他脾气急，留在立良身边会增添压力，产生"负"作用。

不到一个月，立良来电话给我报喜，说按照我的方法和老师谈了，老师很高兴，特别给他开了两次小灶，还指出课程的重点，毕业考试他果然通过了。

立良毕业的经历告诉我们，留学生学会与老师沟通多么重要。在美国的学校，不允许学生和老师"拉关系"，但提倡学生为了学业进步与老师多交流。尽管太过"密切"的师生交往会被严格禁止，但这并不意味着老师与学生在课下要"形同陌路"。很多老师常常抱怨中国学生尽管很用功，却总是不主动与老师交流，大多数中国留学生，总是上课听讲不提问，下课回家闷头做作业，让老师很难了解他们的真正想法。其实在学习中，留学生能提出问题，主动阐述自己的观点，老师会很欢迎。如果学习上遇到困难，积极向老师求教，也会获得帮助。如果当面请教老师受时间限制，可以利用电子邮件与老师联系，往往几封邮件，就会拉近与老师的距离，得到意想不到的收获。

如何给美国老师送礼

中国是礼仪之邦，尊师重道更是中华民族的传统美德。学生得到老师教育与帮助，逢年过节送礼表示感谢，也成了一种约定俗成的习惯。那么去美国留学能不能给老师送礼？送什么礼？怎么送？

美国的教育制度明令禁止学生给老师送礼物，每到重要节日，给老师写一张贺卡就可以了。当然，我不反对准备一些小礼物，以备不时之需。我让亲友的孩子来留学时，准备最多的小礼物是：中国结、小挂饰、扇子和小幅字画等。据我了解，这些小礼物最受美国老师的欢迎。但是，送礼要注意讲究时间、场合，还要看人，不然会适得其反。很多美国老师，有时连小小的礼物也不会接受。

有一位留学生说了一件因为送礼让自己难堪的故事：他刚到美国学习时，总喜欢随身带个见面礼，一次拜访一个教研究方法课程的外系女教授，临别时他拿出一个包好的礼物（中国结之类）表示感谢，没想到教授很严肃地说，学校规定老师不能接受学生礼物，请他收回去，教授严肃的表情让他顿时很尴尬。

教师在美国属于公务员，美国政府规定，在没有利益冲突的情况下，公务员可适度接受礼物。美国政府所定下的礼物定义非常广泛：任何赠物、关照、折扣、款待、请客、贷款、债务偿还期延伸或任何有金钱价值的物品。礼物的概念也包含：服务、纪念品、提供的交通运输工具、车船飞机票、包销费用、地方旅游、酒店住宿和餐饮。

美国公务员在一些情况下可以接受礼物，但在这方面的限制却很严。首先，公务员每年接受礼物的市场价值不能超过 50 美元，每次接受礼物的市场价值不能超过 20 美元，而且不能是现金、礼券等。美国严禁公务员收取礼金，一经发现，轻者警告，严重者会被撤职查办。如果收到 20 美元以上的礼物，公务员有两种选择，一是必须将超过的价值部分用现金退还给送礼人，二是将礼物退还。

即使按照规定，公务员可以接受 20 美元没有利益冲突人送的礼物，但如果一个公务员经常地接受他人的礼物，会被视为公务员以权谋私，对公务员个人的道德操守会产生不利的影响，甚至会毁了个人前途。所以，教师不会为了收礼丢了自己的饭碗。

因此，希望我们的留学生和家长，要了解美国关于送礼的法规，不要为此触犯美国法律。

被"恐怖分子"的留学生

这是一个很夸张但又很真实的故事——来自中国西安的留学生翟恬，在学校因与助理副校长发生口角，被控告为恐怖分子，于 2010 年 4 月 15 日被美国警方逮捕。

校方控诉翟恬为"恐怖分子"，理由是他企图放火烧毁学校。7 月 30 日，控方的指控由原来的"恐怖威胁"降至"小型行为不当"，至此不负刑事责任，并允许其回国。8 月 10 日，被关押了一百多天翟恬回国。

回国后，翟恬曾接受媒体采访，讲述了事情的真相。

2003 年，20 岁的翟恬去美国新泽西州斯蒂文思理工学院（Stevens Institude of Technology）读书。2010 年 3 月的某天，学校要求攻读博士学位的翟恬停学一段时间，要对其进行调查，但未告知原因。此后，翟向校方申诉。4 月 14 日，翟恬收到学校的正式停学信，并要求其 21 日前离境。翟恬拒不离境。

翟恬曾给助理副校长发过一封电子邮件，要求校方给一个说法。还在邮件中表示如果校方不给他一个说法的话，他不仅要告校方，还要把这件事情告诉媒体。随后，翟恬在和助理副校长见面时发生了口角，致使他被激怒。

至于校方控诉翟恬为"恐怖分子"，理由是他企图放火烧毁学校。翟恬认为，是学校曲解了他的话。他说，如果学校要整我，我会上诉或告诉媒体也毁你学校的名誉。当时他说的原话是"burn your reputation","burn"这个词当时表达的是"毁掉"的意思,而不是"燃烧"的意思。

翟恬还认为,3月下旬他参加了学校所在地镇上的一次演讲,就交通费上涨问题发表意见,还接受了美国媒体采访。可能会被校方认为是个"不听话"的学生,会给学校惹麻烦。还有就是他在实验室里和另外三名学生关系不好,也是校方处罚他的原因之一。

翟恬的不幸遭遇引起两种截然不同的反应。很多人认为他在美国遭遇了不公正待遇,美国校方小题大做,警方将一个与校方口角的留学生控告为恐怖分子并关进监狱是错误的。也有人认为,翟恬在处理具体问题时也有不对的地方,他不应与校方口角,更不应发出过激言论授人以柄。

无论如何,在美国留学了 7 年,正在攻读博士学位的翟恬,因为一次口角,不仅遭受牢狱之灾,更葬送了大好前程,这一教训,值得每一个留学生谨记。

翟恬的遭遇表面上是一个单词引起的误会,背后仍有很多教训值得我们思考和吸取。

第一,如果学生签证到期,一定要提前申请延期。学生签证是美国政府颁发给国际学生的合法证明,明确规定了学生身份从什么时间开始、什么时候到期,留学生必须注意在到期之前申请延期。如果因为功课繁忙而错过了申请时间,可以好好向校方解释,一般都会获得校方的理解。

第二,对学校规定一定要执行,如果认为学校对自己的处理有意见,可以向校方提出申诉,不应置之不理。

美国不论是中学还是大学都有学生手册,有的多达数十页,甚至一百多页。学生手册将学生规定与处罚程序和方式制定得非常详细,老师发放手册给学生,就视同学生了解那些规定了,老师没有义务去反复提醒。更何况老师重复提醒,反而会被视为对学生能力的漠视。如果学生违反学校规定,学校不会讲情面,会按照学生手册的规定来处罚学生。

千万不要漠视和挑战美国的校规和法律法规，入学时记住要仔细阅读学生手册，了解有关纪律方面的规定和处罚条例，不要去轻易触犯，这样才能避免停学或者退学的处罚。

第三，遇到不公待遇，要冷静对待，切忌急躁粗鲁。

从翟恬的遭遇可以看出美国学校对学生言论管理的严格，让我们了解到"美国的言论自由"实际上并不自由。有些我们认为不当真的"气话"，在美国却是违纪的。与老师、校长及工作人员言谈，更要注意礼貌和尊重，不可顶撞对方。

有专家认为，中美两国文化不同，使得一些中国人认可的言论，会被美国人当成是威胁。一位美国法学教授解释说："美国宪法第一修正案保障言论自由，但是扬言要犯罪的行为本身就是犯罪。如果一个人扬言要纵火烧学校，并有意这样做，这就会构成犯罪行为，所以，最好不要发表要犯罪的自由言论。"

如何避免在学校遭受霸凌

美国的校园霸凌现象十分严重，而且在美国校园有愈演愈烈的趋势。据美国联邦司法部司法统计署公布的数据显示，大多数美国学生认为学校越来越不安全，每 4 名学生中，就有一人遭遇过霸凌；每 5 名学生中有一人承认，自己曾有过霸凌行为；在美国的初中和高中，每个月有 28.2 万名学生在霸凌事件中遭受肢体攻击；86% 的校园枪击事件与霸凌复仇相关。而新移民和少数族裔学生，更常常是霸凌事件的受害者。[1]

许多来美时间不长，中学期间就离开父母的中国留学生坦言，在美国校园，似乎每个人都彬彬有礼，"但你能感觉背后的冷若冰霜"。不少来美多年的新移民学生表示"没有美国朋友"，这些学生聚在一起时，最多的话题就是如何抱团，不被欺负。即使是从小在美国生长的华裔，也免不了被人欺负。

有美国教育专家认为，华人学生在语言、环境的双重压力下，往往表现得性格内向、沉默寡言。这样很容易成为同学欺负的对象。而警方也特别提醒家长和学校，孩子们被欺负，通常会寻找两个最直接的"出气口"，一是自残，二是暴力报复。此前，美国就出现过受辱的华裔学生当众自杀或是伤害他人的案子。

---

① 《人民日报海外版》，2013 年 10 月 28 日，第 6 版。

　　教育专家称，遭遇霸凌的华裔学生应及时向学校反映，如果学校置之不理，还可以向当地华人社团或执法部门求助，切莫忍气吞声，息事宁人。

　　如何避免成为霸凌受害者的确有难度，有专家认为，孩子交朋友非常重要，家长无疑应协助孩子建立健康的心理状态。她认为就算孩子努力改变自己，希望成为受欢迎的学生，也可能免不了成为霸凌受害者。比如一些受老师好评的学生，也会被其他同学排斥。因此，当好学生，上课时虚心发问而不随便打断别人，不扰乱课室秩序，乐意协助有需要的同学，才是让学生成绩及操行都会有进步让老师和同学都喜欢的方法。

　　12岁的小留学生张悦悦应对霸凌的办法，很值得参考。下面是她的自述。

　　"刚到美国，因为不懂英文，我在第一节课上就遭到同学们的哄笑。同学们知道我不懂英语后，课上课下都经常用恶作剧捉弄我。一次课间，我正在拥挤的过道穿行，准备去上数学课，一个小男孩儿指着我大声地对众人说：'看！她不懂英语，真蠢！不是吗？'在上学和放学的校车上，我也常常被大家孤立。

　　我再也不认为美国有那么好了。不过我既然来到这里，就不能输给那些欺负我的人！我没把在学校遇到的不愉快告诉父母，我要靠自己的力量摆脱困境。

　　为此，我变得比什么时候都热爱学习。每天晚上做完作业，我就自学国内带来的初中数学课本，并且边查字典边读英文小说。我就不信我真的比歧视我的人差！

　　心里憋着的这股劲儿，使我在体育考试的1600米长跑中拼命快跑，终于超过了时常取笑我的同学。长跑之后，校长来到数学课教室，竟然给我颁发了当月的数学单科奖状——'每月之星'！老师和同学们都热烈鼓掌，这是我到美国生活半年以来赢得的第一次掌声。

　　美国人十分重视动手能力，他们从小就以自己有一双巧手而自豪。一上科学课，大家都争着抢着做实验，除了木工课之类培养手工技能的科目以外，社会课和英语课也会安排手工作业。

　　有一次，老师要求我们在写读后感或文章内容简介时，根据书中的内容做些有代表性、有意义、不限形式的手工，一来提高学习兴趣，二来可以加深理解。刚开始我对这些并不重视，随便找了个旧纸盒剪剪画画，拼凑出一个《灰姑娘》的立体作品。这个作品一出台就成了全家人的笑料——皇宫歪歪倒倒；台阶摇摇欲坠；灰姑娘的头发被剪秃了一半；追赶灰姑娘的王子脖子差点被剪断，成了歪脖王子……已在美国生活了多年的三姨坚持让我重新做一个，在大人的帮助下，我精心设计制作了一个精美而艺术的立体作品。当我把它交给老师时，她睁大了双眼，惊讶得好一会儿说不出话来。等她强烈感叹之后，一系列的赞美词一涌而出，还把我的作品展示给每一个同学看。同学们伸长脖子争相参观，不断有人赞叹着：'她是怎么做出来的？'

　　在手工课上，老师教我们用铁皮和彩石烧制装饰品。我经历了一次失败之后，重做了一个非常成功的彩色十字架——十字交叉处，又黑又亮的底色衬托着石头融化成的白色菱形，菱形中央还有若隐若现的两条青色花纹，菱形的边缘奇异地透出一种蓝，显得非常圣洁高雅。这枚十字架被评为那天的'最佳作品'，令同学们羡慕不已。

　　最有趣的制作是社会课的一篇作业，老师要我们把关于南北战争的论文以当时的情报传递方式交上去，论文写作与'情报员'采用的传递方式一起算成绩。我没有效仿别人把写好的论文夹在三明治里，而是拆开一整包口香糖，将文章折叠成一个很硬的长条形，巧妙地包进一张糖纸内，又小心地把整包口香糖恢复成原样。当老师从最后一片口香糖里拆出了我的情报时，全班同学情不自禁地鼓起了掌，随即是一片叫好声。老师点着头笑着说：'对不起，我想我只能给你一个 A-，因为那时候人们没有绿箭口香糖。'我的创造与想象的'时差'，逗得大家哈哈大笑，笑声里，已没有了往日的讽刺和歧视，只有由衷的肯定和赞赏。

　　就这样，我凭着不断表现出来的聪明才智提高了在同学中的地位，还被学校选入'数学天才班'。"

　　张悦悦的事例说明，努力做个受欢迎的好学生，也是小留学生避免在学校遭受霸凌的一个好办法。

由"那个"引起的误会

在美国，与黑人打交道时，要特别注意语言的使用，以免惹上种族歧视的麻烦。

纽约华裔宜修女士的儿子在外州读寄宿高中，和另外一些同样寄宿的学生住在一起，儿子的室友是黑人。某日，宜女士在上班时，突然接到儿子学校辅导老师打来的电话，告诉她据儿子的黑人室友反映，儿子在打电话时，常常说对黑人歧视性的语言。

宜女士一听大惊失色！宜女士的第一反应便是不可能，因为在孩子们的成长过程中，家里不仅不许有种族歧视现象存在，歧视性的语言更不可以出现。于是她赶紧追问详情。老师犹豫了半天，才隐晦地说，就是那个最广为人知的对黑人的不敬之称。宜女士感觉非常困惑：儿子怎么会说这样的词呢？他一直在跟我说那个黑人室友的好话啊！思来想去，宜女士告诉老师，当晚下班之后打电话和儿子谈谈。

放下老师电话后不久，宜女士突然恍然大悟：一定是我们讲中文时的口头禅"那个"（发音接近 negro，侮辱黑人的词语）、"那个"的，被儿子的黑人室友误会了！

宜女士给老师拨通了电话，说明了这个可能，而老师未置可否，但从口气上判断，怀疑多过相信。宜女士建议就她的推测咨询一下儿子学校里其他讲中文的学生，尤其是讲普通话的学生。但辅导老师说，学校除了她儿子外，只有一两个华人孩子，至于他们讲不讲中文，讲哪一种方言，就不清楚了。

宜女士又想到学校有一位从香港来的老师她听得懂普通话，赶紧告诉辅导老师，可辅导老师依旧将信将疑。

晚上，宜女士给儿子打电话时提到了这件事。儿子也非常惊讶，他认为自己从来不说那样的话，他和黑人室友还是好朋友呢。听了宜女士的分析，儿子也突然恍然大悟，有一天妈妈打电话来，曾问他有没有把琴谱带到学校来，然后他跟妈妈的对话里说过"那个"、"那个"。当时，黑人室友也在场，也就是从那以后，对方的态度有了转变。经过儿子解释，终于跟黑人室友解除了误会。

这个故事，告诫那些来美留学的学生们，在美国要注意避免使用那些容易引起误会的语言。

附：有歧视黑人意思的词汇及美国的语言禁忌

一、有歧视黑人意思的词汇

"negro"，曾经没有侮辱意味，现在也属于蔑称。

"nigger"，最可能来源于拉丁语"niger"（"黑色"的意思），有不少变体："nig"，"nige"，"niggy"，"niggly"。黑人可以自嘲，但称其为"nigger"，具有强烈的侮辱性，后果很严重。

"coon"、"raccoon"的缩略词，有偷东西的含义。

"chocolate drop"，根据黑人肤色而来的说法。

"chocolate Dipper"，意思是与黑人约会的白人女性。

像这样的敏感词汇还有很多，多了解一些，可以避免不必要的误会。

二、美国的语言禁忌

言论方面，在美国可以批评强势集团，但绝对不可歧视弱势群体。涉嫌歧视弱势群体的词语，都是禁忌的。大体分以下几类：

其一，性别禁忌。主要是对女性的歧视。许多词汇里带有"man"（男性），若遵循"政治正确"原则，就得避免使用。比如：警察，不说"policeman"，得说"police officer"；销售员，不说"salesman"，得说

"salesperson"；家庭主妇，不说"housewife"，得说"homemaker"；主席、系主任等，不说"chairman"，得说"chairperson"，甚至简化成"chair"；消防员，不说"fireman"，得说"fire fighter"，意思是"与火战斗的人"。

媒体文章、政府文件在泛指第三人称单数时，都得"两头不得罪"，得用"she/he"，"his/her"，"she or he"（她/他，他的/她的，他或她）。这实在太麻烦了，所以，老师都鼓励学生写作业时，尽量用复数，那就可以用 they、their（他们、他们的）了。

其二，种族禁忌。主要是对少数族裔的歧视，尤其是对黑人的歧视。"negro"，绝对不能用，因为"negro"的意思相当于"黑鬼"；"black man"，也要避免。黑人自己可以用，但其他人得用 african- american（非裔美国人）。福克斯新闻的主播曾在节目中用了"Chinaman"一词，引起美国华人的抗议，因为，这个词相当于"中国佬"。

其三，宗教禁忌。美国是个宗教信仰自由的国家，任何宗教都是平等的，因而有意或无意地赞赏或批评某一宗教，都属于禁忌。比如，在圣诞节的时候，注意"政治正确"的人，特别是领导，祝贺问候时，通常不用"圣诞快乐"（Merry Christmas），而用"节日快乐"（Happy Holiday），因为不是每个人都是信仰耶稣的。同样的道理，"Oh，my God！"或"Jesus！"，用于表示感叹等，也要避免。现在，通常用"My goodness！"

其四，残障禁忌。分两种，第一种，属于身体方面的残障。英文以前用"crippled"，表示伤残；后来改成"handicapped"，但基本意思仍是"残障的"；现今，通用的是"disabled"、"abled"，健全的，加前缀"dis"，表示否定，意思是"不健全的"，听上去比"残障的"顺耳。也有人提出，要用"physically challenged"，意思是"有生理缺陷的"。

若纯粹是外形问题，如"肥胖"，不能说"fat"，得说"person of size"，也有人提出要用"horizontally challenged"。同样的表达方法，形容某人个子矮，不能说"midget"，要说"vertically challenged"。

第二种，属于智力方面的残障。比如，说到数门功课都是红灯的差生，不能说"stupid"（傻瓜）、"retarded"（迟钝的）或"ignorant"（无知的），得说"mentally challenged"（智力上有缺陷的）；也可用"intellectual disability"（智力障碍），通常指 IQ（智商）不到 70 的人。

遭遇一个不好的寄宿家庭

2014年7月，中国留学生于洋去美国参加一个中美暑期教育交流计划，课程为期一个月，到纽约后住进一个美国的寄宿家庭。7月10日，他从学校回到住处，突然发现他放在房间里的行李箱被割开，总价值7000美元的电脑、相机和手表等贵重物品不翼而飞。他马上报警，但警方不受理，他本人反而被寄宿家庭赶出家门，一时感到非常无助。

这件事在华人小区引起关注，一名华裔律师义务帮助于洋，让他所留学的美国学校为他提供了学生宿舍，校方还和于洋一起，向警察局报了案。由于他在留学前买了旅行保险，保险公司在调查了解失窃事实经过后，很快理赔，全额赔偿了于洋所有损失。

据了解，常有留学生在留学期间受到寄宿家庭不公正的对待，有的甚至被寄宿家庭赶出家门。小留学生与寄养家庭各种纠纷，也层出不穷。

一位刚满16岁的山东青岛女留学生，第一次来美国，就读于洛杉矶圣盖博的一家教会学校，在姑姑的陪同下找到当地的一家华人寄宿家庭，每月1200美元，包住宿、早晚餐和接送。她当时感觉寄宿家庭特别友善，不久便将一位也是小留学生、来自深圳的高中女同学介绍给这个寄宿家庭，两人同住。

但数月后，家长发现两个小留学生的饮食和居住环境很差，两个孩子都营养不良，面有菜色。进一步了解才发现，寄宿家庭四个房间，住了房主两口子、两个女儿，外加两个留学生，还有五条狗。小留学生告诉家长，吃剩菜是家常便饭，甚至有同一锅菜连续吃三天的时候。有一次，两个孩子因为吃剩菜一同泻肚子，四天都吃不下早餐，以致学校老师曾打电话要求寄宿家庭马上改进饮食。

家长知道后，即向寄宿家庭提出愿意加一点钱，希望给孩子改善生活，却引起寄宿家庭强烈反应，反而骂小留学生"损害他们的名誉"，并威胁说，要报告学校她们是"问题学生"，还说"让学校开除你们，让你们将来上不了大学"。寄养家庭的威胁，让这两个未成年孩子每天都很担心，虽然她们都是学校里的好学生，自己也没有做什么不好的事，但由于年纪小，对美国法律也完全不了解，依然每天都担惊受怕。

当然，一些小留学生与寄宿家庭产生纠纷，也有学生和家长方面的原因。但是，如果小留学生确实受到寄宿家庭的虐待，必须及时如实报告学校或中介，严重者还应立即报警，以维护自己的合法权利。

律师及有关专家提醒，要避免类似小留学生受虐待的事情发生，要注意选择寄宿家庭。家长选择寄宿家庭主要看六大标准：

（1）看这个家庭的家长是否品行端正，有无犯罪记录；

（2）是否具有较强的爱心和责任心；

（3）是否有良好的家庭氛围；

（4）是否愿意了解中国文化，接纳中国学生；

（5）是否愿意和学生沟通和交流；

（6）是否有足够时间和精力来照顾寄宿学生。

此外，选择寄宿家庭还要注意以下几点：

小留学生住寄宿家庭，要事先与房东签约。合约书一般都会对房东与寄宿者各有具体的要求，寄宿时间长短都要明确写入合约，并规定双方权利和责任，如果一方中止合约要提前通知，等等。只要双方签了约，寄宿留学生的合法权利就会受法律保护。

其次，留学前要买保险。不管留学时间长短，都应买保险，至于哪一种保险合适，要与专业的保险公司咨询。只要买了保险，在留学期间发生意外遭受损失，都会获得相应的赔偿。

还有，遭遇盗窃时，要马上去报警。这不仅可以让警方帮忙追回失物，重要的是也给保险公司日后理赔提供了事实证据。律师认为，由于美国类似盗窃案太多，报警后警察不是一定会受理。受害人应该向警方据理力争，详细说明情况，并提供证据。如果报警有困难，找律师协助是个好办法。

有家长问，寄宿家庭是选美国白人家庭好，还是华人家庭好？

笔者认为，无论是美国白人家庭还是华人家庭都各有所长。白人家庭对小留学生提高英语水平有好处，华人家庭对小留学生的生活有好处。当然白人家庭和华人家庭也都有好有坏，要注意仔细辨别。上述居住环境很差、态度恶劣的华人寄养家庭，应该是少数的个别现象。

据有经验的家长介绍，要避免把孩子送到很偏僻的"乡下"地方。偏僻的美国学校有宿舍和食堂，留学生生活很方便，但寄宿的小留学生到了这种偏僻的地方，孩子会生活得很辛苦。美国人不注重吃，多数美国人不会花心思在做饭上，更不会专门去研究怎么做中餐、怎样均衡营养。孩子吃不惯美国人做的饭，在外面也买不到中餐，有的学校连热食都不卖，天天吃冷餐，一日三餐都成难题。

从目前寄宿家庭暴露出的一些问题看，文化差异、人际沟通、语言障碍、生活习惯差异、不能互相理解等等，是造成寄宿学生和寄宿家庭不能愉快相处的主因。当然还有学生和寄宿家庭的个人素质。除了寄宿家庭方面的原因，小留学生也要在自己身上找原因，尽量缩小双方在文化等方面的差异，减少矛盾发生。

Part ③

君子不立危墙之下

外面的世界很精彩，然而在不同的社会文化背景下，这些你所向往的精彩经常是与未知的危险并存的，在奋斗的路上全力以赴时，别忘了生命是最宝贵的财富。

在美国不能随便"学雷锋"

一次，我途经纽约皇后区学院大道，看到一个黑人青年抢劫一名华裔女孩的背包，女孩紧紧抱着背包不放大声呼救，不远处一个华裔男青年立即跑过去帮忙。

我当时也想赶过去帮忙，可是华裔男青年离女孩更近一些，他三拳两脚把抢劫犯打倒在地，待我赶到，抢劫犯已被华裔男青年牢牢地按在地上。在等待警察到来的空档，华裔男青年说起他是来自中国东北的留学生，他的几个女同学都曾经在这条街上被黑人抢劫，他很高兴今天终于让他逮到一个抢劫犯。

大约几分钟时间，正在附近巡逻的两个警察接到报案立即赶到。没想到黑人抢劫犯反咬一口，说他没抢到任何东西，抓他的留学生还把他打伤了。警察一看，黑人抢劫犯的手臂被擦伤，流了一点血。警察不由分说，先将抢劫犯铐上，接着又将留学生也铐了起来。被抢劫的女孩和我，以及几个在场的华人，都向警察证明留学生是见义勇为，黑人是抢劫犯。但警察却说，企图抢劫的人只是嫌疑人，而抓人是警察的事，留学生把人抓了还打伤人，是滥用武力，触犯了法律。

看着警察把抢劫犯和留学生一起带走，我出了一身冷汗，如果当时我的动作快一点，与留学生一起制服抢劫犯，我也会触犯法律，被警察一起抓走。就算事后律师和证人都会证明我无罪，但是被逮捕了，又需要上法庭申辩，总是件很麻烦的事。

还有一次，我所在的小区发生了一起抓贼反被抓的案件，成为小区新闻。2014 年 1 月，在法拉盛开设电脑店的潘先生，称去年感恩节遭人诈骗，一名邱姓男子向他兜售 4 张梅西百货总额 2000 元的礼品卡，而后发现卡里根本没有钱。14 日情人节当天，潘先生通过朋友找到邱某，并与其他三位朋友，合力将他扭送至辖区警局报案。没想到邱某被押送到警局门前后便大喊："Help（救命）!"，警员见状立刻将邱某带入并单独审讯，结果邱某竟趁机污蔑潘先生一伙人试图抢劫并绑架他，被警察释放，最后大摇大摆地走出警局。反而是被骗的潘先生和朋友被逮捕、起诉，并被送往监狱，以每人一万元的金额保释出狱候审。潘先生被逮捕后大喊冤枉，他激动地说，"抓贼反被抓，真是莫名其妙!"帮助潘先生将涉嫌诈骗者送到警察局的三位朋友，原以为是帮朋友做了件好事，没想到也被逮捕，吃了官司。

这起案件在纽约小区引起震动。此案在法庭审理时，潘先生与他的三名朋友分别被以二级绑架重罪、二级协助他人抢劫重罪、二级抢劫造成对方身体受伤重罪和二级非法监禁他人轻罪起诉。潘先生对此不服，他认为有无数的证人看见他们在做什么，并没打骂诈骗犯，只要求对方还钱。潘先生认为如果自己有错，就错在没有打电话报警，而是自行将诈骗犯送往警局，结果自己惹祸上身。

有关律师就潘先生误涉绑架案提醒民众，擒拿罪犯是警察的工作，普通公民的义务就是报警，不要自行打击犯罪。若一般民众"违反当事人意愿"，将他人强行带到任何地点都可归类为绑架，即使确定对方就是嫌犯，民众亦应该拨打 911 报警，向警察说明情况，让警察处理，否则倒霉的是自己。

中国留学生年轻气盛，血气方刚，从小受接受传统儒家教育，乐于助人为乐，学雷锋，见义勇为，打抱不平。动机虽好，但要注意避免触犯美国法律。在美国，"活雷锋"式的行为受到法律严格的界定，在做好事的时候，既要做到不以正义的名义滥用暴力，也要避免助人为乐之后被坏人倒打一耙。

美国罚单满天飞

在美国开车吃罚单是很平常的事情，纽约每天等着抄罚单的警察有好几万人，在美国的这些年，我因为停车超时、未注意换边停车、闯黄灯、在自家门前临时双排停车超过5分钟、靠消防栓太近和一盏尾灯坏了未更换等原因，吃了不少罚单。

很多留学生来美国读书，为方便上学和生活，需要开车，在纽约、旧金山这些大城市，车多停车难，想不吃罚单几乎是不可能的事。

有一次，留学生小刘到纽约见我，刚见面，我问她是开车来的吗？她说是，我又问停在哪？她说停在街上了。我马上猜到她要吃罚单了，赶紧和她匆匆赶到她停车的地方一看，停在消防栓旁的车已经被警察贴了两张罚单，罚款200美元。小刘老家在安徽农村，刚毕业还没找到工作呢，200美元对她来说是很大的数字，当场哭了起来。我安慰她说，幸好早来一步，否则汽车被拖走，要交拖车费和一天的停车费，罚款会更多。后来，我陪她上庭申诉，法官免了小刘一张罚单，只罚了100美元。

在纽约长期开车的人都有拿到罚单的经历，而那些从外州来纽约办事或旅游的人，更是稍不留神，罚单就贴到了车上。

交通罚款成了纽约市很大的一笔财政收入。据纽约市财政统计显示，2014年纽约市停车罚款所得高达7000万美元，其中换边停车罚款约占120万美元。一些消防栓成了警察开罚单的"宝地"。对超速、酒驾的处罚更严，对许多小小的违规，例如开车不用耳机接听电话、开车不系安全带或司机旁的人不系安全、在车窗上贴广告、行人过马路不走斑马线，等等，都要吃罚单，甚至开车时手持手机或 iPad 当导航仪也会吃罚单。在美国加利福尼亚州，警察开起罚单或许比纽约更严厉。

所以奉劝开车的留学生，一定要认真地详细了解美国驾驶车辆的各种相关规则和罚款规定，开车时务必要小心再小心，避免吃罚单。

备好 20 美元 "保命钱"

我初到纽约时，在圣约翰大学认识了一位早已成为纽约客的台湾学者。这位先生是个热心人，与我一见如故，见我初到纽约，很热情地帮助我，以学长的身份给了我许多忠告，其中一条忠告是：身上永远准备好 20 美元保命钱，随时应付抢劫。

我大感不解，问为什么不是准备 5 美元、10 美元、30 美元，而是准备 20 美元？他说，因为抢劫犯多是很穷的瘾君子，他们毒瘾发作就会上街抢劫，给他们 20 美元，正好可以买一小包毒品，他们就不会为难你，如果你不给，他们很可能伤害你。他还说，这招并不是他的发明，是他上面再上面的学长传下来的锦囊妙计，已经传下来好几代留学生了。

见我还是疑惑，他又加上一句："在纽约没有被抢劫过的人不算是纽约人。"我更疑惑了，问道："那你是纽约人了吗？"意思是问他被抢劫过了吗？

他回答说，当然是啦！我被抢劫过两次呢！第一次是在大白天，刚从台湾来纽约不久，在一个偏僻街头被一个黑人用枪指着，他赶紧送上身上准备好的 20 美元，果然没事，成了名副其实的"纽约人"。第二次，是在他家公寓楼的电梯门口，一个黑人跟着他进了公寓门，他以为对方是哪一家的访客，就没在意，门口离电梯门只有几步，只见黑人拨出一支手枪对着他，口中连称"Money! Money!"没办法，他又掏出那 20 美元保命钱，黑人一把夺去，迅速推开公寓楼门扬长而去。

"现在我成了'双料'的纽约人。"说着，他随手掏出一张 20 美元纸币秀给我看，"别小看这 20 美元啊，"又说，"信不信由你，你早晚会成为纽约人的。"

尽管我半信半疑，还是按照他的意见，在口袋里放了 20 美元，以防万一。没想到过了不到一个月，我也成了一个真正的"纽约人"。

我在一个离学校约一里之外较偏僻的街区，租了间月租 200 美元的单房住下，我曾想过，自己身强力壮，遇到抢劫也不怕。

一天夜里，我从学校回住处，想顺道到附近的商店买床被子和过冬的衣物，所以身上特地带了一百多美元作购物用。结果没找到所要买的被子和衣物，只好返回住地。

天色已晚，我一个人埋头往住处走，突然听到身后低沉的喝声："Stop!"回头一看，一个身高与我差不多的西班牙裔墨西哥人用手枪指着我，黑洞洞的枪口在路灯下很明显。这种情况下，反抗是不明智的，我对他说，别急我会给你。我想到那 20 美元保命钱，赶紧掏口袋找钱。

这时，有两个看似华裔的年轻人走过我们身边，抢匪马上把手枪收入口袋。我本想招呼这两个人一起对付抢匪，但又想到，他们不愿出手帮我怎么办？再说我出手再快也没有抢匪枪里的子弹快。正想着，那两个年轻人已走到几米外。

抢匪见那两人渐渐走远，又拿出手枪对着我，催促我快点拿钱，可是我左掏右掏，越急越找不着那 20 美元，又不想让他发现我准备购物用的一百多美元，他不耐烦了一手伸进我的上衣口袋，摸出我的钱包，把里面的钱都抽了出来，又把钱包丢给我，转身离开。

我感到很窝火，正在考虑如何打电话报警，抢匪远远看到我没有离开，又朝我走来，问我为什么不走。

我说："你把我的一百多美元都拿走了，我吃饭的钱都没有了。"

"有一百多吗？没有吧。"他掏出我那一把钱想数一数。

我说："没错，是一百多美元，你应该还给我一些。"说着从他手里把钱拿过来，抽出几张，又把钱还给他。很奇怪，抢劫者没有生气，把钱装进口袋转身走了。我也赶快离开了。

后来想到这次被抢经历，我还是有些后怕，幸亏遇到的是一个还有点良心的抢匪，如果对方是个性格残忍的暴徒，结局或许会完全不同。

在美国的中国留学生遇劫并受伤害，甚至身亡的案例常有发生。在纽约也经常发生抢劫犯因抢不到钱，打死或打伤被抢者的案子。

很多血的教训告诫我们的留美学子，为了避免不必要的人身伤害和财产损失，请永远随身携带 20 美元，遇到抢劫，要将自身的生命安全放在第一位。

备好 20 美元保命钱应对抢劫，并不是什么懦弱的行为，这也是美国警察教给民众的保命方法。美国警方告诫民众，在遭遇抢劫时正确的做法是："弃财保命，钱包、珠宝、车辆都是身外之物，不值得冒生命危险去保有。因此，当碰到持械强行抢夺时，应冷静地将财物交给对方，并牢记歹徒相貌特征，尽快报警。以保住生命安全为第一优先。"

人身安全是第一位的

　　在美国，对于许多不开车的中国留学生来说，上学及出门办事，乘地铁是很方便而且又安全的事。但是，在美国乘地铁也存在着很大的风险，以纽约市为例，由于纽约地铁没有护栏及安全屏蔽门装置，每年都发生多起乘客掉下地铁轨道身亡的事故。

　　2014 年 11 月 16 日，61 岁的香港移民郭伟权在纽约地铁站候车时，遭人恶意推落站台，被进站的地铁撞碾致死。警方根据监控录像，对行凶者进行了追捕，很快在布朗士区抓到这个名为达顿的凶手。

　　根据《纽约时报》援引纽约大都会运输署公布的资料，包括郭伟权在内，2014 年已有 50 人在地铁事故中丧命，其中既有被人故意推落地铁轨道的，也有意外跌落和自杀的。且在地铁不幸坠轨身亡的多数是亚裔，其中又以华裔居多。

　　2013 年 11 月 22 日，72 岁的华裔老人林守宽被一名 57 岁的流浪汉巴尔迪奥推下纽约地铁，颅骨骨折、锁骨粉碎，被送到医院抢救，很长时间仍没有脱离生命危险。警方说，当时他们都站在上行站台一侧，巴尔迪奥猛撞林守宽，老人因此摔进地铁轨道，好心人在列车进站前救出受害的老人。巴尔迪奥被逮捕后，警方指控他犯了企图谋杀重罪。

　　……

　　看似安全的地铁却有如此之多的死亡事故发生，因此，有必要强调乘地铁必须注意安全。

不要以为地铁惨案与留学生无关，在纽约市坠落地铁死亡的事故中，就有中国留学生。2013 年 2 月 22 日，正在赶去上学的纽约理工学院（New York Institude of Technology）的中国留学生吕重予不幸坠落铁轨，当即被飞驰的列车迎头撞上，造成颅内出血，送医院重症监护室接受救治，终因医治无效，于 3 月 1 日被医院正式宣布死亡。

事发后，家属曾怀疑是有人故意将吕重予推下地铁铁轨，但监控录像没有拍到现场的情形，警方因缺乏目击证人，没有公布坠轨原因。中国驻纽约总领事馆虽然也积极调查了这起事故，但至今仍没有答案。

始建于 1907 年的纽约地铁，距今已有一百多年的历史，每天要运载超过 500 万人次。目前地铁的日运载乘客人数达到了自 1940 年以来的最高水平，2015 年 10 月 29 日曾经创下了乘客 625 万人次的纪录。地铁线路四通八达，贯穿纽约各区，每天 24 小时运营，是纽约交通大动脉。由于历史悠久，大部分地铁线路老化，并且所有的地铁站台都没有安全护栏和屏蔽门，早晚运输高峰候车人数众多，拥挤不堪，存在安全隐患，也为歹徒将乘客推下铁轨提供了机会，令人防不胜防。

在美国搭乘地铁如何注意安全？纽约地铁部门的官员曾介绍了几项预防措施：

第一，乘坐地铁时一定要站在黄色警戒线之外。

第二，乘坐地铁时一定要避免和站台上的陌生人发生冲突，因为有太多精神状态不稳定的人在搭乘地铁，他们很容易失控。一旦不慎掉落高度为 6 英尺（约 1.83 米）的轨道内想要爬出来是很难的，加上车厢进站时都是滑行进站，非刹车可控制。

第三，若是在等车时遇到举止怪异的乘客一定要躲避，而且应及时报告警察。

第四，如果在等车时不慎跌落铁轨，可以立刻向地铁行驶方向快速奔跑，跑到远处向进站地铁挥动双手，示意其停车，跑得越远，给地铁乘务员停车的时间越长。地铁远处的站台处有一个可登的梯子，若时间允许可以登梯；若跌落后时间不允许，选择可以藏身的地方，但是要特别注意地铁轨道上示意的标志，有部分白色划叉的标志代表不能藏身躲避，地铁内的许多设施有高压电流经过，躲避时应尽量避免碰触任何物体。

此外，落轨后可试着寻找地铁轨道一侧的紧急救援电话，拨打上方号码后，拉下蓝色拉杆，就可切断地铁电源。

身在美国，意外总是像魔鬼一样伴随在你的左右，稍不留神，死神就会降临你的眼前。我没有数据比较中美之间谁的安全系数大一些，但光从校园枪击案和许多导致意外死亡的恶性案件来看，美国的不安全因素，肯定大得多。遇劫、车祸、火灾或溺水，常常导致留学生人身安全受到威胁。

遇劫身亡是最常见也是最多的留学生意外死亡案之一。预防遭受抢劫最重要的一点是尽量避免夜晚单独外出。另一个导致中国留学生意外身亡最多的原因是严重车祸，近年美国多次发生车祸致多名中国留学生遇难。预防车祸，最重要的是安全驾驶，遵守交通法规，保持良好的驾驶习惯和心态，提高应急处置能力。另外，水火无情，这一点也值得注意。

近年来，由于留学生增速快、低龄化、法律知识欠缺、自我保护意识淡薄、自我保护知识和能力不足等原因，意外伤亡事件呈上升趋势，给人们敲响了一次又一次的警钟。莘莘学子出门在外求学，安全应该永远放在第一位。防止意外发生的最佳办法，还是处处小心再小心，慎之又慎。意外的背后都有它的原因，我们要从中吸取教训，以防患于未然。

遇事要报警

　　2014年7月24日凌晨零时45分左右，美国南加州大学24岁的中国留学生纪欣然，从学校回校园附近的宿舍，途中被至少3名歹徒袭击抢劫，纪欣然头部被不明钝物击中。歹徒袭击抢劫之后逃离，身负重伤的纪欣然却没有报警，坚持自行走回公寓，早晨7时，室友发现纪欣然已因流血过多而死亡。

　　室友立即报警，随后警方发现，纪欣然遇害的第一现场，地面有大量血迹，一直延伸至他的公寓。

　　这件事在美国社会引起震动，也让所有留学生震惊。中国驻洛杉矶总领事馆25日发表声明表达严重关切，强烈谴责此犯罪行为，并向该学生及家属表示哀悼慰问。洛杉矶总领馆还立即派人赴事发地点了解案情，并分别约见美方有关部门，敦促其尽快查明真相，缉拿凶犯，采取切实措施，保证中国留学生的人身安全。

　　洛杉矶警察局在纪欣然遇害后，投入大量警力侦察调查此案，三个月后终于抓获5名杀害纪欣然的嫌疑犯。警方指挥官安德鲁·史密斯表示，被捕的3男2女共5人，皆为西裔。当中4人涉嫌谋杀，另外1人涉嫌抢劫，5人中2人为成年人，3人为未成年人。

　　由于辩方实施拖延战术，纪欣然案初审一延再延。直到2015年1月12日，在命案发生将近半年后，洛杉矶高等法院终于迎来了姗姗来迟的初审。

洛杉矶市警局探员施尔霍德出庭作证时，陈述了案发经过。他表示，2014年7月，他为4名嫌犯逐一做笔录时了解到，2014年7月24日凌晨纪欣然命案发生前，4名嫌犯坐在车里谈论如何抢劫南加大校园附近的人。19岁的嫌犯加西亚当时提到应该去抢劫中国学生，恰巧纪欣然当时路过那里，嫌犯认为"他是中国人，肯定有钱"，于是上前抢劫，抢劫未遂后，纪欣然被嫌犯用棒球棒猛烈击打头部而受重伤。

法医皮纳出庭作证，纪欣然死于"严重颅脑创伤"，受伤如此严重却能步行一两个街区返回自己的公寓是个奇迹。可纪欣然受伤后却未及时报警求救也让皮纳颇为不解。

在本书完稿时，纪欣然一案尚未宣判，如果罪名成立，嫌犯德尔·卡门和加西亚最严重可能会被判死刑；而嫌犯奥乔亚和格雷罗虽然按成年人罪名被起诉，但由于尚未成年而不会面临死刑，最高可被判终身监禁。

人们相信，伤害纪欣然的歹徒一定会受到法律的制裁。但是，纪欣然的死，已经给他的父母及亲人带来不可挽回的损失和伤痛。有医疗专家认为，假如纪欣然能在第一时间及时报警，及时抢救说不定有挽救的可能。

国际救援通用的一种说法，叫"白金十分钟，黄金一小时"。这是指人在遇险的情况下，事故发生后的前10分钟及一小时是否可以进行妥善的处理，将直接关系到人的生命安全。时间对于处理群伤事故显得非常重要，创伤发生后的一小时为"黄金一小时"，而黄金一小时的前10分钟又是决定性的时间，被称为"白金十分钟"。纪欣然从受伤到步行返回自己的公寓，这段时间应该在"黄金一小时"之内，如果他能立即报警，会很快获得急救。被救活的可能性会大得多。因此，我们的留学生，一定要掌握一些科学的急救和自救的救护知识，一旦遇袭受伤要即刻报警求救。

纪欣然遇难之后，有美国法律专家分析，纪欣然没有在第一时间报警，错过了抢救的黄金时间，很可能是中国人因为"大事化小、小事化了"的处事态度。也许案发当时表面看不出什么严重的外伤，受害者又能自己走回宿舍、记得大门密码、还能用钥匙打开房门，这一切自理能力让受害者产生了麻痹心理，以为情况并不严重。

也许歹徒袭击抢劫纪欣然离开时曾恐吓他不准报警，这种恐吓有时也会影响到受害人报警的主动性。据有关调查，美国许多抢劫、暴力案件，凡是嫌犯在逃的情况下，受害者多数都不愿报警，也不接受媒体采访，生怕"祸从口出"，让歹徒知道后杀个回马枪。血的教训说明，"大事化小、小事化了"这条路行不通，受袭击时唯一需要做的是，立即报警求救。

有关专家就安全问题提醒中国留学生，在选择学校时，不光要看学校的学术排名，更要看学校周围环境的安全排名。不论选择什么学校，都要注意学校周围的治安环境，并尽量避免在夜晚单独外出。入学时就应当记下校警和当地警局的报警电话，保证在突发状况下能第一时间报警。遇到意外时，最直接有效的办法就是报警。

女留学生在外求学尤其要学会保护自己，2010年5月16日晚9点左右，来美仅两个月的23岁中国女留学生姚宇，在纽约华人聚居区法拉盛繁忙的41路大街，被28岁的墨西哥裔男子卡洛斯强行拖入街边的停车位殴打并强奸，最后，卡洛斯以一根铁管残忍猛击姚宇头部50余下，导致姚宇死亡。姚宇在繁忙街区惨遭杀害时，街边有很多人路过，都对她的呼救置之不理，人情冷漠令人心寒。

案后纽约警方表示，当晚，姚宇打工下班，在街头与疑似酒醉的克鲁斯发生肢体碰撞进而发生口角，本是件小事，却引发了之后的惨案。

专家分析认为，这一代中国留学生大都是独生子女，他们读书很好，但是社会经验不足，从未想过别人会害自己。他们孤身一人在外，既要克服环境、学业的压力，又要预防和避免潜在的危险，因此要比其他人更谨慎，学会保护自己。专家认为，女留学生是脆弱群体，女留学生避免被伤害的方法有多种，"要学会用非暴力的方式解决争端，减少被害的概率，不要容忍不尊重自己的行为"。这里说的"要学会用非暴力的方式"，可理解为除了不要打架，还有不要与对方争吵，以免激怒对方。另外，住的地方要注意安全，如果不得不住在偏僻的地区或者危险的地区，更要提高警惕。

一支蜡烛引发的血案

2014年5月23日夜,加州大学圣塔芭芭拉分校(University of California, Santa Barbara,UCSB)发生一起震惊全美的杀人案,一位22岁的白人凶手艾略特·罗杰,在自己的学校宿舍里,用刀刺杀了3名室友,警方描述称,场面非常血腥。

凶手行凶后,开着一辆黑色宝马轿车,独自进入大学附近的学生小区,不停地开枪杀人。枪击案始于当晚9点27分,持续了约10分钟,在9个不同的地点,凶手坐在车内疯狂地向路人开枪扫射,又打死3个人。警察很快赶到,罗杰负隅抵抗,与警方交火后,驾车逃跑时撞上了一辆停着的车。警方随后在凶手驾驶的汽车中发现了他的尸体,已死于头部中枪。

根据警方公布的消息,在艾略特房间里被杀死的3名死者都是华裔,是加州大学圣塔芭芭拉分校的学生。其中20岁的洪晟元来自中国台湾,年仅20岁,另两位死者,分别是19岁的加拿大的华裔陈乔治和来自中国天津市20岁的王维汉。洪晟元和陈乔治都是凶手罗杰的室友,王维汉并不住在发生凶杀案的寝室,警方尚不清楚王维汉当晚为何会出现在那间公寓。凶杀案的另外3名死者,分别是20岁的马丁内兹、22岁的凯瑟琳·库珀和19岁的维罗妮卡·维斯。

在艾略特制造了这起重大的校园血案之后,警方从网上发现了艾略特发布的140页的宣言,公开他策划将如何进行屠杀。他还上传了一个视频,在视频中他说："这是我的最后一段视频，明天就是报复的日子。在过去 8 年间，自进入青春期开始，我就极端的孤独，不断遭到拒绝，甚至没有过与女生亲吻的经验，我到 22 岁还是处男，这是一种虐待！"他声称"要杀死所有不跟他睡觉的女人"。他的计划是闯入一个最热门的聚会，并屠杀女孩。因此，艾略特被美国媒体称为"处男杀手"。

当晚，艾略特杀死 6 人，还枪伤 13 人。据其中一名华裔死者的朋友透露，其实洪晟元和陈乔治已经准备下学期搬离这间学生公寓，因为他们觉得室友艾略特性格很"古怪"，不好相处，和他住在一起很不舒服。

警方后来公布了与案件有关的一些细节。警方称，凶手行凶与一支蜡烛有关。事发前，艾略特曾向警方报案，指洪晟元偷了他的一支价值 22 美元的蜡烛。据美国媒体报道，蜡烛事件被怀疑可能是凶手行凶的动机之一。

事后洪晟元的家长公开辟谣，说洪晟元是个好孩子、好学生，没有偷凶手的蜡烛。真相是凶手艾略特先拿走洪晟元的量杯，洪晟元才拿走罗杰的蜡烛，要求换回量杯，并不是"偷"。

根据警方报告，洪晟元 "偷蜡烛"的事是艾略特报的案。最初，艾略特因不满洪晟元做饭炒菜的噪音与油烟太大，先拿走洪晟元的量杯，于是洪晟元才拿走罗杰的蜡烛，要求换回量杯。艾略特为此事报警，让洪晟元被警方拘留一晚。洪晟元遇难后，检方已撤销洪晟元的所谓"偷蜡烛"案，并对洪晟元家属表示慰问。

至此"偷蜡烛"案来龙去脉已很清楚，虽然警方不能确定，偷窃蜡烛的事是艾略特行凶的动机，但凶手与洪晟元有矛盾，并发生过摩擦是肯定的，先是对洪晟元下厨的噪音与油烟不满，接着拿走洪晟元的量杯，后来又报案称洪晟元 "偷蜡烛"。因此，凶手在大屠杀之前杀害了洪晟元，不能说与蜡烛的事没有关系。可以说，蜡烛事件是凶手行凶的导火线之一。因为一支蜡烛，导致洪晟元被杀身亡，天津留学生王维汉因偶然出现在现场，也白白失去生命，加上其他遇害者共 6 人死亡，这是多么惨痛的教训。

从这件事，留学生应该从中吸取血的教训。在留学期间，一定要和室友和睦相处；别占室友的任何便宜。在美国，私人物品互相分得很清楚，一旦拿错了就等于偷窃，并有可能吃官司。与室友共同使用冰箱，里面的食品、饮料，不是自己的不能乱拿，更不能随便吃别人的食品。

很多留学生为了学习英语选白人当室友，但如果发现室友不好相处，或精神有问题，要尽快搬离。

此外，美国人非常注意隐私权，一般情况下，未经屋主同意，不能随意进入包括房子及周围的私人道路、花园和草地。如屋主认为受到闯入者的威胁，可以向闯入者开枪，不承担法律责任。这样的事情并不少见。

2013年3月16日，弗吉尼亚州的16岁少年凯莱布于16日晚偷偷溜出家门，与朋友饮酒，第二天凌晨回家时，认错家门，从一扇后窗翻入邻居家，房子的主人当时报警，称有人闯入家中，并开枪杀死了凯莱布。警方经调查后说，开枪的人不会受到指控，因为他可能是受到惊吓而开枪。

2014年12月26日凌晨4点，得克萨斯州维斯县一名叫克兰达尔的男子，敲响了邻居的房门并摁了门铃，后来又想跳过围栏进入邻居的后院，邻居屋主里特鲁普开枪击中克兰达尔的胸部。警方赶到时，发现克兰达尔死在邻居家的前阳台上。后来才知道克兰达尔患有夜游症，加上圣诞夜又喝了啤酒，所以才会误入邻居后院。据警方说，虽然死者没有武器，也没有任何威胁，但邻居屋主开枪前曾发出警告，所以暂时不被起诉。

这样的问题在中国，或许算不得大事，但是在美国就不同了。所以，留学生在任何时候都必须注意，美国的私人住宅和私人属地，是一个危险的"禁区"，未经屋主允许，千万不要随便进入，否则会惹来杀身之祸。

在美国玩假枪玩出人命

在国内，孩子拿玩具枪玩是最平常不过的事。但如果在美国，可能会惹出大麻烦，说不定孩子会丢了性命。

我刚到美国时，并不知道在美国玩假枪会惹麻烦。一次到一个华人朋友家做客，知道朋友家里有个七八岁大的儿子，我特意去儿童玩具店买了一把玩具冲锋枪，好心送给朋友的孩子。小孩接过玩具冲锋枪非常高兴，但朋友把玩具枪从孩子手里夺过来，转身走到后院去了，小孩也跟着爸爸到了后院，留我一个人待在客厅里。我以为朋友到后院是和儿子一起玩枪呢，没想到几分钟后，小男孩一脸不高兴地跑过来对我说："叔叔，不好啦！爸爸把你送我的枪给拆了。"朋友随后回到客厅，对我解释说："谢谢你的好意，但小孩子在纽约玩假枪是很危险的，我不能让孩子玩枪。"好意送礼却出了洋相，让我当时很尴尬。

纽约时常会发生青少年玩假枪被警察击毙击伤的案件。2013 年 10 月 22 日，在加利福尼亚州，13 岁的洛佩兹在自己家门口手持玩具枪玩耍，正在巡逻的警察戈尔豪斯正好路过，由于洛佩兹手中的玩具枪看起来非常像杀伤性武器，戈尔豪斯命令他立即放下手中武器，但还没有等他放下手中的玩具枪，戈尔豪斯就扣动了手枪的扳机，枪声响了，小孩应声倒下。当时另外一名警察仍然待在巡逻车里方向盘的后方。枪击发生的时候，这名警察甚至来不及离开车寻求躲避。

　　事后，美国联邦调查员为这起事件是否违反联邦公民权利而展开调查。调查官表示，开枪的警察表示他当时十分担心自己的安全。当洛佩兹转身的时候，他手中的枪也随着他移动。戈尔豪斯一共开了 8 枪，其中有 7 枪都射向了这个 13 岁的孩子。据悉，当时洛佩兹穿了一件连帽运动衫，当警察命令他放下武器的时候，他并未带帽子或耳塞。戈尔豪斯在开枪之前并未向洛佩兹表明警察身份，在开枪之后，近距离看到并摸到了洛佩兹的枪之后，他才意识到这可能只是一把仿制枪，但少年已死亡。

　　2014 年 10 月，曼哈顿唐人街一名 16 岁的陈姓华裔青少年，在楼房顶朝下打 BB 枪玩，打中了楼下商铺的窗户和行人，被报警后，荷枪实弹的几名警察如临大敌迅速赶来，幸好警察到来时他已将 BB 枪放下，否则可能又会发生一起惨剧。但他还是立即被捕，连他母亲也因涉嫌管教不当而受牵连，必须出庭应讯。

　　爱枪也许是许多男孩的天性，据了解，模拟的 BB 枪很受小留学生的欢迎，因为 BB 枪与真枪很相似，在很多州非常容易买到，网上购买也很便利，各种玩具枪更是随处可买。

　　2014 年 3 月，两名在匹兹堡市拉洛希学院（La Roche College）就读的中国学生把一把模拟枪带到学校，并用枪射击。有目击者立即报警，警察赶到现场，幸运的是警察估计这两名学生玩的不是真枪，于是警察没有直接开火，在警察举枪警告之后学生把枪放下了，如果开火，他们必死无疑。

　　面对警察的询问，两名学生自称只是"闹着玩"，不过警察当局并不买账。警察局长说，"他们觉得模拟枪只是玩具，事实上模拟枪并不是玩具，无论如何，它们都是具有攻击性的武器，毫无疑问，模拟枪也会对人体造成伤害，这两名学生是在瞎玩。"

　　尽管无人受伤，但两名学生触犯了学校的禁枪令。学校对他们进行了严肃处分，差一点被校方开除。

　　家长千万别以为小留学生在美国喜欢玩假枪是件小事，绝对不可以为孩子买假枪。如果家里有玩具枪，更不能让孩子在户外或学校拿玩具枪玩耍，否则，很有可能会惹出大祸。

远离美国"政府楼"

　　一个阳光明媚的中午，我途经纽约皇后区友联街与第 33 街路口，遇到一个满脸鲜血的华裔青年向我求救，他一边用手捂住还在不断流血的鼻子，一边急促地说，就在刚才不到一分钟，他边走边打电话，突然身边窜出一个瘦高的黑人，一把夺走他的手机，还给了他鼻子一拳，之后迅速逃跑。我赶紧报警，并立即帮助他止血。在等候警察期间，被抢青年告诉我，他是来自北京的留学生，来美不到半年，就住在附近，房东告诉他这个地方很安全，没想到竟然会在光天化日之下被抢劫。

　　几分钟内警察来了，救护车也随后赶到。警察按照留学生所指出的抢劫犯逃走的方向，快速前去追赶搜索。留下处理案情的警察在了解留学生被抢经过后说，前面拐弯处是一栋供低收入者住宿的"政府楼"，这个地方抢劫案很多，大都与这个政府楼里的住户有关，因楼内住户多，往往抢劫嫌疑犯跑进楼里之后，警方就很难追查了。

　　所谓"政府楼"，指的是美国政府兴建的"平价屋"和"廉租屋"，专供低收入民众购买或租住，在美国的各州，都建有这类"政府楼"。

　　自从遇到这起留学生遇劫案，我开始留意与"政府楼"有关的罪案，发现与此有关的案件真多。

　　2013 年 9 月 19 日上午 7 时，一名居住在布鲁克林 11 街"政府楼"的 17 岁华裔男高中生意外中枪，背部受伤，随后被警方送往医院接受治疗。

警方透露，案发时该少年正从家中出门，前往上学途中，刚刚下楼便突然听到枪声，他立刻回头往楼内的住处跑，不料就在转身进楼时，背部遭到枪击。据住在这栋"政府楼"的一位华裔老婆婆表示，她在清晨时听到枪声，还不止一声，但因这片"政府楼"几乎天天都能听到枪声，大家已经习以为常了，她说，她和老伴住在这里，附近几乎每天都有枪声，吓得他们不敢出门，晚上也不敢出去吃饭，天天关在家里。有事不得不出门时，一般都会早早回家，以免遭遇不测。

发生上述枪击案的当天下午 3 时，附近华人聚居的布鲁克林班森贺 20 大道交 73 街再传枪声，一家少年足球培训中心的白人男老板，被一名蒙面男子用枪打断双手手指。案发地对面居住的一位李姓华裔少年目睹了案件经过，并表示当时突然听到一声枪响，同时传来伤者大声呼救。随后看到蒙面男子从该足球培训中心持枪跑出，并跳上一辆白色吉普车飞速逃走。

一个住宅区一天内发生两起枪击案，足见这一地区治安之差。这片"政府楼"的马路对面，就是华裔学生云集的拉菲逸高中，让人很担心学生们每天上学放学的安全。

2014 年，曼哈顿东哈林区的"政府楼"，接连发生 8 起殴打、抢劫华裔的案件，令整个小区震惊不已。据报案，这 8 起案件的嫌犯均是同一人所为。这名心狠手辣的歹徒，犯案手法均是尾随受害者至公寓电梯内，再对他们下毒手，许多受害人脸部被打成重伤，比如鼻梁断裂，更有两名受害者被殴至失忆。从警方公布的案情上看，这 8 起案件具有两个作案特征：一是专拣华人下手；二是选择安全系统较弱、未装监视摄像头的"政府楼"行凶。由于警方全力追捕，这名犯下系列劫案的冷血匪徒终于落网。

随着这 8 起连环案的告破，"政府楼"的安全问题也再次成为华人关注的焦点与话题。

许多"政府楼"不安全，在纽约早已恶名在外。除了布鲁克林与皇后区的"政府楼"案件频发，纽约的曼哈顿区、布朗士区的政府楼也臭名远扬。前面所提到的 8 起连环案发生地，就在曼哈顿中央公园往北，是以治安最烂而著名的哈林区，那里有很多"政府楼"和廉租房，每天都有凶杀抢劫的新闻。再向北，是一个名叫华盛顿高地的小区，那里更是帮派林立，毒枭横行。

纽约的地产商说，"政府楼"是美国的癌症毒瘤，谁家挨近它，谁就倒霉。移居美国的新移民，在选择新居时，都会尽量避开"政府楼"。按规定，许多"政府楼"的住户是不可以把自己正在住的房子出租给别人居住的，但仍然有不少人违反规定私下出租。所以，前来美国留学的中国学生，千万别因为"政府楼"房租低，或"政府楼"附近有便宜的廉租房，就贸然租住，切勿为了节省百十元的房租，而忽略了自己的人身安全。

约会 ≠ 恋爱

　　女留学生到美国留学，会经常遇到美国的同学或美国男人提出约会的邀请，如何与美国人约会是中国女生必须面对的一个很实际的问题。

　　曾有一中国女留学生，在网上谈论中美两国约会的文化差别。她说，在中国，两个人谈恋爱就是谈恋爱了，没有谈就是没有谈，基本不存在什么模棱两可的状态。而约会（dating）这个词在英语世界里，恰恰就是用来形容两个人之间模棱两可的状态。当一个人宣布自己在"dating"某个人，基本上就是在宣布：我已经跟这个人上过床了（或者我很快会和这个人上床），但是她（他）还不是我女（男）朋友。

　　为了探讨约会这一问题，笔者向几位相识的美国人请教。

　　约翰是纽约大学的一位白人教授，喜欢研究中国，懂一点中文，曾多次向我请教中国民俗与成语。我问他如何解释约会，约翰的说法是：一对男女，不一定是为了恋爱与婚姻，一起聚餐，一起看电影、看演出、看比赛，然后发展到有性关系。

　　詹姆斯是一位电脑工程师，是非洲裔黑人，他对约会的理解是：双方通过接触交流加强两人间的感情，进一步交往就会同意发生性关系。初次约会可能没有性关系，如果经多次约会，双方没有性关系，约会就会停止。他还说这种性关系是两相情愿的，任何一方都不能强迫，如果强迫就不是约会了，被强迫一方可报警抓人。

我认识的一位年近 50 岁的白人邮递员，他一脸大胡子，文化程度不高，性格豪放，说话粗鲁。他回答我关于约会的提问时，回答说："约会？简单说来就是 fuck（性交）。"

我还与一位在美国读高中的中小学留学生探讨过美国的约会问题。她叫王莺，她 15 岁来美国留学，在波士顿读私立高中。我问了她一些在学校里遇到的有关约会的情况：

"你来美国读高中有美国男孩请你去约会吗？"

"有呀。"

"入学后多长时间开始有人约你？什么族裔？"

"开始第一个月没有，新同学之间都比较生疏，后来慢慢熟悉了，第二个月就开始有同学提出想与我约会。"

"约你的同学是什么族裔？"

"我们学校白人多，很少有黑人，提出要约会的都是白人。"

"这些同学如何提出要约会？"

"什么理由都有，有的说明天有场棒球赛要请我一起去看，有的约我去参加同学的聚会，有的干脆说请我去吃汉堡。"

"他们还会说些什么？"

"这些白人同学都很开朗，说话都很直接，开头他们一般都会先夸我很漂亮，然后再找话题，没说几句就会提出约会的要求。"

"你答应了吗？"

"没有，我都会很礼貌地拒绝他们，我说我的功课太忙了，没空。"

"有没有遇到过很赖皮，缠着你不放的男孩？"

"遇到过一个男生，被我拒绝两次之后，他就放弃了。入学第二年，有一个白人男生很英俊，有一段时间几乎天天要约我。"

"后来呢？"

"我有点被他的执着感动了，他在班里是个好学生，我也想听听他会对我说些什么，就同意和他中午在学校旁边的麦当劳坐坐，喝点饮料。事前说好要 AA 制，他很高兴。到麦当劳，他说了一大堆夸我的话，然后靠过来想拉我的手，还想亲吻我。但是我很坚决地拒绝了。然后他才乖乖地坐在对面和我说话，从那以后他就不再缠我了。"

"有美国人说，如果男方邀请女方出去吃饭，特别是晚饭，这就有想上床的意思，是不是这样？"

"是有这个意思，美国的女生也承认有这回事。我有一个年长我几岁的表姐，也在美国留学，她提醒过我，男生约会的目的就是这个。如果女方不同意，那就要明确对男方说，自己要付自己的那一份钱。这样吃完饭后，男方就会把女方送走，或女方住处大门外，男方就自己走了。"

"在学校里有没有同学，因为约会令你难忘的事？"

"有的。有一个白人女同学，比我还小一岁，和我一个班，因为美国学生约会比较随便，她怀孕了，每天挺着大肚子上学，开始我被吓坏了，美国的学校也太随便了。"

王莺还说，这个女生对她而言也是个反面教材，教会她如何正确对待约会。她表示她的家教很严，父母告诫她不要太早谈恋爱。中国传统的良好美德也告诉她，女生要自爱，她决不会做那些出格的事。

校园的"约会"与"一夜情"的含义有所不同，它是一个含义丰富的、包括了从接吻到性爱之间各种两性接触的词汇。但无论具体行为是什么，约会的双方之间不会产生任何情感纠葛，换句话说，就是有性无爱。

许多来美的中国女生，由于对美国的"约会"缺乏了解，往往只看到美好的一面，而看不到背后的深意，所以发生了很多令人痛心的事。出国留学之前，应补上这一课。

怎样保护自己？综合许多女生的体会，笔者认为有三点：

第一，绝对不要轻易跟对方上床，一般美国男生邀你约会，即有追求之意，这仅仅表示他对你感兴趣，千万不可以一次就以身相许。西方男人再怎么开放，也会轻视轻而易举就"到手"的女人。

第二，不要轻信"I love you"，西方男人很善于恭维女人，交往没几天就他们可以很轻易地对女人说我爱你，西方人外表开放内心保守，让他们真正爱上一个人，绝对不是一两次约会就能发生的。

　　第三，如果与你约会的人是恋爱的对象，绝不可以太过依赖对方。很多西方人 18 岁成年就离开家独立生活，他们不会依赖别人也不会真正帮助别人，父母和兄弟姐妹之间 AA 制是平常事。所以想通过和外国人恋爱结婚找个依靠不现实，要做好靠自己能力生存的思想准备。这样，你才会有主动权，生活才会自在、幸福。

"小妈妈"

两年前，在纽约街头的一家电脑公司，我碰到一个送手提电脑来修理的小女孩，年纪约十四五岁，未发育成熟的脸庞搭配着挺着的大肚子。我见过不少怀孕的美国女生，甚至有挺着大肚子背书包上学的，但这是我在美国第一次见到怀孕的中国小女生。

这里暂且把这个小女生叫作小鸥吧，她来自中国辽宁，13岁时远离家乡来美国读中学，成了一名小留学生。

父母都还是中国国内的上班族，只是陪小鸥坐飞机来到纽约，委托一位朋友作为监护人，安顿好小鸥住处后就回国了。她一个人在纽约求学，开始一切都正常，从住处到学校，每天都是两点一线，功课又不是像在中国有很多，上网的时间就多了起来。任何人初到异国他乡，远离亲友的寂寞，都是一道很难跨越的坎，小鸥也一样，只要有空就上网，与网友聊天是她排解寂寞的最好方法。

然而在美国，网络的海洋并不平静，入世未深的小鸥在网上结识了一些网友，其中一个比她大一倍以上的有家室的男人，用甜言蜜语让小鸥上了钩。小鸥偷尝了伊甸园的禁果，怀孕了，那个男人却消失得无影无踪。头两三个月，小鸥根本不知道自己是怀孕了，同学和老师也没有发现异常。直到有一天，监护人的太太发现小鸥身体有变化，带她去医院检查，才知道她怀孕了，这时候做人工流产已经不可能。

就这样，年仅15岁的小鸥退学了，很快生下一个小女孩，当起了单身妈妈。一位年近半百的广东移民向小鸥伸出热情的双手，收留了小鸥母女。这位在餐馆打工的广东男人一直单身，小鸥的到来对他而言无疑是天上掉馅饼，让他终于有了一个家。只是小鸥感到很失落，笔者也忍不住为她心痛。

在美国，孩子生孩子已是屡见不鲜，我有一个在纽约市政府工作的朋友，她负责老人与儿童福利方面的工作，给我讲过很多个少女生孩子的故事。她说，不良社会风气污染校园，使中小学生早恋成风，许多学生发生性关系就像喝一杯可口可乐那样随便，少女生孩子的事自然就多了。美国社会追求偶像的风气也使很多小女生着迷，甚至把为明星偶像"奉献"当成荣耀，这些女孩很自然就成了明星的猎物。

从官方统计的少女未婚怀孕产子的数据，可以看出这一现象何等严重：每年美国大约有75万少女怀孕，2008年全美15~19岁的少女怀孕率为6.8%，2011年美国15~19岁的少女共产下近33万名婴儿，少女的生育率为3.1%，也就是差不多每33个15~19岁的美国少女中就有一位在19岁之前当妈妈了。少女怀孕和生育问题每年给美国带来109亿美元的损失。[1]

最近美国一项调查表明，少女未婚怀孕产子的数字增加，与美国青少年性犯罪增长有密切关系。从1986~2013年，12~17岁的青少年性犯罪案件，数量增长了两倍多，也导致美国少女妈妈数量大幅增长。

很多心理学家批评说，目前美国社会色情信息泛滥，也促使少女未婚妈妈有增无减。有专家认为，是社会风气慢慢向青少年渗透不好的观念，社会风气不好影响了青少年的身心健康。

美国的不良社会风气吹进校园，是造成中学女生早恋早孕的重要原因。就连美国的一些教育专家，也认为这是美国教育的弊端之一。美国中校对待学生恋爱、早孕非常宽容，甚至还会为怀孕的

[1] 来源：http://china.chr.cn/guantian xia/201303/t2013031//_512123900.Shtml。

女学生单独设"孕妇班",这些做法无疑助长了学生早恋、早孕、早生孩子。在这种情况下,来美国读中学的中小学留学生难免会受到影响,出现未婚怀孕产子的情况,就不足为奇了。

提醒我们的家长,在送孩子出国留学的时候,一定要对子女加强这方面的教育,让孩子认识未婚怀孕产子的危害,尤其是女孩子,一定要学会保护自己。

"小心"老师

有一位北京朋友的女儿准备来美留学，他来电问我，女儿来美后在学校生活要注意些什么。我大体上讲了几点要注意的安全事项，特别强调了一点，女生要提防美国老师性侵。美国也许是世界上教师性侵学生最严重、数量最多的国家之一，女生来美留学，不可不防。

2007年，美国国会一项报告显示，全美约5000万名从幼儿园到12年级的学生中，有450万曾是教职员工的性侵犯对象。[1]上述数字仅仅是前几年的统计，现在只会增加不会减少。以纽约市为例，据《纽约邮报》（New York Post）2014年4月公布的调查显示，在过去的5年里，纽约校园未成年人被教师性侵投诉案件高达593件，超过100名教师或其他校方人员曾与学生发生性关系或有不合适的行为。[2]

近几年，美国曾暴出一宗教师性侵学生案，受害儿童数目惊人。据美国媒体2014年5月14日报道，联邦调查局透露，一名恋童癖教师曾在10所国际学校任教40年，药昏并性骚扰的受害者可能多达几百人。[3]

据美联社报道，联邦调查局说，嫌疑犯瓦希（William Vahey）可能是人们记忆中性骚扰人数最多的恋童癖。尼加拉瓜的一名保姆偷了他一个移

① http://www.dlxww.com/gb/daliandaily/2008-03/14/content_2249361.htm
② http://www.sinovision.net/society/201404/00290471.htm
③ http://www.sinovision.net/society/201404/00290471.htm

动硬盘，里面至少有 90 名遭到瓦希性侵犯的男童照片。而联邦调查局认为"90"远低于实际受害人的数量，许多特工正在同全世界数百人联系，希望找到更多的潜在的受害者。

奇怪的是，早在 1969 年，瓦希在加州一所高中就被指控性骚扰 8 名男孩，20 岁的他当时对淫秽下流行为指控认罪，他却继续从事同儿童密切接触的教育工作。

或许瓦希性侵犯数百男童只是一个特殊的案例。然而在美国，教师性侵犯学生的案例却屡见不鲜。如今，男教师性侵犯女学生已经不是新闻，而女教师性侵男学生案也常常见诸美国媒体。

2011 年 11 月 9 日，美国田纳西州科威英顿市一名 41 岁女教师因为性侵 11 名未成年男学生被抓，最为离谱的是，目前该教师面临 53 项指控。据知情人士透露，该女子面临至少 60 年的监禁，可能成为近 10 年来美国受惩罚最重的老师。

41 岁的辛迪·克里夫顿在科威英顿市的克雷斯特维尤中学任阅读课教师，因为上课方式生动活泼，很多学生都喜欢她。

受到性侵犯的 11 个男生年龄在 14 岁到 17 岁之间，都是辛迪的学生。辛迪假借女儿的名义办酒会，请学生们到家里喝酒玩乐。每次聚会辛迪都会挑中一个男学生，喝酒时辛迪故意把学生灌醉，之后单独把学生留下来或开车载着学生在外面发生关系。2011 年 4 月到 7 月的 3 个月时间里，辛迪用类似手段先后逼迫 11 名男学生与她发生关系，有男生还被迫多次与她发生关系。

经过长达 3 个月的调查，科威英顿市警方对辛迪的罪行进行了统计，辛迪面临 14 项事实强奸罪，11 项法定强奸罪，14 项引诱未成年人酗酒罪，14 项未成年人伤害罪的指控。

虽然女教师诱奸未成年男生案一般都会获重判而且终身不得再任教职，但仍有许多女教师前仆后继，以身试法。

列举这些让目瞪口呆的美国教师性侵学生案，是想提醒我们的留学生，美国校园并不是像人们想象那样"纯净"，不论是女生还是男生，都要提高警觉，妥善保护自己。

学会在校园里保护自己

　　中国留学生在美国被强奸案时有发生，我们的留学生和家长，一定要对美国校园强奸案有所认识并注意防范。

　　2014 年 5 月 1 日，亚利桑那州警方逮捕了一名白人男学生泰勒·考斯特，18 岁的他是个强奸案惯犯，被他强奸的少女多达 20 人，年龄最小的受害者只有 13 岁，而年龄最大的受害者也不过 17 岁。警方说，泰勒涉嫌一系列案情严重的强奸案，或许受害者人数还会更多。

　　在美国，强奸是常见的罪行，其中又以女学生遭强奸最多最严重。据《纽约时报》、美联社及哥伦比亚广播公司 2014 年 1 月 23 日报道，官方报告显示，美国每 5 名女大学生中，就有一人曾惨遭强奸，但报案率只有 12%。统计还显示，约 2200 万女性及 160 万男性在他们一生中曾被强奸。这些惊人的资料，全世界很少有国家能与美国匹敌。

　　至于中国留学生在美国被强奸案，虽然没有权威的统计，但实际数字不会很少。

　　中国留学生在异国他乡本应团队互助，但一些被自己同胞强奸的案件时有发生，另人心寒。2012 年 3 月 29 日，爱荷华州的约翰逊县，发生一起中国男生强奸中国女生案，该起案件曾在大学校园内引起轩然大波，一时成为美国媒体争相连续报道的焦点：一名中国女留学生在中文交流网站上发布了一则招租广告，22 岁的留学生唐某看到广告后前去看房，在参观卧室时将女受害人囚禁，用刀威胁受害人并实施强奸，随后还拍了受害人裸照威胁其不许报案。女生报案后唐某被捕，法院审理后宣判唐某入狱监禁17年。一个本来前程大好的留学生，却因一念之差犯下强奸罪，惹来17牢狱之灾，多么可惜。

校园强奸案在美国很普遍，有女生被强奸也有男生被性侵，有的学生甚至是被自己的学校老师强奸。美国大学生在校园遭遇性骚扰甚至被强暴的案件时有发生，而校方不作为也助长了案件的增加。2013年有美国媒体揭露，著名的南加大有超过 100 件强奸或性骚扰的案件，但警方很少进行调查处理。①

所有在读的留学生，都应正视校园强奸案这一严重问题，加强防范，以免成为受害者。

专家建议，中国女生要学会如何保护自己。许多外国人认为，中国经济发展快，有钱人很多，能够出国留学的人家里一定有钱。一些女生喜欢炫耀和露富，她们的生活方式很容易成为罪犯的目标。而且，这个年龄段的女留学生大都是独生子女，从小到大受到父母的保护，出国后却不知道如何保护自己。有的华人女生警惕性很差，容易相信别人，甚至和刚认识的人出去玩，就很容易受到性侵。

有调查研究报告数据显示，亚裔女性受性侵的概率，一半的加害人是陌生人，另外一半为熟人，其中包括男友。许多女生对熟人放松警惕，也容易成为性侵的对象。

专家还提醒女生，陌生人性侵多数发生在夜晚，女生在夜间尽量不要单独外出，这样才可以把遇害的可能性减少到最低。

为了保护人身安全，美国许多警察局都给市民提供一些安全常识，纽约市警察局提出的"个人安全技巧"包括许多方面，其中"聪明走路"和"安全在家"值得女留学生参考。聪明走路：要走有人和有光的街道，

---

① http://www.usqiaobao.com/2013/0722/503102.shtml。

"如果你怀疑被跟踪，离开冷清的街道，走向有人或开门的商店附近"，"如果你在走路，而驾车者骚扰你，就往相反的方向走"，"如果仍然被跟踪，找个安全的地方，然后大声呼救"。安全到家：在开门前准备好钥匙，保证家门口有光线，随手锁门。

有些"兼职"不能做

　　这几年，中国留学生在美国卖淫并不是什么新鲜事，这是一个令人难以启齿又不得不说的问题。在号称言论自由的美国，随处都可以看到赤裸裸的色情广告，这些小广告中许多是以学生作为卖淫女招揽生意。当然，学生不一定都是留学生，但有留学生卖淫却是不争的事实。

　　留学生卖淫并非美国独有，澳大利亚、英国、法国、日本和新加坡都有留学生卖淫被捕的报道见之于报端。许多报道配有卖淫者在被逮捕时的正面照片，姓甚名谁、玉照芳容、住家地址，一应俱全。卖淫者原以为神不知鬼不觉，没想到东窗事发，一夜之间广为天下知。

　　卖淫在美国很普遍，中学生、大学生卖淫现象在美国也很常见。警方指出，帮派运营卖淫集团已成为全美的一个趋势。由于贩卖毒品与枪支的风险日益升高，执法力度也不断加强，帮派团体多转向卖淫行业。另外，网络的出现也代替了红灯区等传统作业方式，能更有效地吸引顾客和赚快钱。

　　除了内华达州，在美国各州卖淫都是犯罪，拉皮条招嫖更是重罪。涉嫌卖淫的外籍学生一旦被定罪，轻者被罚款或被判处小区服务数日或数周，重者将被判刑或遣返原籍国，日后若想取得美国签证，或移民美国都很困难，曾经卖淫的不良记录会跟着她们一辈子，难以洗刷。

　　明知犯法，为什么还有留学生以身试法呢？笔者认为有以下三点原因：

其一,笑贫不笑娼。美国腐朽的色情风气严重腐蚀社会,也侵蚀了校园。美国学生卖淫长期以来屡禁不止,也带坏一些前来留学的中国学生。出国在外,留学生离开了父母的监护,亦容易受外界不良现象的影响。

其二,家庭经济条件有限是一个原因。有的留学生因家里经济困难,去打工挣钱不多,而且辛苦,所以为挣学费不惜冒险"下海"。多数色情场所也以月入上万美元的优厚待遇,引诱女留学生卖淫。有调查报告称,留学生从事色情业,工作相对轻松,短时间内就可获取丰厚的金钱回报,因此,那些卖淫的留学生,多数是把从事色情业当作既不耽误学习,又可解决经济困难的最佳兼职。

有一位女留学生表示,初到国外,为减轻学费和生活费压力,她曾希望用课余时间去打工,但因英语不过关,美国对打工者的身份也有很严格的要求,加上下海"兼职"只是在晚上,不耽误学习,所以,她每周只兼职三个晚上,几个月下来,不仅解决了学费和生活费,还攒了一笔钱。

其三,女留学生为追求名牌,贪图安逸,向往奢华生活,幻想干几年挣一笔钱再"上岸",亲友远在国内不会知道,何乐而不为?

除了卖淫,还有一些女留学生一时动摇,接拍了色情片。她们看到不少美国同学都做过这份"兼职",又觉得中国那么远,不会有自己亲近的人知道,就没问题了。

美国是个金钱至上的社会,经不起金钱诱惑的美国女孩子太多了。腐朽堕落之风侵害美国校园,使不少刚上大一或者还是高中生的女孩子,不但去拍色情片,甚至还在影片中大方掏出学生证,让观众查证她的年龄确实是18岁。

据美国媒体分析,过去业余拍色情片一般都是美国女孩,原因大多数是为了挣钱。随着中国移民的增多,华人加入这一行业也多了起来。现在美国南加州某名牌大学读书的一位中国女生,5岁来美,在她18岁时,一位摄影师诱导她,先拍色情片是许多女明星走红前的必经之路。于是她"下海"了,3年时间就为色情制片商拍摄超过100部色情"小电影",每部均三点全露,不堪入目。该女生自己不认为有什么不妥,还在网上与同学大方讨论。她坦言,很多家境富裕的同学开名车、穿名牌服饰,而她手头拮据不能有相同享受，使她萌生赚快钱的念头。还说拍色情片与去星巴克去打工一样，没什么见不得人。

我想，她的这种观点大多数中国人不会认同，就连多数开放的美国人也不赞成。早些时候美国加州中学女教师哈拉斯兼职拍色情电影，校方发现后立即将哈拉斯停职。该校学区总监说："从刑法角度讲，哈拉斯的行为不能算作犯罪，但我们认为从道德方面来看，这是一种犯罪。"我很赞同这位学区总监的观点，拍摄色情片的女生也许是因为无知，但这是道德堕落的行为。

要解决留学生卖淫、拍"小电影"的问题，社会、家庭、留学生都有责任。学生本人应严于律己，洁身自好，拒绝诱惑。国内家长有必要对子女在海外的兼职多加关注，加强对孩子进行思想教育，防患于未然。要保证孩子在美国求学期间的正常花费，避免孩子因经济出现困难而去"走快捷"、"挣快钱"，铤而走险，误入歧途。

下载儿童色情图片闯大祸

2013 年 2 月 26 日，在佛罗里达州立大学（Florida State University）读书的中国留学生沈某，涉嫌从网上下载儿童色情电影和图片被警方逮捕。

据佛罗里达警方介绍，网络儿童犯罪调查人员在调查与追踪一起传播儿童色情图片案件时，透过一个档案分享软件，发现一台电脑里储存有大量色情图片，其中有许多是儿童色情影片和图片。调查人员从这台电脑下载了这些儿童色情图片作为证据，并追踪电脑的 IP 地址，找到佛罗里达州里昂郡的一栋三层房屋。

警方进入这栋房屋搜查，发现这是几个中国留学生共同租住的宿舍。经过进一步搜查，警探确定有问题的电脑属于沈某，并立即查出电脑中的儿童色情档案图片约 100 张，还有一些儿童色情影片。于是，沈某被警方逮捕。

警方称，这些儿童色情图片大部分是男人和小男孩。负责此案的警探瓦勒说：沈某显然不是制作这些儿童色情片的人，应该是偷窥型的收藏者。这种类型的收藏者又被警方称为"删除者"，就是下载、观看，然后删除，再下载更多。

事后，沈某被司法部门以包括下载、拥有并且传播儿童色情电影和色情图片等 14 项罪名起诉。

在美国，类似沈某因从网上下载儿童色情图片或影片而被捕的华裔学生，并非个别现象。

而在中国，"下载"淫秽视频、图片等是否违法比较模糊，但除了个别地方的治安部门会就此进行很有争议的罚款外，基本没有人管。再加上国内对"盗版"的监管还有待完善，所以在中国人的电脑和硬盘里，有淫秽视频、图片等是相当普遍的现象。

从上述几个美国的案例，我们的留学生应该得到启发，在美国上学，千万别在网上下载或转发色情照片，尤其是儿童色情图片。否则，后果不堪设想。

据了解，国内对于如何防止中小学生接触网上的色情图片、影片，缺乏教育及有效措施。中小学生的性教育，还是一个很敏感的话题，有许多改进的空间。加上许多家长往往在孩子面前忌讳谈"性"，缺乏引导与监控，这就容易造成孩子性知识的缺失。随着孩子的成长，进入到青春期，对性产生兴趣是很自然的事，但学校不教，家长不讲，孩子往往只能与同伴沟通，在网上寻找管道，一些色情网站很容易乘虚而入，腐蚀孩子的心灵。到了美国这个色情网站泛滥的社会，没有了家长的监督，小留学生很容易接触到色情网站。如果孩子缺乏自制能力，又不了解美国相关法律，就很容易在这方面出问题。

远离"酒""赌""毒"

2014 年 8 月 23 日，来自北京的密歇根州立大学（Michigan State University，MSU）一年级新生戴嘉艺，被发现猝死在刚搬进来的学生公寓，东兰辛警局 24 日表示，初步调查，警方已经排除他杀的可能，这名 19 岁中国女留学生疑似因饮酒过量致死。

根据戴嘉艺在脸书上的数据显示，她原籍山东，目前家人住在北京。2014 年 6 月戴嘉艺才从弗吉尼亚州阿灵顿市的欧康纳尔高中毕业。高中毕业后，戴嘉艺回中国度暑假，直到 8 月 14 日才回到美国，准备到密执安州立大学读一年级。

据一名与戴嘉艺熟识的中国女同学透露，戴嘉艺好不容易进了大学，却在还没有正式开学就传出噩耗，让她非常心痛。根据密歇安州当地媒体报道，与这名猝死中国女学生同住一栋公寓的学生说，戴嘉艺与她的室友才刚刚搬进来一两周，听到她突然死亡，非常震惊。

一名密州大三年级的张同学说，对于戴嘉艺可能喝酒过量引起猝死，尽管感到有些意外，但他透露，其实学生们在校园喝酒、买酒实在太容易了，"只要在宿舍或是公寓自己喝，不要到户外或是酒吧公开喝"，张同学表示，"不管有没有到法定饮酒年龄，几乎没有人未喝过酒，这已经是公开的秘密"。

这位留学生透露出学生中"几乎没有人未喝过酒"，暴露出留学生的饮酒问题的普遍与严重，美国联邦疾病防治中心的监测研究，调查美国 9 ~ 12 年级学生之间的不健康行为，超过 1/3 的美国高中学生饮酒，超过 1/5 的青少年表示，在最近的一个月里，曾经疯狂饮醉。[①]

小留学生饮酒、酗酒，暴露出一些学生思想品质出了问题。很多人往往只看到美国的教育质量和教学方式的优秀之处，都忽视了美国教育中缺乏个人品德的教育。一个孩子远离父母的监督，很容易受到美国不良社会风气影响，这应该引起家长的足够重视。在美国，很多华裔家长不怕孩子读书不用功，最怕孩子"学坏"。所有家长都应认识到，孩子的教育不仅仅在于能读书好，更关键的在孩子成长阶段培养出一个好的品德。有了好的品德，才能自觉增强抵制各种坏习惯的能力。

应该看到，许多小留学生饮酒，有时只是环境太孤独了，或者感情、学业等出了问题，偶尔"借酒消愁"；有的是在与同学聚会，在众人的鼓动下盛情难却。不管如何，像戴嘉艺，花一样的年龄，却因饮酒过量而离开人世，这样沉痛的教训，值得每一个留学生和家长谨记。

除了饮酒包括中国留学生在内的华裔学生吸毒的问题，在美国已引起人们的关注。

2013 年 4 月，江苏省一位小留学生的家长李女士，特地从北京飞抵纽约，前往纽约华人社团法拉盛街头守望互助队求助，希望他们能帮忙挽救她年仅 15 岁但已经吸毒成瘾的儿子。街头守望互助队队长朱立创是我很熟悉的一位侨领，李女士向朱立创哭诉，她的儿子在纽约皇后区一所高中留学，之前母子每周都会通过网络视频聊天数次，互相通报近期情况。然而近来一个月，她和儿子彻底失去了联系，儿子的手机也处于无人接听和停

[①] http://learning.sohu.com/20160318/n441002143.shtml

机的状态，于是她亲自飞来纽约寻找儿子，到了儿子在纽约的住所后，居然发现儿子搬家了，学校老师说儿子几个星期都没有上学了，她不知道儿子现在在哪儿。李女士只有每天守着电脑，通过 QQ 发消息并期待儿子的回复。

4 天后，李女士终于收到儿子的回复，在 QQ 视频里，李女士发现儿子精神萎靡地躺在床上，不停地打着哈欠，后来李女士得知儿子在留学期间和同班同学一起吸食大麻，最后发展到毒品可卡因，15 岁的儿子很快吸毒成瘾，为了吸食毒品，把生活费和部分学费全部买了毒品。

经过一番周折，母子终于见面。李女士最后痛下决心带着儿子一起返回江苏。李女士认为："美国的无拘无束，把儿子给毁了。"

李女士的话令人感慨。美国是一个毒品到处泛滥的社会，前总统克林顿、小布什，以及现任总统奥巴马，都曾坦诚在学生时代吸过毒。毒品对人类的危害众所周知。最近，来自英美的研究人员发现，在 18 岁之前持续性且有依赖性地使用大麻会造成所谓的神经毒性效应。青少年如果在 18 岁之前吸上大麻，会给他们的智力、记忆力和注意力代来持久性的损害。这项研究的参与者超过 1000 人，对这些研究参与者的追踪时间超过 40 年。[①]

尽管吸毒违法而且有害，但仍有留学生以身试法。究其原因，除了美国社会的不良影响，与留学生家长放松管理有关。有华人教育与心理专家认为，由于 18 岁以下的留学生需要在美国指定委托家庭和委托监护人，因此很多大陆家长天真地认为寄宿家庭或在美亲友能够照顾好子女的生活起居，却忽视了孩子在美国的心理需求。在留学生年龄层越来越低的趋势下，小留学生失去父母照顾，孤身一人，往往很难抵挡外界的诱惑，有时候更容易误入歧途，造成严重的后果。而身在中国的父母却把留学美国想得太过简单，认为只要定期给孩子账户"打钱"，让孩子在异国不吃苦，就可以彻底放心了，却往往忽视了对孩子的管教。

---

① http://jandan.net/2012/08/30/smoking.html

许多华裔专家建议，国内的家长不要贸然送子女出国留学，那些心智尚不成熟的孩子在一个陌生的环境，缺少父母的管教和爱护，容易染上恶习。家长要对孩子在美国有一个周全和详细的通盘计划，通盘考量子女的心理承受能力、性格等多方面因素后，再决定是否将子女送往美国留学。

美国北卡罗来纳大学的教育社会学教授更是直言不讳："美国高中和全世界其他各国的高中不一样。它不强调读书，而是很全面的与社会接触，学生会接触很多东西，包括好的和不好的，比如吸毒、酗酒，他们很可能会沾染上这种毛病。美国的社会文化力量非常强，这一点是需要中国家长注意的。"

美国是一个允许成年人去赌场自由赌博的国家，笔者粗略地算了一下，发现全美国共有大大小小赌场超过 700 家！美国规定只有成年人可以去赌场赌博，美国人爱赌，有统计说，在美国青少年中，85%的人已经有过不同形式的赌博经验。这一比率，恐怕世界上任何国家都要甘拜下风。然而在美国，华人爱赌更出名，甚至好赌的留学生也大有人在。虽然没有标准的统计数字，但是，在美国赌场流连忘返的中国留学生，并不是个小数目。

因为进入赌场有年龄限制，有的小留学生家长以为自家的孩子进不了赌场，用不着担心孩子染上赌博恶习。可惜现在的小孩子发育早生长快，小小年纪便人高马大，加上鬼点子多，混入赌场轻而易举，所以，小留学生在美国赌博输掉巨款的事时有发生。

来自四川的小留学生小王，父母在重庆从事汽车生意，家境比较富裕。2012 年 9 月，16 岁的小王进入美国加利福尼亚州的梅特德伊高中就读。这是一所走读的私立高中，每年学费为 48500 美元。除了学费外，家里每月还给他 800 美元的生活费。

选择走读制高中的小王，原以为会有更多的时间和寄宿家庭交流，交到更多的白人朋友。然而，由于他在出国前并没考察过自己的寄宿家庭，到了美国才发现，家里只有一位美国籍的菲律宾未婚女性。这位菲裔妇女每天下午4点去工厂上班，凌晨2点下班，白天睡觉。让小王没能通过寄宿家庭提高英语。由于英语差，小王和班里白人同学很难交流，基本一个学期都没有和别人说过心里话，他感觉快要被憋死了。

2013年3月，小王的班级转来了另一位华人学生张凯。张凯12岁就跟随父母移民加州，既会中文又对当地了如指掌，小王便将他视为自己在海外的挚友，认识张凯一个月后小王发现，这位挚友出手大方，好像总有用不完的钱。经过询问，才知道张凯每周都会进一次当地赌场。

随后，小王开始和张凯一起进出赌场。有时输钱后，小王总觉得换个地方就能赢回来。2013年8月，暑假结束后，小王带着4.85万美元（相当于18万人民币）的学费去赌场赌博，不到5天的时间里，他输掉了所有的钱。事后他以参加语言培训和买车为借口，又向家里要来3万美元填补学费。

小王输了想赢，赢了想赢更多，只要一有机会，他就会逃课去赌博。一次，安保怀疑他是未成年人，拦住他查证件，后将他扣起来审查。几天后，小王伪造假证和未成年人出入赌场的行为，被赌场告发到学校，在被处以严重警告后，小王面临被退学的危险。

在美国，"乐透"等彩票奖券也很盛行，媒体上常有新闻报道一些买彩票中大奖的新闻，使民众对买彩票趋之若鹜，希望自己也能一夕致富。不少留学生更是对这样类似赌博的博彩游戏十分热衷。

家长要注意防止子女沾染赌博恶习，加强在国外留学的监督管教。作为留学生，也应自律自爱，认识到赌博的危害，别把父母的血汗钱，都白白扔进美国赌场，喂了"老虎机"。

校园黑帮

儿子瑞克在纽约读高中的第一年,一天下午放学后他对我说,中午午餐时有个黑人同学悄悄地问他想不想要手枪,如果想要,可以卖给给他一把,只要 100 美元。黑人同学还说,周末有个派对,学校里有十几个同学参加,有一个华人同学也参加了,想请他参加,瑞克当时就拒绝了。

我马上觉得这个学生有问题,怀疑他是否与学校的帮派活动有关,瑞克也有同感,说这个黑人同学经常旷课和打架。我告诫瑞克,要远离这个同学。

几天后,黑人同学再次来找瑞克,动员瑞克参加他们的组织,说这样可以保护自己不受别人欺负,还可以有钱花等等。瑞克再次表态拒绝。回家后,瑞克找我商量如果对方再来找麻烦怎么办? 我给瑞克提了三点建议:

第一,礼貌拒绝。就说功课太忙没时间参加,而且家长也不同意,拒绝时要客客气气,口气不要太硬,避免激化矛盾。

第二,敬而远之,惹不起但可以躲得起,不参加他们的任何聚会,放学时也不要与他们走在一起。

第三,结交一两个学习好的男同学,学校的帮派看到你有朋友,就不会轻易欺负你。

瑞克按照我的建议去做,果然没人再来找麻烦。而那位黑人同学,几个月后因为在校外持枪抢劫,被警方逮捕,学校也将其开除。

青少年黑帮，是美国社会的一个毒瘤，长期以来，警方虽然大力打击，青少年黑帮依然是"野火烧不尽，春风吹又生"。在纽约市，青少年黑帮活动更是猖獗，黑帮首领和骨干一般都是辍学的学生，也有一部分是在校的学生。一些治安不好的学区，学校成了黑帮的势力范围，黑帮经常在学生中吸收新鲜血液。

据纽约市警察局反黑组透露，纽约市有超过 300 个青少年暴力黑帮，都是由 12～20 岁的青少年组成，其中有不少是在校学生。警方认为，全纽约市有四成枪击案是青少年暴力黑帮所为，起因大多数是争抢街头地盘，以及在脸书、推特等社交媒体互相嘲弄。警方还说，有时候，为一个女孩子争风吃醋，或被对方看了一眼，这些黑帮都会轻易开枪。

纽约的中学里有帮派，大学又怎么样呢？

2013 年 12 月 8 日，19 岁的纽约城市大学巴鲁克学院（Baruch College of The City University of New York）大一新生邓俊贤（Chun Hsien Deng，音译）在宾州加入兄弟会的宣誓活动中，因受到学校"兄弟会"老会员的残忍拷打，头部受到重创而死亡，使学校的帮派问题暴露在社会大众面前，引起很大关注。

事件发生后，舆论对大学兄弟会有两种截然不同的反应。一种意见认为不能把兄弟会看成是帮派组织，兄弟会在选人时很严格，不但要求成员成绩好还要求他们各类表现都要优异。有的学生将入会看成是一种荣誉，成员之间非常讲义气，将来在社会上、工作上可以互相扶持及帮助。

另一种意见认为，兄弟会已经成为帮派组织。有纽约侨领指出，美国大学中的"兄弟会"很多已经变质。一旦加入便是终身制度。不可再退出，甚至会中的故事、规矩均要保守秘密。而很多兄弟会规定，新加入的成员，要经过一些折磨与考验，比如恶作剧、忍受拷打等。如果经得起考验，才可以正式入会。这些做法与帮派没有两样。

因此，有侨领建议，大学新生对"兄弟会"这样的组织，需要认真调查了解，不要误入帮派。

国内的学生来到美国留学，尤其是来美国读中学的小留学生，很可能会遇到学校的帮派问题。2015 年 4 月 27 日凌晨，布鲁克林区羊头湾的市警

61 分局发出寻人启事，寻找离家出走的华裔少年余某。警方指出，25 日下午 5 时许，余某在布鲁克林区 7 大道交 59 街的信义会教堂最后一次被人见到后，便音讯全无。焦急的父母随后报警，向警方透露，儿子辍学后，常在 8 大道的网吧里和一群不良少年混在一起，父母认为这群青少年可能有帮派背景；2014 年 10 月儿子曾因参与打群架，被警方逮捕；这次，儿子可能也是因为受到帮派的威胁而失踪。

警方仔细调查了余姓少年的脸书等，发现他出走时将自己的护照、绿卡等带在身上。警方再进一步调查，发现他已自行登机离开美国，但警方不知道年仅 15 岁的余姓少年是如何有钱买机票的。后来，其父母 27 日上午与中国的亲属联系，证实余某已在广东佛山的舅舅家。

有人分析认为，余姓少年很可能是为了躲避帮派的威胁，才偷偷跑回中国。

据了解，余姓少年 4 年前移民纽约，因英文不好，学习跟不上，来美后没多久便辍学在家。父母每天忙于外出打工，放松了对他的管教，致使他常常泡在网吧里，结交了一群不良少年，所以与帮派产生瓜葛。

余姓少年的这一案例，不仅对华裔家长是一个教训，对许多小留学生家长也是一个警示。作为家长，不能因为工作忙就放松对子女的监督与教育，要多关心孩子的交友情况，以免孩子交友不慎，误入歧途。

牢记学校的"清规戒律"

　　方力科是在纽约留学的一位小留学生，他的爸爸方先生是我在北京的一位朋友。几年前，方先生将 16 岁的儿子送来美国读高中，力科学习还好，虽然调皮贪玩一些，但第一年的留学生活基本算过得去。因受方先生委托，我与力科见过几次面，并没有发现力科有什么不良表现。

　　一天下午，我突然接到力科打来电话，说他在放学时和一位要好的同学一起回家，走在路上一时兴起，与同学玩起"功夫"，力科挥舞一把小刀，同学则空手接招，两人嬉闹着比比画画，想不到力科的小刀不小心碰到同学的手掌，锋利的刀尖在同学的虎口上划了一刀，顿时鲜血直流。力科慌了，马上给我打了电话，问我怎么办。

　　我当即问他有没有打 911 报警，他说没有。我知道力科的学校旁边有家医院，就告诉他，让同学用手紧紧捂住伤口止血，然后赶快到医院治疗。我也立即放下工作，赶去医院。当我赶到医院急诊室时，医生已为受伤的同学包扎好伤口。

　　因为力科与同学是好朋友，同学受伤的原因是两人玩耍时出的意外，而不是打架，事后力科也同意负责全部治疗费用，受伤同学的家长也同意私了，就没有报警。如果报警，力科肯定会被逮捕，吃官司。

　　但是，后来学校还是知道了力科持刀伤人的事，决定将力科开除。校方认为，不管力科有意无意，持刀伤人总是件大事，所以将力科当成潜在的危险分子，为了学校的安全决定将力科开除。事后，尽管力科的亲戚和我都曾向学校求情，保证他不再惹是生非，也无济于事。力科被开除后，闲居了一个多月，后来几经周折，找到另一所愿意接受他的中学，才得以继续读书。

随着来美留学的中国留学生不断增长，留学生被开除的案例也多了起来，许多在美国的中国留学生并不适应美国学校的文化、学业和学术标准，结果被学校开除，给本人和家庭带来巨大压力。

由美国厚仁教育（WholeRen Education）撰写的《中国留美学生现状白皮书》（2014），以大量资料揭开了中国留美学生被学校开除的面纱。《白皮书》指出，与一般人们对中国学生普遍"学霸"的印象不同，导致中国学生被学校开除的原因，主要是成绩太差，或出勤率过低，超七成被学校开除的学生是因为学业能力不足。另外，许多中国留学生对美国学校制度缺乏认识，不了解中美之间的教育差异，不慎触犯学校"戒律"之后，也不知该如何应对，处置措施不当往往导致被开除等严重后果。

《白皮书》显示，在被学校开除的中国学生中，65.9%的本科生和75.8%的研究生因 GPA 成绩过低被开除，学术表现差是各年龄段、不同学校类别和各学业层级中导致学生被开除的最主要原因。

许多中国学生的课堂出勤率过低，也成为被学校开除的主要原因。这一现象在语言学校学生和本科学生中尤为突出，是语言学校学生被学校开除的最主要原因。有些中国学生报读语言学校是因为想获得美国的合法身份，以实习的方式合法工作，忽视了出勤。一旦被学校开除，丢了学生身份会给这类学生的工作、生活带来巨大不便。

学术不诚实是中国学生被美国学校开除的另一大肇因，许多中国学生不了解美国社会和美国学校对诚信的高度重视，逾两成中国留学生因抄袭、考试作弊或协同作弊、代考、成绩造假、试图修改成绩、保留以往考卷、对老师撒谎甚至伪造导师签名等原因被开除。在中国的许多学校，学生互相抄作业的情况普遍存在，课堂上考试作弊也屡见不鲜，一般情况下，只要情节不严重，老师一般都会睁一只眼闭一只眼。相比之下，美国学校严格要求学生不能互相抄作业，对考试作弊和论文抄袭更是零容忍，一旦发现，处罚都很严重，案情严重者甚至会被逮捕判刑。《白皮书》发现，成绩优良仍被开除的中国学生中，近八成是因为学术不诚实而被学校开除。美国学校和社会各阶层，对一个人的诚信十分看重，留学生若在诚信方面出了问题，基本上是没有转圜的余地的。不仅会受到处罚，学业受到影响，还会对毕业后找工作造成负面影响。那些被开除回原籍的学生，甚至不能再进入美国。

除了学业上的困难之外，许多在美中国留学生也面对意想不到的法律和交往困境。在被调查的中国学生中，有5%是因为违反法律或行为失当被学校开除。理由包括违反交通规则、非法持枪，使用别人的社保号侵犯个人隐私等，更有部分中国留学生涉及性侵等刑事犯罪。

对未成年中小学留学生，吸烟、饮酒也是被学校开除的缘由之一。而课堂表现不良，甚至打架，对他人实施威胁等都不会被学校容忍。不了解情况的中小学留学生一旦不慎触犯学校的"清规戒律"，常会面临难以挽回的严重后果。

这一调查给留学生敲了一记响亮的警钟，也为广大留学生避免被学校开除提供了宝贵经验。

总而言之，越来越多的留学生被开除，应该引起留学生和家长的重视，千万不要以为拿到签证，来到美国留学就万事大吉了。希望留学生能吸取教训，努力完成学业，避免重蹈覆辙。

小问题，大危害

一、地铁逃票被逮捕

在美国乘坐地铁逃票，是件大事，不仅会被逮捕，甚至会对将来的移民和找工作带来不良影响。

有一位在纽约皇后区上高中的中小学留学生，2015 年初的一天早上去学校上课，急匆匆赶到地铁站，可是他的地铁卡老是刷不出，这时旁边的门开着，正好有位妇女推着婴儿车进去，他着急赶地铁就跟着进去了。结果刚进去就被一个黑人便衣警察抓住，问他要身份证，留学生身上没带，当即被戴上手铐并押送到警局，随后按了指模拍了照片，然后出庭受审，警局表示要以盗窃服务罪起诉这位留学生。因为是初犯，法官在警告之后将留学生释放。在警察局被扣押时，小留学生很担心这次被捕会对他将来申请绿卡有不利影响。警察对他说，这是个小事情，只是他未来 6 个月之内不能离开美国，只要他在半年内不再触犯法律法规，案底就会清掉，不会有任何记录在案，也不会影响他今后申请绿卡移民。

我曾经就这件事情请教过移民律师，律师认为，千万别轻易相信警察的说法，只要按了指模，都有犯罪记录在案，就算撤销了案底，但日后的移民申请还需如实填表报告被捕经历，很有可能影响日后的移民申请。

一次逃票不仅有可能影响日后申请绿卡，也会给毕业后找工作带来障碍。

不仅在美国，许多欧美国家也会严厉处罚逃票者。国际惯例是官方将地铁逃票情况纳入个人诚信系统，是建立个人道德（诚信）档案的重要一条。因此，切莫认为乘坐地铁逃票是件小事，一定不要做出任何违法、违规的事情，不要贪小便宜，因小失大，捡了小芝麻，失了大西瓜。

二、小偷小摸进监狱

我一位朋友的女朋友，因为在美国的商场里行窃，被警察逮捕，关押了一夜。后经法庭审理，被判罚 500 美元。这位被警察逮捕的同胞，姓顾，在纽约一家语言学校学习英语，她在国内已大学毕业，计划在语言学校学习英语过关后再读研究生。

一天，小顾去逛街，在一家商店看见架子上的一件衣服，从颜色到样式都很喜欢，但价格有点贵，要 120 美元，她正犹豫着，看到周围没有人注意到她，便偷偷将衣服放入手提袋。以为神不知鬼不觉，可她并不知道头顶有监控录像，她的一举一动被录了下来，她刚走出商店的大门，保安就上前把她拦下，当即报警。警察赶来见到人赃并获，当即把小顾用手铐铐上，带回警局做笔录，并按了指模，被关押了一夜。后经法庭审理，小顾被判处 500 美金的罚金。事后她很担心之后回国探亲不能再返回美国，还担心今后不能申请绿卡。

确实，由于美国警察局等执法部门与使、领馆信息共享，被逮捕并留过指模的学生的信息，如被使、领馆或者海关等执法部门查到，会影响到该学生的签证申请及顺利入境。像小顾这种情况，回国后再申请签证赴美，被拒是有可能的。至于今后申请绿卡被拒的可能性很大，各地和每个法官判案标准都不一样。但是美国把所有和偷窃、暴力以及持枪行凶有关的犯罪，都看作是有关道德及品行的犯罪。如果某人在申请绿卡时被发现有此类犯罪前科，那么他的申请有可能得不到批准。

商店的行窃现象是美国的社会问题，近几年在美国越来越普遍。美国全国防止罪行委员会报道，美国差不多1/3的经营场所之所以倒闭，都拜行窃所赐。

美国如此之多的商场偷窃行为，给中国留学生特别是未成年的小留学生带来不良影响。很多学生都有到商场偷窃的经历，不论是什么族裔，男生大多喜欢偷文具和玩具，女生则喜欢偷口红等化妆品，学生们不以为耻，习以为常，还常常拿到班上炫耀。

一位在洛杉矶读高中的18岁小留学生，在沃尔玛顺手牵羊，偷了约100美元的物品，出门时当场被保安抓获，警察赶到，考虑到小留学生是初犯，就没有逮捕他，但开了罚单，要他到法庭解释原因。沃尔玛还给他拍照，要他签字据，永远不准他进入任何一家沃尔玛。小留学生想不到偷东西会闯大祸，害怕出庭会被遣返中国，于是选择自动离境，学业被迫中断。因为一次100美元顺手牵羊，断送了自己的大好前途，多么可惜。

美国移民法规定，除了美国公民及在海外领地的美国居民，其他人都属于外籍人士。那些持有绿卡、学生签证、工作签证及旅游或探亲等非移民签证的人，都被划归为外籍人士。如果外籍人士在美国居住期间犯了罪，美国移民当局会根据他犯罪的性质和严重程度，决定是否不给予其永久居留身份或公民身份。如果外籍人士有重罪或涉及道德和品行的罪行，情节严重的可能被递解出境。

美国是个讲究诚信的国家，有法律专家说，一个人在美国可以犯下任何刑事犯罪，唯一不能犯的就是盗窃罪和诈欺罪。因为犯这两种罪，最不容易找到工作，贷款借钱都受影响。

因此，在美国求学的学生们，千万别去碰偷窃这根红线，以免给自己的人生留下擦不去的污点，把本应美好的人生染成没有光明的黑色。

小心美国警察"钓鱼"

警察"钓鱼",又称"钓鱼执法",也就是"下套",在香港则称为"放蛇",一般指的是执法部门故意采取某种方式,隐瞒身份,设下圈套,等待当事人从事违法行为,从而将其抓捕的执法方式。

钓鱼执法在美国已存在很长的历史,但是也一直存在很大争议,有的法官有时甚至认为"钓鱼执法"拿到的证据是非法的,不予承认。

但是,美国许多城市,如纽约洛杉矶等一些治安案件频发的地区,常常以"钓鱼执法"的方式吸引"犯罪者",从而打击犯罪,降低辖区治安问题频发的情况。表面上警察执法大有成效,实际上被钓上钩的往往并不是罪犯,常会引起民众反感,认为警方不是在维护社会治安,而是误导良善,引诱犯罪。

美国警察"钓鱼"都钓些什么"鱼"?

其一,"钓"购买赃物者。警方展开"钓鱼行动"的其中一个方式就是将盗窃或走私的非法物品"公开兜售",一旦有买家购买便成功"上钩"。

根据美国媒体报道,在美国各大城市,iPhone 和 iPad 的盗窃和抢劫犯案率居高不下。警方尝试了多种方式来打击盗窃苹果产品的活动,纽约和旧金山等城市的警察局开始采用钓鱼执法的方式,纽约市一位 34 岁的华裔詹女士,在一家足浴店上班,一天,一位警方派出的便衣警员来到店里,佯装兜售盗窃来的名牌手机,对詹女士说手机很便宜,只要 40 美元。当时詹女士颇为心动,于是掏钱购买,结果成了办案人员的"瓮中之鳖",当即被捕。

虽然民众对此类"钓鱼行动"很有争议，但据警方透露，通常便衣警员在兜售此类赃物之前都会清楚说明，"这件东西是偷来的，或者来路不明"，民众如果仍然坚持购买，便有犯罪企图。

其二，"钓"占便宜者。纽约的警察常常会在繁华的街道上冒充捡到钱包的路人，不停地问："我捡到钱包了谁丢了来领。"如果你有贪念，冒充丢失者，警察会立即将你逮捕。

有一次，纽约皇后区一家麦当劳门前停放着一辆无人认领的手推车，车上放着一个电脑包，在张开的拉链内露出多张面额 20 元的现金，这就是便衣警察在街上设置的陷阱。坐在一旁黑色面包车内的数名便衣警员不时查看过往民众，等着"鱼儿上钩"．

其三，"钓"卖淫者。便衣警察扮成嫖客钓卖淫者是美国各大城市最普遍使用的钓鱼法。在纽约、旧金山、洛杉矶和休斯敦等城市，凡是华人聚集的地方常有警察假扮成"顾客"进入按摩店内寻求按摩服务，一旦有按摩女提出可以和警员以现金交易来提供性服务时，警员会立刻亮明身份将按摩女逮捕；或者警方人员约卖淫女来到约定的旅馆后，如果女方进入旅馆房间后表示愿意收钱提供性服务，警方会将该女子逮捕。

其四，"钓"嫖客。美国警方最常用钓鱼法钓"恋童癖"疑犯。"恋童癖"在美盛行，许多美国人以玩弄未成年男女少为乐。警方为打击"恋童癖"派出大量警力在网上论坛、手机交友软件等活跃网络空间内，搜寻"恋童癖"疑犯，常有警员"扮演"14 岁以下的未成年人"钓鱼"。

2014 年，纽约长岛警方用"钓鱼执法""约"到了一百多名企图嫖娼的男子，他们的被捕经历大致相同：他们都通过一个网上的召妓广告上钩，然后去酒店与假扮妓女的便衣警官会面，摄像头记录下他们与"妓女"达成事后付钱的协议之后，警方便迅速逮捕了他们。

千万别以为中国留学生与美国"钓鱼执法"无关。年轻人初来美国，对美国的法律不甚了解，加上好奇心强，稍不留意就会上钩。

一次，纽约一位华人出租车司机正在曼哈顿街头开车等红灯，一位年轻美貌的女郎上前问他要不要性服务。司机好奇，随口问："多少钱？"话音刚落，就被戴上手铐，警察指控他试图嫖娼。司机大喊冤枉，美女便衣警员说："我有录音，你不认罪可在法庭上申辩。"

因此，留学生在美国留学要洁身自好，也别因为好奇，一不小心上了"钩"。

学会与美国警察打交道

留学生来到美国，总会有机会遇到警察，有时候不是你找警察，就是警察找你。假如你遇到警察而不听警察的指挥，后果会很严重，甚至会让你付出鲜血甚至生命的代价。笔者在美国，曾多次亲眼看见不听警察的指挥而立即遭到逮捕的事例。

一次，一位纽约市议员在街上遭到警察逮捕，让我大开眼界。在美国，尤其在纽约这样的大都市，每天都会有各种各样的示威活动：员工要求老板涨工资，身上挂个牌子在公司门口转悠，是在示威；几个被公司炒鱿鱼的职工，相约在公司门口静坐，也是在示威。大型的示威活动是一定要经过警察局审批的，警方对示威的时间、地点都有严格规定，否则组织者与参加者都会被逮捕。那一次是纽约市的民权机构组织的为非法移民争取权益的示威，现场示威者人数众多，人们举着标语牌，喊着口号，气氛热烈，但也秩序井然。这时来了一位市议员，对示威表示支持引起一阵阵欢呼，一些路人也加入示威的队伍，超出了警戒线。在场维持秩序的警察上前警告议员，要求他和示威者退回警戒线之内，议员不为所动。这位议员与前排十多位示威者，立即被警察逮捕。第二天，主流媒体都报道了议员因支持示威活动被捕的新闻，罪名是破坏公共秩序、妨碍警察执行公务。

虽然美国是一个号称"言论自由"的国家。但是，美国所谓的言论自由也是有限度的，并不是想说什么就能说什么。

示威活动频繁是美国社会活动的常态，美国各大城市经常出现各种各样的示威活动。2011年9月发生在纽约的"占领华尔街"示威集会举世瞩目，示威活动期间，有很多示威者因不听警方警告而被捕。2011年9月24日，至少80名示威者在强行通过被关闭的大街开始向外游行时被捕，逮捕他们的大多数理由是阻碍交通，个别理由是扰乱和不遵守秩序。同年10月1日，有超过5000人朝布鲁克林大桥游行，其中数百人行进到人行道和车道上，占领了大桥的一部分，导致交通被阻碍两个小时。警察多次发出警告，要求示威者不要滞留在大桥上，而应该站在人行道上，但当时示威者太多，警告无效。随后大批警察出动，使用橙色网包围滞留在大桥上的示威者，大批抓人。

说到这里，笔者想强调的是，留学生来美国留学，最重要的是要专心完成学业，要严格遵守美国法律，尤其不要去参加那些美国反政府的示威活动，而且在发表政治观点上要慎言慎行。在其他国家也是如此，留学期间要注意所在国的法律法规，同时，发表各种政治观点时要慎重。因口不择言，触犯别国法律影响学业，甚至落入法网，耽误大好前途，是不智之举。你可以有自己的政治信仰，也可以保留自己的政治观点，但在国外要学会保护自己，更不要用言论去违犯留学所在国的法律。总之，"祸从口出"，留学需慎言。

随着来美的中国留学生不断增多，留学生被捕的新闻也多了起来。很多被捕的事例并不是因为留学生严重违法或违规，而是因为对美国法规缺乏了解，或仅仅是因为不听警察的指挥。

2014年2月21日晚8点半左右，在洛杉矶市中心东部的5号高速公路上，警方发现一辆宝马超速驾驶，拦截未果后开始追逐宝马。在追逐过程中，宝马的车速一度达到193千米/小时，最终警车在高速公路上逼停宝马，整个追逐过程长达45分钟。

在逼停宝马后，警方持枪将司机拉出驾驶座，压倒在地并铐上手铐。经查，驾驶宝马的司机是一名18岁的中国留学生，就读于加州大学尔湾分校。

这名中国留学生被捕后坐上警车上用中文告诉NBC记者，这辆车是刚买的，他两个月前刚拿到驾照。他称，自己害怕警察，不明白警察为什么追他。令人更为惊讶的是，这名留学生竟然不知道自己这样的行为是违法的。

这名留学生只是被捕，而且没有受到警察开枪射击，应该还算是很幸运。两个月后的 4 月 26 日早上，家住在肯塔基州的 19 岁少女萨曼莎，驱车回家的路上遇到副警长泰勒，泰勒示意萨曼莎停车，但萨曼莎无视泰勒的示警。泰勒立即加大油门，驱车追赶萨曼莎的车，泰勒冲到萨曼莎的车头附近，并向萨曼莎开了 4 枪。萨曼莎当场死亡，而车子则冲出了路面，一名车上乘客被甩到了马路对面。萨曼莎的同学和朋友都十分愤怒，因为泰勒的行为与"谋杀"无异。

这样的事例并非少数，美国官方统计，美国每年约有 400 起警察开枪导致民众死亡的事件，其中死者 98% 是男性，白人占 56%，黑人占 42%，53% 是 18～30 岁的年轻人。

美国的警察在何种情况下可以开枪，最高法院有明确的规定，就是如果一个罪犯拒捕，警察可以合理地使用致命性武器来消除这种抵抗。至于什么是合理地使用致命性武器，需要在现场的警员依据实际状况做出判断。警察的责任是保护民众免受犯罪的威胁和危害，因此警察在执法时权力很大。作为公民要遵守法律也要在警察执法时听从警察的指令，否则很容易被以妨碍执法或是蔑视法律的罪名起诉。

2014 年 12 月 15 日，发生在俄亥俄州的中国留学生在图书馆里熬夜读书而被捕的事例，也令人深思。当日，23 岁的陈宇翔（Yuxiang Chen，音译）一直在学校图书馆里学习到凌晨 3 点，当时图书管理员让他离开，晚些再回图书馆学习。当他再次回到图书馆时，碰见了警察。警察认为他擅自闯入，要求他出示学生证，但他拒绝了。于是警察把他反扣在地上，并且两次用辣椒水喷他的脸，然后将他拘捕。陈宇翔被指控非法入侵和拒捕。事后校方称，陈宇翔被捕是语言障碍造成的。

> 留学生在美国，一定要学会遵守美国的法律法规，不要去做任何违法乱纪的事。美国的法律法规很多，我们不一定也不可

能都能了解，但是，遇到警察一定要听从警察的指挥，千万不要与警察争执，这是保护自己的最佳办法。

一位美国大学国际学生办公室的负责人指出，一旦国际学生涉及犯罪，由于移民身份和护照条例的限制，情况将更加严重。因此涉案者不仅受刑法追究，还要根据移民法受处罚。这位负责人还表示，国际学生并不完全了解美国的法律法规，尤其是中国留学生绝大部分都是独生子女，在家中大多是娇生惯养，很容易同别人发生争执。他提醒国际学生，美国是有法律约束的，违法的风险和后果是非常严重的。

在美国留学的学生，大部分正是青春年华，尤其是男生，血气方刚，很容易冲动。美国是个法治国家，遇到纷争，一定要冷静，千万不可以冲动，尤其是动手打人。留学生身在异国他乡，国内的家人对留学生最多的担忧，还是他们的人身安全及身体健康。因此，笔者呼吁中国留学生，遇事不要冲动，务必采用和平手段解决。

钻法律的空子吃大亏

在美国留学，常常会遇到一些法律问题，如果按正规合法的管道去处理，也许问题不大。但如果去钻法律的空子，往往会适得其反。

2014 年 4 月，有一位中国留学生陈某和朋友在洛杉矶尔湾戴尔赛车场飙车，结果不小心将雪佛莱跑车撞上路障，好在人没什么事。他的车在保险公司投了全保，为了挽回损失，他向保险公司索赔时报车祸地点是在棕榈泉。保险公司经过车辆检查后，同意赔偿他 12 万美元，并约他到保险公司签字。就在他前往签字的时候，等着他的却是警方冰冷的手铐。

原来近些年出产的新车，都配备了飞机上必备的"黑盒子"，保险公司在检查黑盒子时发现，陈某所称的撞车地点"棕榈泉"和黑盒子中卫星定位的地点"尔湾戴尔"不符，通过调阅尔湾戴尔赛车场监控录像，保险公司拿到了陈某撞车的证据，于是保险公司假意邀请陈某来公司签字领取保费，另一方面通知警方来抓捕保险欺诈的嫌犯。

陈某被捕成了美国华人小区的新闻。律师指出，即便给汽车保了全险，但保险公司也不会赔偿造假的车祸，不仅是更改现场的造假，还包括酒后驾车和违规驾驶等，例如开车打手机、收发短讯。这些都不在保险公司承保的范围。

陈某因保险欺诈案被捕后找到律师，希望律师为自己出庭辩护。但因为警方已拿到尔湾戴尔赛车场的监控录像，而且黑盒子的卫星定位也证实陈某说了谎。在各种事实证据面前，陈某的谎言不堪一击，就算再有经验的律师也爱莫能助。

律师表示，保险欺诈属于重罪，最高可判三年牢刑。如果陈某不向保险公司造假索赔的话，虽然车毁了有些心疼，但至少不至于坐牢。他的欺诈行为源于他的无知和法盲，既不了解美国的高科技，又不清楚相关法规，结果锒铛入狱，悔之晚矣。律师告诫旅美华人，尤其是新来美国的中国留学生，遇事不要耍小聪明，钻法律的空子，到头来只会作茧自缚，自作自受。

也许陈某的例子只是个特殊的个案，但据笔者在美国所了解，华人与留学生抱着侥幸心理钻法律空子的事比比皆是。

一位已毕业并在美国工作的留学生曾向笔者透露，他为自己多次违规带肉类进出美国而没被发现沾沾自喜。他说，美国的牛肉很便宜，每年回中国探亲他都买十多磅牛肉冰冻起来，包装好后放入行李箱带回国，与亲人一起大快朵颐。返美时又带回在美国买不到的北京烤鸭或扒鸡。他完全知道这是违反规定的行为，但屡次"得手"，使他甘愿以身犯险。

另一个留学生则没有那么幸运。2014 年我从国内返美时在纽约肯尼迪机场过海关，我旁边的一位 20 岁左右的女留学生，被查出在行李中夹带了一只德州扒鸡，当即被罚款 300 美元，女生一听就哭了。我在一旁见状，代为向海关官员求情，结果罚金改为 100 美元。这个女生也是抱着侥幸心理"闯关"，没想到一只价值 10 美元左右的扒鸡，换来 100 美元的罚款，多么不值！

还有一个我认识的留学生，入境时带了三万多美元现金，准备用来交学费和生活费，没有如实报关，想蒙混过关，想不到被海关查到，三万多美元当场被没收。美国海关规定每人允许携带不超过一万美元入境，超过要报关否则会被没收。这位留学生找了律师，经过很多波折，在交了巨额罚款后要回了大部分的钱。

上述种种事例告诫留学生们，到了一个陌生的国家，一定要了解当地的法律，要遵纪守法，切莫存有侥幸心理，去钻法律的空子。

不做丑陋的中国人

网络上曾有一个美国华人"退瓜哥"，引起了不少网友的关注与讨论：一个年轻华人在美国超市买了个西瓜，回家后准备享用，结果不小心，西瓜掉在地上摔坏了，这责任本在他，但他给超市打电话询问能不能退换，得到的答案是可以退钱。"退瓜哥"以自己的退瓜经历，贴出帖子《比较中美，中国什么时候能做到这样》，他的帖子一出，立刻引发无数争议。

美国很多超市和商店的确都有"无理由退货"政策。只要顾客来退货，不管有没有理由，超市和商店都会接受，这是卖方讲究信用，保证顾客利益的一种做法。卖方相信买方也是讲诚信的，无理退货的人只是极少数，所以"无理由退货"政策并没给卖方带来很大的损失，相反会吸引更多的顾客，利大于弊。

"退瓜哥"的帖子之所以激起了群愤，原因很简单：他是自己摔坏西瓜的，却利用了超市宽厚的政策占便宜，那不是无理由退货，而是无理退货。"无理退货"反映了我们某些国人爱占便宜的劣根性，笔者在美国生活，曾多次目睹华人同胞爱占便宜的事例。

我认识一位留学生，应邀去参加一位朋友的婚礼时，为自己没有合适的西装而苦恼。另一位同学教他一个"妙计"，去服装店"借"——就是去服装店挑选一套西装，买来穿上参加婚礼之后再去退货。开始这位留学生有些犹豫，同学一再鼓励他说，学校里不少学生都这样做，没有问题的。

最后这位学生用这一办法，不花自己一分钱解决了问题。

另一位我认识的留学生，家里下水道堵塞，想请专业公司派人来清理，对方报价要上千美元。他舍不得花这笔钱，于是到商店用数百美元买来一台疏通下水道的机器，自己动手把堵塞的问题解决了，第二天把机器退回给商店，店员没有问退货原因，就把钱款全数退还，只是给了他一个白眼。

不久前，笔者去纽约一家麦当劳就餐，餐厅内有 4 个操着一口标准普通话的年轻华人学生，围坐一起有说有笑。只见他们每人买了个汉堡，但 4 个人只买一杯饮料，饮料杯上插了 4 根吸管。在美国的麦当劳饮料可以无限制续杯，一般美国人很少两人只买一杯共饮再去续杯，但常有华人为省一杯饮料钱，两人只买一杯，然后不断续杯喝个够。我所见到的 4 个年轻华人学生也是这样，店员没有上前阻止，当时不少在场的顾客都对这几个华裔年轻人的行为不屑一顾。

在公共场合大声喧哗，也是中国留学生很少注意的问题。在地铁、巴士、餐厅和公共图书馆，常能看到几个中国学生聚集在一起，旁若无人，高谈阔论，甚至无视工作人员的提醒与制止。

中国学生喜欢吃中餐，常常在宿舍炒上几个中国菜，解解馋，本来这是件正常事，但有的留学生不大顾及别人的感受，在不通风又没有安装抽油烟机的公用厨房大炒特炒，让周围的外国人避之不及。

······

上述列举的一些小事，并不是要贬低中国学生在国外的形象，只是希望提醒大家引以为戒，身在国外要维护国人的形象。这些事情虽小，却让华人蒙羞。这些行为暴露了人性丑陋的一面，也与中华民族的传统美德相悖。因此，笔者希望每一个留学生，或来美国探亲旅游的国人，在国外都能自爱自律，从小事做起，不做丑陋的中国人。

Part ④

生活处处皆学问

思路决定出路，方法决定活法，留学是一场单打独斗，学会发现和分辨你身边的机遇与陷阱，细节处的学问，需要用心领悟。

遇到不平事别忍气吞声

无论是留学生，还是旅居在美国的华人华侨，在日常生活中常常会遇到一些不公平的对待，甚至遭遇霸凌，或者受到语言和肢体上的侮辱。笔者就有两次亲身经历，久久难以忘怀。

第一次是在 2001 年 4 月初，中美南海撞机事件发生时，美国民间反华情绪升高。就在这种情况下，我遭遇到一个对中国非常敌视的美国白人。

那天，一个美国朋友带我去新泽西州的一家农场参观，农场主是位 50 开外的美国白人，留着络腮胡子，样子很威猛，他亲自在农场的大门口迎接我们。我下车微笑着向他走去，想不到他看到我是中国人，突然收起笑脸，绷着面孔挥动着拳头，朝着我大声嚷嚷："我抗议你们扣留我们的飞机和人员！你们什么时候放人？立即无条件放人！"

我做梦也想不到会遇到一个美国人对我表示如此愤怒的抗议，我自认英语口语差，也从来没有和美国人辩论过。但是这一次，我忍不住了，当即很冷静地用两句英语回答了这个白人的挑衅。

我问他："这些美国人去中国有签证吗？"

接着我又问："如果中国的军机没有经过美国的批准进入美国，美国会怎么处理？"

我两句话就把他难住了，他摸了摸自己的大鼻子，不知道怎么回答我，一时语塞。看到对方答不上话，我又说："你问我什么时候放人，这个问题你应该问白宫，问总统。我和你一样，只是个纳税人。"

我态度不卑不亢，回应言之有理，他脸色缓和下来。然后，客客气气地陪我参观了整个农场。如果我当时面对他的挑衅忍气吞声，说不定会被他赶出农场。

另一次，是在纽约皇后区街头的巴士站，许多人在排队等候上车，长长的队伍中很多华裔面孔，排在后面的一位黑人妇女，也许是讨厌排队华人太多，影响她上车，便在那里大声咒骂，嘴里不停说道："中国人滚回中国去！"当时，在场所有人对这个黑人的辱骂无动于衷，可是我忍不住了，走上前微笑着对她说："嗨！女士，你的家乡在哪里？"

女士看了我一眼，"我生在这里，我是美国人！"

我又问："我知道你是美国人，但是你的父母，你的爷爷或爷爷的爷爷，是哪里人？"见她没有马上回答，我替她说，"是非洲人，对吧？"

她小声说："是的。"

我接着说："所有人都在排队呢，如果要中国人回中国去，那你是不是也回非洲去？"

听到我这么说，黑人妇女不吱声了，然后我很客气地与她聊了几句，她没有再对我表示不友好的态度。

由此，我想到生活在美国的留学生，尤其是那些正在美国读中学的小留学生，肯定或多或少都会遇到此类问题，或受过不公平的对待。这时，选择沉默和躲避是不对的，因为沉默和躲避，只会助长别人的气焰。

"温良恭俭让"，是中华民族的传统美德，我们要发扬光大，这没有错。但是身在美国，如果遭遇到不公平对待，还要谨守"温良恭俭让"，保持"退一步海阔天空"的处事风度，就显然不对了。遇到不平事千万别忍气吞声，而应据理力争，这才是正确的态度。

遭遇街头骗术

美国的街头骗术五花八门，令人防不胜防，尤其像纽约这样人口多、治安又不好的大城市，人们上当受骗的事层出不穷。警察不管这样的小事，管不了也不愿去管，所以骗子越来越多，上当受骗的人也越来越多，成为一个恶性循环。很多中国留学生与国内来美国旅游考察的人，在美国遭遇到骗子，损失巨大。

对此我深有感受，我曾帮助一个国内来的学生游学团报案，她上当受骗的经过发人深省。

这位游学团负责人姓施，学生们都叫她施老师。施老师被骗的地点就在游学团所住酒店大堂的拐角。早上吃过早餐，所有学生都到大堂集中，准备出发去纽约的一所中学，开展预定游学的首日活动。施老师是领队，等她做好准备，已经是最后一个走出房间的人了。

刚走到大堂的拐角，施老师听到后面有人在喊她，她回身发现一个黑人在比比画画得对她说些什么，施老师懂一点英文，加上黑人又指着她的衣服，她才发现自己的白色的羽绒服上不知什么时候沾上了一些西红柿酱。施老师停下脚步想看个究竟，但并没有放下右手提着的手提袋，身后的黑人又哇里哇啦说了几句，用手指着她的羽绒服右手的袖子，施老师抬手一看，也有一小摊的西红柿酱把袖子弄脏了。施老师只好把手提袋放在地上，又把羽绒服脱下来，想擦去粘在衣服上的西红柿酱。过道里人来人往，正当她集中精力清理衣服的时候，突然想到了自己的手提包，低头一看，手提包不见了，提醒她衣服脏了的那个黑人也不见了。

施老师马上就知道自己上当了，出了一身冷汗，包里除了自己的护照和信用卡，还装着要交给旅行社的一万多美元公款，加上自己准备来美国买东西的钱，一共有两万多美元现金，那是16万人民币呀！施老师四处寻找那个黑人骗子，又让所有学生立即分头去边门后门、楼上楼下查找，可惜始终没有那个人的下落。于是施老师又去找大堂经理，经理对施老师说，你快报警吧，这事酒店管不了，还指给她看大厅一面墙上贴着一张小纸片，上面用英文写着："客人贵重物品自理，丢失责任自负。"没有办法，施老师只好打电话让我赶来帮忙。

我想到了酒店大堂的监控录像，可是大堂经理说，他查过了，大堂拐角正好是拍不到的死角，没有拍到当时的情形。我怀疑那个骗子根本没跑出去，很可能就藏在酒店里，说不定骗子与酒店里的人合伙作案，因为只有酒店工作人员，知道谁是中国访美团的领队，而且中国人喜欢带大量现金，领队的包包一定会有"油水"。

我猜想钱是找不回来了，那护照能不能找回来呢？因为以往有过这样的事，小偷偷了别人的包，只拿包里的钱，里面的证件对他没用，于是小偷将证件放回包里，丢进垃圾桶。也有的有点良心的小偷，按证件上的地址将证件寄回给被偷的人。我和施老师一起找遍了酒店前后门和边门三个出口的垃圾桶，都没有发现施老师的手袋。没有办法，我们只好去警察局报案。

接待我们的是一位白人警官，态度很和蔼，听了我们的介绍，他说："这是纽约最简单的骗术，你们中国人是很聪明的呀，还是上当了。"我希望警察局能去酒店调查此案，可是警察两手一摊，说："没有用的，你们没有任何证据证明是被骗了，光凭你们口头说的，我没有办法帮助你们。"递过来一张表要我们填写，就不理睬我们了。

就这样，我和施老师很无奈地走出警察局，一向文雅的施老师气坏了，出门后不断的骂警察不负责任，骂骗子坏，也骂自己蠢，并为此伤心难过了很长时间。我只有安慰她，并帮助她去中国驻纽约总领馆报案并补办护照，还借钱帮她度过暂时的困难。

好事不出门，坏事传千里。施老师被骗的事，在纽约的许多旅行社很快传开了。一位旅行社负责人是我的朋友，他对我说，这种骗子的骗术很低级，却骗了不少中国人。接着，他给我讲了另一个中国访美团在纽约被骗的故事。

话说这个访美团的团员只有三个西北汉子。下了飞机，旅行社接待人员领他们到酒店办理住店手续，到达酒店接待他们的旅行社员工去停车，很多在闹市区的小酒店是没有停车场的，要到街上找地方停。旅行社的接待人员让他们坐在大堂等候，等他停好车很快就回来，再为他们办入住手续。

他们三个人坐在大堂的沙发上，正在往大门外的街上东张西望，一个黑人出现了，他比比画画地对其中的两人说了些什么，他们听不懂，但按黑人的指点一看，原来是有两人的衣服被西红柿酱弄脏了。黑人又指了卫生间说："Wash! Wash!"（译文：洗!洗!），他们出国前，都在国内恶补了几天英语，所以黑人说的他们还是听懂了。两个人点点头进了卫生间，留下一人看旅行箱。这时，黑人又哇里哇啦地对看行李的说了几句，看行李的一看，自己的衣服怎么也给弄脏了。黑人一脸笑容，指着卫生间，又是"Wash!"还拍了拍胸部，伸出大拇指。这下看行李的也看懂了，顿时非常感动，以为在纽约遇到了"活雷锋"，连说了两句"Thank you!"，也进了卫生间。

故事的结局大家都知道了，三个人清理完走出卫生间，"活雷锋"不见了，行李箱也不翼而飞。报警的结果也是警方两手一摊，不了了之。

据美国媒体揭露，美国各大城市的街头骗术很多，这些江湖骗术早在十多年前就已流传到中国一些城市，被中国的骗子"发扬光大"，不断升级变了花样。而美国的骗子还是那些老套路，但还是不断有人上当。

不管是留学生还是游客，到了美国，在大街上要瞪大眼睛，脑子里还要上根弦，谨防上当受骗。千万别以为在美国遇到了"活雷锋"，弄得最后鸡飞蛋打，欲哭无泪。

天价出租车

伊利诺大学与芝加哥警方曾公布过一个案例，一个中国留学生从机场打出租车去学校被诈骗 4240 美元。事情的经过是这样的，2013 年 8 月 20 日，一个年仅 18 岁的中国小留学生到美国求学，晚上抵达芝加哥奥黑尔国际机场，走出机场后，一名白人男子接近他，称公交午夜时才能到机场，该男子表示可以开车送他去学校，不过要花 1000 美元。

因为这名留学生英语水平十分有限，最后同意搭乘这名白人男子的车。那名男子领着留学生先乘坐了机场摆渡车到不远处的停车场，之后坐上一辆没有出租车标志的黑色面包车。男子把学生送到学生宿舍后，告诉他行程花费总共 4800 美元。学生一看要交那么多钱，顿时被吓坏了，称自己没带那么多现金，把身上仅有的 4240 美元全部交出，匆忙下车，手机也遗忘在了车上。那名男子拿到钱马上发动汽车扬长而去。

事后经同学提醒，这名留学生才发觉自己受骗了。两天后，在同学帮助下通过电子邮件向芝加哥警方报案，警方于 25 日开始调查。但是，由于他没有记下那位白人男子的车牌号码，给警方报告的嫌疑人特征，仅有白人、身高约 1.9 米、中等身材和短发等，太过模糊，让警方很难查到这个骗子。媒体公布这一案件之后，一度成为美国社会关注的新闻。

这位留学生并不是唯一一位在机场坐出租车被骗的受骗者。2012 年 2 月 22 日下午，来自中国广西的刘春茂，乘坐出租车从纽约肯尼迪国际机场到皇后区法拉盛缅街，正常情况下只要花不到 30 美元的车费，但刘某竟花费了 525 美元的天价车费，比正常价格高出近 20 倍！

刘春茂当天向媒体叙述了"被宰"的经历：22 日下午，他乘坐中国东方航空公司的客机抵达纽约肯尼迪国际机场，刚步出机场大门，就被等候在机场门口的出租车司机们相中，纷纷上前向他拉生意。当中一名白人男子上前表示要去法拉盛，可以和他一起乘坐出租车，出于省钱考虑，他们俩共乘了一辆由非洲裔黑人司机驾驶的出租车。

在车上刘春茂感觉白人乘客和黑人司机相熟，两人不时交流。刘春茂抵达法拉盛时，白人乘客掏出一张 500 元的支票给非裔司机，说是支付车费。刘春茂这时才询问黑人司机相关费用，同时从口袋里掏出三张 50 美元的现金共 150 美元交给司机，但不知何故，那三张 50 美元在司机手中瞬间变成三张 5 美元。黑人司机随即大怒，一边说 15 美元不够车费，一边转身抢走刘春茂手中一沓现金，总计 350 美元。黑人司机数完钱后仍称还差 25 美元。于是刘春茂将身上最后的 25 美元交给了司机。

支付了 525 美元车资的刘春茂深感被狠宰了一顿，出租车开走后才想到要报警，随后经热心民众指点来到法拉盛华人街头守望互助队求助。令人遗憾的是，这一案件也因缺乏涉案嫌疑犯的具体资料，警方无从着手侦破案件。

> **笔**者在为被骗者感到遗憾之余，认为他们被骗与赴美前没有做好相关功课有直接关系，他们自己也要负一定的责任。如果事先在网上稍作搜索，就可以得知从机场到目的地坐出租车大约需要多少钱，也可查出公共交通乘坐路线。如果英文不好，可以求助网上线上翻译，甚至用中文在百度搜索，也能查出正确答案。要记住，在美国千万不要去乘坐那些无牌照的黑车。乘坐出租车也要记下车牌号，以防万一。
>
> 此外，留学生到学校报到，最佳办法是向学校求助，校方一般都会安排接机。现在许多美国大学都有中国留学生联谊会，事先与联谊会联系，也会获得帮助。如果留学生能按以上各种办法做好功课，完全可以避免在美国打出租车上当受骗。

网络诈骗盯上留学生

一天，一位身在中国的妈妈接到在美国密苏里州留学的女儿发来的 QQ 消息，说和一位朋友兑换 3 万美元，已收了朋友的美元，要妈妈在国内转人民币给朋友在国内的叔叔，还说兑换我们有得赚。妈妈不疑有诈，当下就转出了 16.5 万人民币。

后来，这留学生在电脑上看到与妈妈 QQ 聊天的记录，可是她根本没有与妈妈说过这些话，她知道遇到了诈骗，立即给在中国的妈妈打电话，可惜已经晚了，只能迅速报案，让警方追缉骗徒。

近年来，随着网络的普及与发展，类似上述美国留学生及家长被网络与电话诈骗的案件越来越多。最常见的诈骗手法是，不法分子通过木马病毒入侵留学生的电脑，窃取密码、照片、视频录像及亲友数据等信息，再利用被盗号者的账号，冒充留学生与留学生家长 QQ 聊天实施诈骗。这种方法还能让家长看到留学生的视频，但听不到声音，这时冒充者会说，可能电脑声卡出了问题，只能打字云云，然后编出各种各样缺钱的理由，要求尽快汇款。不法分子抓住家长关心留学子女的心理，又利于中美时差让家长无法及时核对，往往让骗子得逞。

在美国的华人与留学生，还常常遇到一种骗术，对方通过来电或电子信件，恭喜你中大奖了，但要先交税，税金一般是数万美元。如果你动了心，认为先交数万美元换取数十万大奖很值，兴冲冲去汇款，必上当无疑。

一位在美国马里兰州的留学生网友化名"我蠢我猪"，将她被骗 4800 美元的经历晒在网上，希望大家别像她那样上当受骗。以下是她的自述：

"几个月前的某一天，接到一个自称是香港某电子公司的李小姐的电话，说为开拓美国市场，公司在纽约举办抽奖活动，你荣幸地中了二等奖 15 万美元现金。只需要我提供我的个人信息及银行账号，公司就可以将 15 万美元汇到我账上。开始我自然不相信，李小姐又提供了她公司的网址和联系电话，称我的中奖号码为 A25966，可以在网上查询。李小姐称我需要尽快办理，我是最后一个还没有领奖的，办好后尽快和她联系。我放下电话，赶紧上网查该公司的网页，初看起来像是真的；又打了网上提供的电话核对李小姐的身份，有人接，而且认识中奖部李小姐。一天上午，又接到李小姐给我手机打的电话（无电话号码显示），告诉我尽快。于是我将我的个人信息包括姓名、出生日期、驾照号码和银行信息告知对方。然后李小姐说，根据香港法律，中奖者必须交税 15%。因为曾有人领奖后，不交税给公司惹了麻烦，所以现在领奖必须先交 4800 美元作为保证金，她要求我将保证金通过西联汇款给董事长张江雷。我不同意，我说我从未使用过西联汇款，可不可以转账至她指定账号（心想这样可以有个记录）。李小姐信誓旦旦说西联汇款绝对没问题，而且最简单，还说另一在美华人陈女士也获得了此次活动的二等奖，而且就在李小姐处领的奖，建议通过另一位获奖的陈女士了解相关情况，请教联系转账事宜。我打了陈女士的电话，接电话的自称是陈女士的先生，告诉我说，他妻子几个月之前就知道中奖了，也是不放心，刚好他在中国做生意，就亲自跑到香港去证实了此事，现在钱已领回，因为交了香港的税，所以他们也没有要求交美国的税云云。

听了他的话，我十分激动，李小姐强调，如果 4800 美元在星期五下午 5 点之前汇到，星期六财务助理就可以把 15 万美元打到我的账号。为了尽快领到 15 万，我急忙跑去取了 4800 美元，到就近的西联汇款，终于在下午 4:30 左右导出，并将汇款收据传真至收款方，然后电话告知李小姐。李小姐叫我放心。钱寄出后，我想来想去，还是觉得不稳妥，所以大约在下午 6:30 打电话到西联，得知钱已被取走，我被骗无疑。可是我不相信，汇款后，自称香港彩券局财务部郭金华主任又多次来电，向我加要 8000 美元临时会员费，我才醒悟上了当，被骗走 4800 美元，我蠢我猪呀！

通过"我蠢我猪"的自述，可以看到骗子如何一步一步地引人上钩，我们一定要吸取她的教训。

根据笔者调查，如果受骗者身在美国，把钱寄给了骗子，知道受骗后去警察局报案，警察局一般不受理，最多让受骗者填张表格，然后就不了了之。如果留学生家长是在中国国内受骗，如报案及时，警察局都会立即受理，没准有可能破案。

时代在发展，各种诈骗手段也在不断翻新。留学生应维护好聊天工具并定期对电脑杀毒，家长如遇到孩子需要用钱，再十万火急也要冷处理，一定要再三核对然后再汇款。不论是在美国的留学生还是在国内的家长，都要提高警惕，擦亮眼睛，加强防范，不要上当受骗。

爱情"买卖"

　　纽约这个五光十色的大都市，每天都有许多形形色色、光怪陆离的诈骗案件发生。

　　2012年2月底某天，来自四川的23岁女留学生赵婧（化名），利用3天长周末，特地从密歇根来到纽约，目的是见两个人，一个是她在四川读书时的高中同学，另一个是在网上认识不久的男性华人网友。赵婧正处在渴望恋爱的年龄，来美留学后希望能在美国留下来，而与美国公民结婚取得绿卡也是最快的方式。她在网上认识的纽约男网友正是美国公民，所以赵婧来纽约见这位网友，看看对方能否成为自己心中的"白马王子"，是她纽约之行最重要的目的。

　　赵婧抵达纽约，安排好酒店，与高中同学吃完晚饭回到酒店是晚上10点左右，她打开电脑，就看到纽约男网友正等着与她网聊。

　　"欢迎你来到纽约！"网友热情洋溢让赵婧喜出望外。

　　"很想尽快看到你呀！"网友又说。然后两人三言两语就相约晚上11点在法拉盛图书馆前见面。

　　法拉盛这个地方华人很多，晚上街头灯火辉煌，到半夜还是人来人往，甚为热闹。11点，两人终于在法拉盛图书馆前会面，那位男性网友年约三十多岁，虽然不是高大帅气，但一脸诚恳，初次见面，就对赵婧表示很喜欢她，并愿意等她毕业后就结婚，以帮助她申请绿卡。几句关心的话说到了赵婧的心坎上，赵婧很快被男网友的真诚所打动，两人随后偎依在一起。

正当赵婧陶醉在迅速降临的爱情之中，男网友的电话铃声突然响起，接了电话，他脸色大变，男网友称他的母亲在中国患急病需要做手术，急需支付手术费 3 万元人民币，医院才同意做手术。赵婧随即陪男网友到银行自动取款机提款，但不知何故，男网友银行卡账户被封，取不出钱来。

这时男网友表示银行账户解封需要 48 个工作日，母亲急需手术，于是向赵婧借款 5000 美元，而且信誓旦旦地保证账户解封立即归还，并表示可以考虑早一些与赵婧结婚。沉浸在"甜蜜爱情"中的赵婧不疑有诈，出于对男网友的关心，立刻表示次日一早提款 5000 美元救急。听到此言，男网友激动地与赵婧紧紧拥抱在一起……

第二天一大早，赵婧与男网友一起到银行取出 5000 美元交给男网友，她以为，借出这 5000 美元是助人为乐，而且是将来共结连理的另一半，不会有什么问题，所以并未核查对方身份，也没有索取借条。拿到钱后的男网友对赵婧说，他还必须去筹更多的钱为母亲动手术，要赵婧先回酒店等他，之后便挥挥手匆匆离去。

然而，男网友一去不返。赵婧连续拨打对方留下的电话，都打不通。在 QQ 上不断给对方留言，但那人始终没有回复。这时，赵婧才明白被骗了，立即去警察局报案，但警察问她对方姓甚名谁及骗款证据等，她均无从回答。因缺乏证据，警察表示不能立案追查，一天之间，赵婧的 5000 美元白白打了水瓢。

纽约的骗子多，尤其是打着单身贵族旗号的感情骗子更是屡见不鲜。不止赵婧这样单纯的女孩子，甚至有些社会经验丰富的中年女性，也常常被骗得团团转，最后人财两失。

一桩桩上当受骗的事例，给我们敲响了警钟。前来美国留学的学生，一定要提高警惕，擦亮双眼，不要轻信任何甜言蜜语，尽量避免上当受骗。建议留学生看紧自己的钱包，绝对不可轻信他人，尤其是那些新认识的陌生人。我常常这样告诫我认识的留学生，熟悉的同学有急用时向你借十块八块，可以借，但超过 100 美元就要慎重考虑了。切记，对任何陌生人借钱，不论多少都要坚决说NO。

租房有道

一天，我突然接到北京朋友刘先生的电话，说他在纽约留学的女儿刘小虹在曼哈顿租房，很可能上当了，被骗金额高达 2 万美元。刘先生非常焦急，希望我能帮忙。

小虹 15 岁来美国马里兰州读高中，是个很独立很要强的女孩子，在美国读高中的三年，成绩一直很好。2014 年秋天她高中毕业后被纽约大学录取，学校就在曼哈顿，拜托我帮助她在曼哈顿租一间房子，方便上学。我帮她找了两个曼哈顿的房地产经纪人，让小虹直接与经纪人联系，看了几处房子，小虹看中了一处，房子每月 3000 美元，但要与父母商量后再决定，我以为这个问题已经解决了呢。我知道刘先生家庭经济状况并不是很宽裕，如果小虹真的被骗去 2 万美元，这可不是个小数目。于是，我立即找小虹了解情况。

小虹一五一十地向我陈述了事情的经过。原来，小虹并没有去租经纪人介绍的房子，她觉得那里的房租太贵了，为了减轻父母的经济负担，她想自己另找房子，终于在网上找到曼哈顿的一间公寓房，月租只要 1800 美元。小虹看房后很满意，由于缺乏经验，也没有想太多，就交了一年的租金 2 万美元。想不到对方拿到租金后，没有把钥匙交给小虹，小虹住不进去，要求退款，对方却耍赖说，这笔钱已拿去做别的用途，不会退还。小虹还对我说，租给她房子的也是个在纽约留学的男生，姓贾，北京人，只是个二房东，但是小虹交房租给他时，并没有要求他留下身份证明。小虹还说，贾某很明显认为她年纪小，好欺骗，而且很可能很快要回北京，躲避小虹。

知道上述情况，我考虑了多个解决问题的方案。第一个是报警抓人。我在纽约警察局有个熟悉的华人警官朋友，听了我的介绍后，警官说，如果有确凿证据证明贾某是诈骗，完全可以把他抓起来。但是抓人容易，如何追讨租金仍是个问题，如果打起官司也很麻烦，说不定花去的律师费会大大超过 2 万美元。

第二个方案是在媒体曝光，揭露贾某的骗财行为。纽约几家华文媒体很乐于报道这样的案件，而我与华文媒体的朋友很熟悉，公开报道此事也是很容易的事。但是，小虹的租房和让对方退款的问题依旧是没有解决。

第三个方案是不报警也不在媒体上揭露，想办法让贾某同意租房或退款。

想来想去，我认为第三个方案才是上策。我分析，贾某一定以为小虹年少好欺负，又以为小虹手上没有他的身份数据，查不到他，所以有恃无恐。但如果他是留学生，在学校和大使馆都可查到其本人及家庭的资料。如果犯案，无论在美国和中国都可以查出，躲是躲不了的。我很快就查到贾某的身份，小虹的父亲刘先生也在北京查出贾某的家庭地址，贾某父母的姓名、职业也查到了。

我让小虹找贾某好好谈一次，晓以利害，假如还是谈不妥我再出面。开始，贾某拒不接电话，后来终于接电话了，但态度还是很硬，既不同意把房子租给小虹，也不退款。

"你再拖下去，我可要报警了。"小虹说。

"有本事你去报警呀！钱是你自愿给我的，你能证明我骗你吗？"对方有点犯混了。

"别以为我年纪小就好欺负，你躲到哪里我都可找到你，你家在北京×区×栋，对吧？"小虹接着说，"你也是留学生，希望你不要为了区区 2 万美元葬送自己的前途。你再考虑考虑吧，明天我等你答复。"对方想不到小虹有备而来，口气软了下来，答应考虑考虑。

第二天，小虹终于等到贾某的回话，态度有了 180 度大转弯，同意将房子交给小虹住，耽误小虹入住的 20 天的租金 1200 美元，也退回给小虹。

小虹入住的那天，我们见到了贾某，他向我们一再解释，当初收了钱没让小虹入住，绝对不是有意的，他家里不差钱，不会为这点钱骗人，等等。在我的见证下，贾某当即与小虹签了合约，并把房门钥匙和应退还的 1200 美元退给小虹。

这件事对留学生在美国租房，提供了一个很好的参考例证，留学生一定要注意以下几点：

一、租房最好要经过经纪代理，虽然要支付经纪一个月的租金，但保障了承租者的权益不受侵犯，出现问题也好解决；

二、如果有的学区找不到经纪代理，要注意双方事先签订合约，可预先交一些订金，双方在约定的时间一手交钥匙，一手交清租金，这样可以避免遭受大的损失，不要在没有拿到钥匙的情况下，支付全部房租；

三、签约之前，一定要查询房东或二房东的信用，请对方出示相关身份或公司证明，这样，可以在遇到问题时极时找到对方。

选好"学区房"有利于升学

谈到美国的学区房，我想到了国人从小就耳熟能详的"孟母三迁"的典故，这个故事一直影响着中国的家长，时至今日，为了使自己的孩子能到好的地区与学校上学，许多家长不惜"三迁"，甚至"四迁"、"五迁"。

在美生活多年，我发现很多美国人和华人都非常重视选择子女的教育环境，他们很喜欢搬家，除了为了自己的工作，更多的是为了子女的教育，让子女能到好的地区的学校上学。

美国的幼儿园、公立小学和中学，都是采取"就近入学"的原则。美国的小区都划分有学区。美国的法律规定，任何居住在这个学区内的孩子，都有免费享受中小学教育的权利。学校质量好的地区，就会吸引有孩子的家庭搬到这些学校周边居住，便形成了所谓的"学区房"。

瑞克来美国上高中之前，我对美国的学区房并不了解。为了省钱，我在纽约房租很便宜的小区租房。按美国"就近入学"的原则，瑞克只能在租房附近的中学上学。有华人朋友提醒我，我租房附近的高中是纽约公认教育最差的中学之一，学校里甚至帮派横行，罪案频发。如果把孩子送到这间学校风险太大，建议我另择好学区让儿子上学。

了解了这所学校的情况后，我决定避开这里，找了一个名叫贝赛的好学区，租房安家，让瑞克上了一所教育质量和治安都比较好的中学。房租虽然比原先贵了将近一倍，我肩上的压力大增，但让瑞克能顺利完成高中学业，成功进入大学深造，房租再贵也物有所值，为子女选好学区，是家长一项最好的投资。

如今中国很多家长送子女出国留学，很有必要对学校所在的学区做一个基本的了解，千万不要因为随随便便选了一个不好的学区，耽误子女的前途。

值得小留学生家长注意的是，有的家长为了省下好学区的房租，在别的学区租房，造假谎称住在好学区让孩子上学，这样做是违法，一经查出，家长会吃官司甚至会坐牢，万万不可取。

2014 年，纽约长岛的大颈（Great Neck）学区曾发生驱赶华裔学生的事件：两位就读中学的徐姓兄弟，4 月收到学区通知，表示因为他们的父亲没有住在报住地址，要求他们在 5 月 1 日后离开学校。随后，徐父又收到学区派专人送到的账单，要求他支付两兄弟总共近 14 万美元的学费。徐父认为，大颈学区驱赶华裔学生的做法是种族歧视，于是与学区官方打官司，并向纽约州教育厅上诉，至今案件尚未了结。

2011 年，美国一个贫穷的单亲妈妈麦克道威尔，伪造住址送儿子到好学区上学，校方发现麦克道威尔并没有住在学区内，她办理注册登记时填写的只是朋友的租屋地址。麦克道威尔辩称，自己是无家可归的贫民，有时候住在收容所，有时则在朋友的住处暂住，她只是希望儿子能受到最好的教育。麦克道威尔被警方逮捕，以一级盗窃罪被起诉，理由是盗用诺瓦克公立学校校区高达 1.56 万美元的教育经费。此事引起全美广泛关注。如麦克道威尔罪名成立，这位无家可归母亲或将入狱 20 年。

一般来说，美国私立中小学跟"学区"没关系，如果家庭经济条件好，家长计划让孩子读美国私立中小学，而且读的又是提供学生宿舍的私立学校，那就不必考虑"学区"问题。美国的私立学校都是先认钱后认人。首先，只要每年交得起起码两三万美元以上的学费，就能入学；其次才是看人，如果入学后发现学生不是可造之材，学习跟不上，就会被清除出校。

　　此外，美国大学没有"就近入学"的规定，一般都是不论远近，不分"学区"，择优录取。但美国公立大学的学费州内州外有别，比如外州（包括外国）学生，一年学费是三万美元，而州内学生只要一万美元出头。要享受州内学费优惠的条件是：在开学前在该州住满一年。

　　美国只有公立中小学跟"学区"有关系。因为美国的公立中小学的运营资金，主要来源于学校周边地区的房地产税。各地税率不同，大多为 1%～3%。学区的运营资金跟周围地区房地产税的数额成正比。学校资金多，则有财力提高教学质量。

　　美国的公立中小学并不是只准美国公民的子女上学。如果外国公民想让孩子就近入读美国的公立中小学，通常父母必须至少有一人在美国工作、求学。外国公民的孩子如果是在美国出生，一生下来就是美国公民，理所当然可享受免费教育。甚至非法移民的孩子，也可享有美国教育权利，接受从幼儿园到高中毕业的 13 年义务教育。美国没有户口本，租房子的家庭凭租约，以及电话账单、电费收据等，都可以让孩子就近入学，照样能进公立学校。

　　有很多小留学生家长因条件所限不能来美国陪读，但是一般情况下只要美国的监护人具有合法身份，小留学生是可以到美国的公立中小学上学的。

以房养学，一举多得

留学生在美国留学，租房是一笔很大的开销。以纽约曼哈顿为例，租一间带卫生间的公寓房间，月租金起码2000~3000美元以上。在皇后区一些交通方便的好地段，月租金甚至要1000~1500美元以上。因为担心留学生违约，房东的要求很苛刻，留学生必须预交一年的房租，也就是说要一次性支付1万~3万美元的租金，这对留学生家长是一个很大的经济负担。

即便在偏远地方留学，好学区房租一般也在500美元/月以上。部分州的房租虽低一些，但加上水电费，三四人合租一套老旧的低档公寓，每个人也要300~350美元/月。现在美国单房200~300美元的月租已经很罕见了，除非是潮湿阴暗条件很差的地下室。

为了节省留学费用，近几年，一些留学生家长试图以房养学。顾名思义就是家长在孩子海外留学地购置房产，通过房产的升值空间，以及房产的租金来补贴孩子留学所需要的费用。越来越多的事例证明，已有不少家长与留学生以房养房的计划付诸实施，并收获颇丰，有的甚至通过房子的增值，已经收回了孩子的留学成本。

我的一位侄子，就是以房养学的"吃螃蟹的人"。

由于家庭经济条件的限制，侄子是靠奖学金读研究生，前几年获得硕士学位。虽然有大学愿意支付奖学金，供他攻读博士学位，但是奖学金只能够支付学费，房租及日常的开销是一笔不小的开支，侄子没有向家里开口，他停学一年，外出打工。在学校的食堂、图书馆都打过工，后来还当过教授的助理，薪水足够支付他在学校的生活费。研究生毕业后，学校的工作不能再做了，在周围的小区一时又找不到更好的工作。最后，侄子找到一家中餐馆全职打工。在餐馆打工除了基本工资，还有小费，挣钱较多而且稳定，虽然很辛苦，但至今仍是工薪家庭留学生打工挣钱的好选择。在纽约、洛杉矶等许多大城市的中餐馆，都能看到许多留学生的身影。这些留学生与那些花钱如流水、绝不打工的"富二代"形成鲜明的对照。

侄子用一年打工的汗水，换来两万多美元，他开始向博士学位冲击。他是学经济的，总在不断地思考如何用手里的钱去生钱，想来想去他想到了买房。他读博的大学所在的小城市，房价不像纽约这样的大城市那么高，经多方寻找，他找到一栋两层的房子，只要价十多万美元，他的银行信用及过去大学助教的经历使他可以贷款，侄子只交了一万多美元头期款就买下了这栋房子。略加粉刷，他自住一层，另一层两间房出租，很快就把房子租了出去，所收的租金足够用来还房贷。等侄子拿下博士学位，在另一大学做了老师，房子也略有升值，他卖掉了房子，除了付清贷款和其他手续费，自己白住了两年不说，还赚了数千美元。侄子以房养学的经历，说明这一做法可行。在房地产业兴盛、升值空间大的地区，以房养学更是可以一试。

当然，美国各地情况不同，以房养学或以房养房是否可行，因地而异也因人而异。就地区而言，那些好学区升值快，可以房养房。美国房地产界流行一句话："Location、Location、Location（英译：地点、地点、地点）"，意思是说，投资房地产是否成功，第一要看地点，第二也是看地点，第三还是看地点。如地区不好没升值空间，再便宜的房子也不能买。有美国房地产专家指出，许多中国买家早已捷足先登。亚洲协会（Asia Society）和罗森咨询公司（Rosen Consulting Group）2016 年 5 月公布的数据显示[①]，在2010—2015 年间，中国人在美国购买房产的支出高达 1100 亿美元（约合人民币 7170 亿元）。其中 85%用于购买住宅。

---

① http://www.guancha.cn/america/2014_07_11_245712.shtml 。

在美国投资买房要了解美国法律，美国很多州对投资买卖房屋的法律不一样，交易税、契税和年限等都不同，特别是增值税，达到一定盈利比例税率要提高，目的是限制炒房暴富，所以弄不清楚就很容易吃亏。

有专家还建议，买房也要了解清楚房东所能享受的福利。美国有些州对移民家庭待遇也不尽相同，即使是持有绿卡家庭，读大学都要支付高额的国际学生学费，根本享受不到应有的美国本地福利。

因此中国家长和留学生希望以房养房、以房养学，要慎重出手，仔细调查评估，然后再付诸行动，以免吃亏。

别用政治庇护赌前途

我有几个在纽约执业的律师朋友，他们对我说，经常有来自中国的留学生，咨询申请美国绿卡相关事宜，有的留学生为了能拿到绿卡，甚至编造事实谎称在中国时受到政治迫害，企图用这些编造事实去申请政治庇护。

在美国的中文报纸上，常看到一些中国留学生的来信，希望有律师解答有关申请政治庇护的问题。一位王姓留学生曾写信给美国的中文报纸移民信箱，说自己是来自中国内地的留学生，来美已经六年，前两年读书，家里经济出状况后打工维生，没有再读书，因此身份"黑"了，想申请政治庇护。但律师在报纸上答复认为，这位留学生申请政治庇护不适合，因为他"黑"的时间太久，法官不会批准。

后来，这名王姓留学生通过电话接受中文报纸记者的采访，他说他是在2006年从沈阳来到加州一所社区学院留学，专业是传媒。他打算在社区学院学习两年，然后再转入正规大学。他一年要支付两万多美元的学费和生活费。但在他学习刚满两年时，做生意的父亲突然去世，使他顿失经济来源。为了生活，他辗转在美国各地打工。他希望留在美国，他认识到，如果要留在美国，一定要有身份。他估计自己有两个途径留在美国，一是与美国公民结婚，二是申请政治庇护。他说，"我今年27岁了，结婚对我来说不可能，我没有钱，也没有房子，只有政治庇护还可一试。"他咨询过许多律师，律师告诉他政庇批准率很低，所以他现在很迷茫。

　　纽约有关移民律师表示，这名前留学生违反入境的条件，没有继续读书，在美国已属于非法身份，所以不可以转换为其他身份。如被移民局发现，有可能被置于递解出境程序当中。当然也有一些例外，可以被豁免递解或在美国转换身份，比如他们成为"公民配偶"，就算是合法入境，可以申请调整身份，之前的非法居留或非法打工可被原谅。

　　据了解，近年来申请政治庇护的中国留学生"突增"。学生中间最近流行一个说法：学生申请政治庇护容易获准，比工作签证更容易拿绿卡。甚至有来美探亲的父母带着刚刚毕业的孩子问律师"能否申请政治庇护"。

　　纽约移民律师陈梅表示，"每天都有几拨中国留学生进来问我做不做政治庇护，我表示不做。"她说："有些律师想揽下生意，就对他们保证没有问题"，但是案子输的多，赢的少。"如果输掉，他们的学生身份就'黑'了。"移民局政治庇护办公室就会把这些学生的案件转到移民法庭，他们就进入递解程序。如果再输掉，就会有递解令。

　　陈梅以关心学生的立场表示坚决反对中国留学生申请政治庇护，"这些十七八岁的孩子，什么都不懂，有什么庇护可言？"她建议，这些留学生最好是读书，即使将来找不到工作"黑"下来，也还有翻身机会，这个"黑"下来比身负递解令要好。

　　有像陈梅这样正派的律师不愿意为留学生做政治庇护，同样，美国有很多律师都在做中国留学生政治庇护案，而且大部分律师会帮助留学生造假。

　　过去几十年，美国华人"庇护服务业"的增长，与中国赴美移民和持短期签证入境美国的中国人数量增多同步。在美国，中国公民申请的政治庇护的数量在各国移民中是最多的。2012 年，纽约超过 62%的庇护申请来自中国公民。2013 年，全美批准了 40%来自中国公民的庇护申请，但这一比例在纽约只有 15%。

　　如今，美国联邦官员显然已对纽约的此类申请充满怀疑。但一些无良律师给留学生政庇编出五花八门的受中国政府"迫害"的理由，不少申请仍然获得移民局的批准。

　　2012 年 12 月 18 日，美国联邦调查局（FBI）连同纽约市警局突然搜查了位于纽约曼哈顿华埠和皇后区法拉盛至少 10 家律师楼，有律师、律师助理、翻译及一名教会员工，共 26 人被控涉嫌庇护申请欺诈，其中 21 人当天被捕。若指控成立，这些人将面临 5～35 年的监禁。这些被告均涉嫌造假，帮助没受迫害的华人取得庇护资格，且做假的流程和方法也大同小异。

这些被告是怎么被发现的呢？据传，这些律师楼之所以出事，是因为移民局发现许多中国人申请庇护的故事几乎相同，只是名字不同。此外，同一地方和同一时间，一个申请人地址被许多人使用。这使移民局顿生怀疑。于是，联邦调查局找来潜在客户充当卧底，这样顺藤摸瓜，终于发现真相。

在纽约，帮助华人申请庇护已成为一项产业。在纽约曼哈顿唐人街的写字楼及法拉盛、皇后区、日落公园和布鲁克林华裔聚居较多地区的临街铺面，存在着许多专门从事庇护事务的律师事务所和相关生意招揽者。

虽然造假的律师屡被打击取缔，但因处罚太轻，而且申请政治庇护的钱太好赚了，所以政治庇护造假仍屡禁不止。据悉有律师两年内居然受理了一千多个政治庇护案件，而且编出的虚假故事都是同一个模式，结果大赚特赚。假如每个案子是收费 5000 美元，1000 个案子，就是 500 万美金！

通过造假取得绿卡者一旦被移民局查出，会被吊销绿卡，严重者会被遣返回国。有律师建议，留学生申请绿卡的合法途径很多，造假申请庇护绿卡是很危险的违法行为。搞不好会葬送留学生的大好前途。因此奉劝留学生们，别用政治庇护赌前途。

别让美国把你当成"间谍"

　　有的中国学生到美国留学之后，希望能在课余去从事一些进出口贸易生意，一方面是为将来毕业之后的就业铺路，另一方面是想挣钱来交学费，减轻家庭的经济负担。在从事进出口贸易的留学生中，不少人的确有所收获，甚至有的人一跃成为腰缠万贯的百万富翁。然而，并不是所有去做生意的留学生都那么幸运，有极少数留学生为了挣大钱、快挣钱，铤而走险，去做一些敏感的生意，结果，不仅钱没挣到，反而因为触犯了美国的有关法律，成为阶下囚。

　　这里所指的"敏感生意"，是指与美国技术出口控制有关的贸易生意。出于对国家安全的考虑，美国对于军用品和具有军民双重用途的产品和技术，实施出口控制，目的主要在于阻止或限制这类产品和技术流入"潜在的敌人"之手。由于意识形态的不同，美国数十年来一直对华实行苛严的技术出口控制。有的留学生对美国的技术出口控制缺乏了解，从事进出口贸易生意时稍有不慎，就会触犯美国的法律，铸成大错。此类教训，屡见不鲜。

　　2014 年 6 月，中国留学生蔡文通（音译）及蔡博（音译）因涉嫌企图购买 20 台 ARS-14 军事级传感器遭逮捕。这项传感器技术有助于精确了解空中和地面基地的车辆运动控制。

　　据警方公布的诉讼文件记录，美国国家安全局特工伪装成商人接近蔡文通，在多次交流中，卧底特工告诉蔡文通，自己可以拿到传感器，但拿不到可靠的出口许可证。而蔡博仍支付了 3 台传感器的订金 27000 美元，在携带传感器要飞回中国前遭逮捕，蔡文通随后也遭逮捕。他们被指控涉嫌大量走私军用传感器，他们将可能面临最高 20 年的刑期及 100 万美元的罚款。经法庭审理，蔡文通被新墨西哥州法院判处 18 个月监禁。[①]

蔡文通被捕时为爱荷华州立大学（Iowa State University）兽医微生物专业博士生，已完成所有课程，只需修改毕业论文并顺利完成答辩即可获得学位。校方已表示愿意为他做出特殊安排。蔡文通的律师也请求当局将他从监狱释放至中途之家（Halfway House）并提供电脑，以便他完成论文。但检方拒绝了这一要求。后来新墨西哥州首席地方法官曾一度同意在实施宵禁的情况下，将蔡文通释放至中途之家，以便让他完成论文。但随后有关部门下令不得转移蔡文通，他的博士学位终究还是泡汤了。就这样，为了一宗"生意"，两个留学生白白牺牲了自己的大好前途。

类似蔡文通这样的案例并不少见，不少人是因为不了解情况，触犯了法律。有的人是以为可以钻美国法律的空子，却被执法机构引诱上钩。

因此，提醒我们的留学生，在从事进出口贸易的时候，千万要避开这些"敏感技术"生意，以免触犯美国法律。更不要抱着侥幸心理，明知故犯。

---

① http://news.ifeng.com/a/20140617/40765165_0.shtml。

拒绝"潜规则"

美国有"潜规则"吗？答案是一定有的，而且很多时候美国的潜规则比中国有过之而无不及。留学生在美国要学会拒绝潜规则。

曾有一位女留学生透露，她学习很用功，她的美国白人女室友见状上前劝她，给老师"潜规则"一下，就不用这么辛苦了。室友还十分坦然地说，我就是这么做的。这位女留学生当然拒绝了室友的好意。那些女学生为求高分、女演员为求角色被"潜规则"的桥段，在美国并非只是电影里的情节。

中国知名模特陈碧舸，曾是 1997 年、1998 年两届全国青少年艺术体操锦标赛冠军，17 岁的陈碧舸在连高跟鞋都不会穿也没有经过专业模特训练的情况下，只经过三天集训，首次在香港参加 Elite 精英模特大赛，就一举荣获冠军。在香港娱乐界引起了轰动。

2003 年 9 月 8 日，陈碧舸在法国尼斯 Elite 精英模特大赛世界总决赛中又脱颖而出，闯入前 10 名，一举跻身世界名模行列。

陈碧舸直言自己和其他选手相比的两点优势：一是她在学校的外语学习为她的语言能力打下坚实的基础，使她在比赛期间无须翻译就可以和评委及其他的选手直接的交流，使评委可以更直观地了解她；二是比赛中的"才艺表演"是她擅长的。

令很多人想不到的是，成为世界名模的陈碧舸，毅然决定的赴美国留学深造，经过刻苦攻读，她成为美国排名第四的常青藤名校宾夕法尼亚大学心理学专业的毕业生。

众所周知，在模特这个行业和演艺界，"潜规则"是女模特与女演员经常遇到的一座大山。在美国完成学业后，陈碧舸重新投身模特业，回到了"T台"，她坦言直到今天也不是一帆风顺。难能可贵的是，她曾经拒绝拍摄裸照等一些"潜规则"。因为她不合作，拒绝"为艺术献身"，曾屡次被刁难。

陈碧舸透露，无论是在留学期间还是在模特圈，经常会遇到"潜规则"的问题，包括演艺圈也是经常有人来找她，一开始自己也很恐惧，因为她曾以为，不"遵守""潜规则"可能没法生存。

对于这些"潜规则"，陈碧舸非常抗拒。她认为，女孩子最重要的是洁身自好，有的人可能因为这个圈子有各种各样的吸引力，就把持不住自己，另外很多模特年龄比较小，眼界窄，往往看到一些新奇的事物或者是比较高档的生活，她们就会很向往，有一丁点机会就想抓住。而她自己非常清楚自己想要什么，所以可以把握得住自己。"其实当我们走过繁华和平庸，走过幸福和痛苦，真正需要的，是能够找到让自己内心丰满的方法。"

留学生应该从陈碧舸的经历与感受中，学会如何去拒绝那些"潜规则"。也许有人会侥幸地认为，虽然经历过"潜规则"，但事情不会被曝光，无人会知道。但是，自己还是会背上沉重的精神包袱，甚至一辈子为自己的过失后悔。

珍惜自己的羽毛吧，要经得起诱惑，不要相信那些"潜规则"，更不能让一时的失误，玷污了自己洁净的人生。

嫁给美国人的留学生

我认识八九个嫁给美国人的女留学生，其中有两个给我留下很深的印象，她们分别是来自安徽的小刘和北京的小李。为了保护她们的隐私，我必须隐去她们的名字，但文中讲述的故事都百分之百真实。

小刘来自安徽，我认识她时，她才24岁，个头不高，一双水灵灵的大眼睛，让人觉得她是个很聪明的女孩子。当时她正在纽约一家大学读书，想利用暑假打工，正好办公室有个职位空着，就这样小刘成了我的同事。在办公室里，加上小刘，共有 5 个人，在美国是不能随便问别人私事的，所以，在与小刘相处头两天，大家都埋头工作，并不知道小刘已经结婚了。

到了第三天，大家互相都有些熟悉了，说话也随便一些了。小刘主动告诉我们，她已经结婚了，嫁给了一个美国人，她丈夫很支持她利用暑假打工，但想来看看她工作的地方，否则有些不放心。我立即表示欢迎，其他几个同事也鼓动小刘尽快把她丈夫带来给大家看看。小刘看到我们都是支持的态度，也很高兴地说，明天就让丈夫过来看望大家。不过，她请大家在见到她丈夫时，千万别惊讶。我们都表示不会惊讶，但心里不免猜测，小刘的丈夫到底是谁，她还要先给我们打"防预针"？

第二天，大家正在工作，小刘像一阵风似的跑上楼来，再一次提醒大家说："我老公就在楼下，等一下就上来，你们见到我老公，请大家千万别惊讶，拜托！拜托！"

说完，小刘转身跑下楼。只听一阵急促的脚步声，随后，楼梯上传来的脚步声忽然变得很慢很慢，中间还中断了一小会儿，然后又是慢节奏的脚步声……小刘终于领着她的丈夫来到大家面前——一个白发苍苍的白人老先生！看样子他已经七八十岁了，撑着一根拐棍，怪不得上楼梯的脚步节奏那么缓慢。

一个是青春年华，一个是年迈老朽，巨大的反差让大家很吃惊，尽管小刘事先再三打招呼，希望我们在见到她丈夫时别惊讶，但大家仍然目露惊讶，都沉默了起来，只有我上前与老先生寒暄了几句。老人家很可能从大家的眼神中感觉到了什么，坐了几分钟就起身告辞了，在小刘的搀扶下慢慢走下楼梯。

我和其他几个同事都不知道小刘为什么嫁给一个大自己那么多的男人，小刘青春可爱，追求她的年轻人一定会很多。但她嫁给了一个风烛残年的老人，是为了身份、为了金钱、还是为了什么？这样的隐私问题，我不便问，也不能问。

我个人很赞成婚姻自由，也理解很多人因为爱情变得疯狂，但对年龄悬殊的老少配一直难以接受，或许是难以相信那是出于爱情。许多年过去了，那缓慢的上楼梯声，仍然是我很难忘的记忆，这声音重重地敲在我的心上，让我心痛，让我为小刘的幸福担心。

另一个嫁给美国人的留学生小李，在纽约大学获得硕士学位后，在曼哈顿一家美国大公司工作，与我们夫妻俩相识多年，一直叫我和太太"大哥""大嫂"。一位美国白人工程师认识小李后展开了热烈的追求，小李很快在对方的攻势下陷入情网，大约一年后两人步入教堂结婚。小李的家人无法来美国参加婚礼，我和太太就成了小李娘家人的代表。小李的先生四十多岁，文质彬彬，许多人都称赞这对新人很般配，小李的同学也羡慕小李找到了如意郎君。在婚礼上，我特地以娘家人的身份，向新郎新娘献上祝福，也特别提醒男方，要好好对待小李，他当着我的面保证，"你放心吧，我很爱她"。

大约婚礼过后几个月的一天，小李突然来找我，虽然她头上戴着一顶大帽子，脸上还捂着口罩，但我还是发现了小李眼眶和脸上的伤痕。小李受伤不轻，让我很吃惊，马上问她为什么受伤。小李说是被丈夫打的，随后向我哭诉她受丈夫家暴的经过：结婚后才知道文质彬彬是丈夫的假面具，丈夫在家里是个很粗暴的人，常常无缘无故就动手打人。这次她受伤较重，才来找我商量怎么办。

我很气愤，建议小李马上去报警。在美国，如果妻子报警被丈夫家暴，丈夫会立即被警方逮捕。但小李心软，不愿意报警，怕影响自己的婚姻。她想再忍耐一段时间，看看丈夫是否能改正再说。我提醒小李，有暴力倾向的人是不容易改变的，一定要注意保护自己。

第二天，我约小李的丈夫出来喝咖啡，他还是那副文质彬彬的样子，我警告他，别再对小李动手。他先是承认这次是不小心打伤了小李，但又说这是他的私事，要我别管。我说我是小李的娘家人，我一定要管，如果你再打人，我一定会报案，把你送进监狱。他自知理亏，没再吱声，但从他眼里露出两道凶恶的寒光，我就知道小李的期待恐怕要落空。

后来，小李还是离婚了，换了工作，搬到一个新的城市，才结束了这段饱受凌辱的婚姻生活。至今，小李仍对婚姻心有余悸，不敢再踏入婚姻的殿堂。

上述是我亲眼所见的两个留学生嫁给美国人的例子，也许她们只是个例，但我多年在美国生活，看到的和媒体透露的留学生在美国遭受婚姻的不幸，有些远比小李悲惨。

不仅是和美国人恋爱、结婚，和中国人在一起同样需要理智。2013年曾发生过一起令人震惊的校园情杀案，伊利诺伊大学香槟分校的留学生次永飞，在学生公寓将同样是该校留学生的女友杀害后，还禁锢了与被害人合租公寓的室友，被禁锢的女生逃出后躲在一家汽车旅馆内，随后次永飞被警方抓获。

不要以为美国人都是文质彬彬，喜欢家庭暴力的大有人在。不要轻信美国男人的甜言蜜语，大多时候，这些嘴甜的人不过是为了满足下半身的生理需要。

　　不要以为美国人都是有钱人，看上去衣冠楚楚的说不定是个穷人。在美国，靠救济金生活的大有人在。

　　我相信嫁给美国人的留学生，大多数是幸福的，也坚信嫁给美国人而遭遇不幸的留学生只是少数。但是，身为女生，与美国人恋爱时一定要擦亮眼睛，避免自己成为不幸的少数，这是一个不得不重视的严肃问题。

　　年轻人在选择恋爱对象时应加倍注意，一旦发现对方性格粗暴，应果断中断恋爱关系。当断不断，最后往往会铸成大错。当然，感情问题是世界上最复杂也是最难处理的问题，需要恋爱双方冷静处理，才可避免矛盾激化。

　　中国留学生在美国，由于社交圈子的局限或是文化习俗不同，未婚学生多在中国学生中挑选恋爱对象，但毕竟男女比例不同，而且学生人数也有限，婚恋问题也成为中国留学生的一块心病，处理不当常会出现问题。不论男生女生，都必须慎重处理好感情问题，不能因一念之差，用极端手段毁了自己的留学梦，也葬送了自己的前途。

Part ⑤

不一样的留学

　　陌生的文化，生活的琐事，学习的压力，留学从来都不是一件容易的事，不逼自己一次，你不会知道原来自己可以走这么远，未来的你会感谢今天的坚持。

留学三年不花家里一分钱

邹艳是我在北京一位同事的亲戚,父母亲都是机关干部。十多年前,邹艳从北京联合大学毕业,决心赴美国留学,寻找一个更好的未来。

邹艳父母亲支持她去美国留学,但是经济上给不了她多少帮助,他们对邹艳说,家里会尽最大的努力支持你去留学,但去美国之后,经济上主要依靠你自己解决,留学的学费、生活费不是个小数目,一旦家里支持不了,你自己能行吗?

邹艳是个有主见的女孩子,上大学的时候就做了留学的思想准备,在网上了解了很多美国学习和生活情况,比如哪个学校的学费便宜,如何在学校打工,在校外可以打什么工,等等。所以,她请父母放心,她到美国后可以勤工俭学,尽量不给家里增加负担。就这样,邹艳带着家里仅有的积蓄换成的 1000 美元,踏上了到美国留学的征途。

邹艳在美国留学三年多,拿到了硕士学位,并在美国找到了工作。在留学期间,邹艳靠勤工俭学,竟然没有再向家里要过一分钱。邹艳是怎么做到的呢?

邹艳留学期间与我有很多接触,我对她的留学经历有很详细的了解。邹艳之所以能够做到不花家里的一分钱,主要是因为以下三点:第一,用课余时间去打工;第二,找学费低廉的学校并争取奖学金;第三,节约开支,减少不必要的支出。

邹艳到美国的第一个星期，主要是用来安家，找语言学校和找工作。

首先要租房住。10年前纽约的房租没有现在那么高，我帮她找了三处房，一处是带卫生间的单房，月租600美元；第二处条件略差，月租350美元，与他人共享卫生间；第三处是一个很小的单间，月租250美元。邹艳选择了最便宜的那一间，当天就住了下来。

住了不到一个月，她在一个超级市场的广告牌上，看到一个小广告：一个华人家庭有一间单房，如房客能帮家里打扫卫生，可以减免部分房租，只要150美元。邹艳了解到那个家庭只有一对夫妻和一对儿女，打扫卫生工作也较简单，取得第一家房东的同意退租，邹艳就搬去新地方住了，每月省了100美元，住的条件反而比原先更好，上学也更方便了。

住处有了，邹艳开始找语言学校，美国的语言学校很多，收费的、免费的、初级的、中级的、高级的都有。很多移民或留学来美国的人，最初都需要过英语这一关。邹艳虽然在北京读了大学，学了英文，但也需要提高英语水平。一般留学生来留学，所在大学也有语言班供新生补习英语，因邹艳的签证只能在社会上选读语言学校。又因很多语言学校是大班教学，学生水平参差不齐，收费也高，所以她听了我的建议去上教会的免费英语班，教会语言学校的老师都是退休的教师或白领，很热心地对邹艳进行个别辅导，语言学习的问题解决了，而且是免费。

接下来是找工作，经过两天的努力，邹艳在曼哈顿的一家照片冲印社找到了一份工作。这家店的员工和顾客绝大多数是美国人，对邹艳提高英文水平很有帮助。邹艳上教会学校学习英语的时间大部分是在夜晚，所以上学与打工并不冲突。尽管在照片冲印社工资不高，每周只300美元，但对于邹艳来说，生活费有了来源，还可以攒日后上大学的学费。

严格来说，在美国工作要有工作许可，邹艳的来美签证，并没有工作许可。但邹艳是合法入境，能找到一份工作就不奇怪了。后来在律师帮助下，邹艳很快办好学生身份，也办了社会安全卡（Social Security Card），取得了工作许可，这是后话。

接下来，最重要的是上大学了。半年后，邹艳申请到一所大学，去攻读经济管理专业研究生，地点在纽约市布鲁克林区，学费比曼哈顿低得多，上课的时间也相对机动，对打工影响不是很大。她打工的收入已经足够支付学费与生活费，她不但没有向家里要钱，偶尔还会给家里寄一点钱，让父母放心。

尽管如此，邹艳觉得学费还是很大的负担，她打算争取申请转到有奖学金的大学。要获得奖学金，最重要的是学业成绩必须优秀，邹艳学习很用功，所有功课都拿到 A，为她拿奖学金创造了条件。申请时，她把自己家庭经济情况与来美勤工俭学的经历附上，留学的第二年，旧金山一所大学同意给她全额奖学金，于是，她又去了旧金山。

邹艳能做到在家庭经济条件并不好的情况下完成学业，还因为她节约有方，减少了许多不必要的开支。

比如，她上学期间不买车，因为在纽约、旧金山这样的大城市，公共交通发达，乘地铁、巴士很方便，而买车要花钱不说，养车每月都起码也要好几百美元，这对她也是个大负担。所以她宁愿辛苦一些，每天乘地铁再转巴士上学，坚持不买车。直到工作了，经济条件好转，上班也有需要，她才买了一辆车。

在生活上，邹艳对待自己也是低标准，从不去追求名牌，很少去餐馆用餐。她发现，同样的牛奶、面包、肉类和蔬菜等，在一些大商店要比小商店贵很多，华人开的超级市场的食品，也普遍比美国人开的商店便宜。邹艳很注意货比三家，同时注意使用折扣券，所以生活上的开销很节省，吃的也并不差。

留学生都知道，上学用的教材都很贵，有时一本就是几十甚至上百美元，邹艳选择二手教材，也省了不少的费用。

就这样，邹艳靠勤工俭学，用三年多时间取得了硕士学位。她喜欢纽约的就业环境，毕业后在纽约长岛一家美国大公司找到了一个工作，终于实现了她的"美国梦"。

邹艳是个专心投入学习和工作的人，在上学期间没有谈过恋爱，到了恋爱结婚的年龄，她仍然专心攻读学位，她的家人曾为此表示担心，怕她做了"剩女"。我也曾劝她适当考虑这个问题，但她总是不急。直到邹艳毕业前才告诉我，她谈恋爱了，男方是她的同学，四川人，也在纽约找到了工作。后来两人在纽约的长岛买了房子，结婚成家一年后有了爱情的结晶，生下他们的第一个女儿。

笔者事无巨细地介绍邹艳留学的经历，是想告诉希望出国留学的工薪家庭子女，家庭经济条件不好，并不会阻碍你求学的脚步，关键在于你有没有一个正确的奋斗目标，有没有克服困难的毅力。

打工"打"出来的跑车

近一两年,笔者接触过不少从国内来的留学生,发现了一个很普遍的现象,就是很多留学生都不愿意去打工,特别是来读高中的小留学生,很少有人去打工。不打工的理由很多,有人认为要把精力放在学习上;有人觉得家里给的钱够用了,没有去打工的必要;也有的留学生觉得,去打工会低人一等,怕被同学看不起。

其实,这些看似有理的理由,但都站不住脚。因为,留学生打工不完全是为了挣钱,而是一个尽快了解和融入美国社会的方式。不去打工,留学生失去的不仅仅是金钱。"老一代"的留学生都是去打工的,并以打工为荣,许多留学生靠打工挣钱完成学业,不向家里伸手。

美国著名的生化科学家杨薇,是中国留学生出身,鉴于她对 DNA 修复蛋白的结构与功能研究做出的卓越贡献,2013 年被评为美国国家科学院院士,让全美华人引以为傲。然而,很少有人知道,她在留学之初,曾在餐馆打过工。

成名后的杨薇在接受记者访问时说,1980 年她考入复旦大学生物化学系,1983 年赴美深造。初到美国时,她口袋里只有 200 美元。生活的困境加上适应不良,让她终日郁郁寡欢。杨薇白天在纽约州立大学石溪分校(Stong Brook University,SBU)上课,由于经济拮据,晚上还要去附近的中国餐馆干活,冒着被逮捕遣返的危险,打黑工洗盘子。她感叹,在中国上学时，凡事有父母师长安排妥当，到美国留学却不得不靠自己。眼看学生签证限期将至，又未有心仪工作，杨薇只能申请奖学金继续深造，后获哥伦比亚大学生物化学博士学位，与生化结下毕生之缘。

杨薇认为，留学其间打工的经历，让她受益匪浅。她鼓励新一代中国留学生，要传承老一辈留学生的奋斗精神，这是留学的一课，也是中华民族的一种美德。

我是赞成留学生打工的，我自己最初来美国当访问学者时，也打过工。瑞克来美国读高中，我也鼓励他去打工。

初到美国，瑞克不满 15 周岁，为了让他能认识美国社会，也为了让他好好读书，刚到美国不久，我就让他在纽约的一家超市打了三天工。

在美国，不到 18 岁打工是不合法的，但是，美国的孩子 18 岁之前打工的渠道非常之多。我做通了太太的思想工作，又找超市的华裔老板说明是希望能锻炼一下儿子。华裔老板十分赞成我的想法，很乐意帮助我锻炼瑞克。瑞克是独子，在北京生活优越，没去过工厂、农村，当然也就不知道打工的辛苦。打工第一天，我把跃跃欲试的瑞克交给华裔老板，他还笑着向我挥手说，爸爸放心，我会好好干。

到了中午，我有点不放心，与太太一起，借口送午餐去看望瑞克。进入市场后面的工作间，只见瑞克站在一排大叔大妈中间，正在紧张工作，手脚不停地在洗菜，并进行包装，忙得一头大汗。瑞克看见我和他妈妈来看他，立即要赶走我们，说超市已经准备了午餐，他工作特别忙，不能来干扰他的工作。

当晚瑞克收工回家，一进门就倒在沙发上哭了起来，说太累了，浑身酸痛，他是来美国读书的，不是来打工的，明天不去了。他妈妈也很心疼，搂着儿子直掉泪。

我没让步，对瑞克说，你说的对，你是来美国读书的，不是来打工的，但你明天一定要去。我跟老板说的是要你起码去干三天，我们要讲信用。干一天就打退堂鼓，不好。

第二天，瑞克虽然很不情愿，但还是去了。下班回家后说，因为是周一，超市不是很忙，同事们看他年纪小也都照顾他，所以不像第一天那样累。

第三天，他再去打工时，抵触情绪就没有了。他下班时，我和他妈妈在超市的门口接他，请他到纽约一家很有名的中餐馆吃晚餐，表示慰劳。我对瑞克说，你要永远记住这三天的打工经历，今后要好好读书，不然的话，你在美国就要天天打苦工，没有出头之日。

瑞克理解了我们的一片苦心，学习还算用功。上高中后第一次放寒假，他自己联系了一家中餐馆，主动去打工。一天，瑞克下班回家，手上拿着一个报纸卷成的纸包，一进门，就很兴奋地对我们说："老妈老爸，你们看!"接着把纸包往沙发一扔，纸包散开，露出一堆零乱的一美元纸币，大约有三四十元。瑞克扑在沙发上，点着这一小包钱，笑着说："这是一天打工的小费，我挣来的钱呀!"

我忽然忆起瑞克来美之初第一天去超市打工的往事，想起那天他回家后，倒在沙发上哭的情景。现在，沙发还是那个沙发，儿子还是那个儿子，然而儿子由哭变成了笑，可见他成长了，懂事了。

后来，瑞克认为到中餐馆打工对学习英文帮助不是很大，他又到一家赛百味快餐店打工，店里的员工和顾客几乎全是美国人，对他提高英语水平帮助很大，几个月下来，语言能力突飞猛进。

瑞克在初中就对汽车很着迷，到美国后，这一兴趣更是有增无减。在美国，孩子满 16 岁可以考驾照，瑞克很聪明，16 岁就有了驾照。但是，在美国 18 岁之前买车，汽车保险的费用很高。加上纽约交通方便，巴士从家门直达学校，没有必要买车。当时我开的是一辆普通二手美国车，瑞克嫌太破旧，很少去碰它。他想靠自己挣钱，去买一辆自己喜欢的跑车，我和他妈妈都支持他的想法。

后来，瑞克找到一个过"车瘾"的办法，放学后去一家停车场打工，为客人停车。这个停车场地处长岛富人区，很多美国富豪开的都是豪车。瑞克在那里打工，开过各种各样的豪车，法拉利、宾利、高档的奔驰和凯迪拉克，他都开过，虽然只是停车而已，但能过过车瘾，小费也不低，瑞克乐在其中。

瑞克上大学后，学校远了一些，他想买车了。打工挣的钱虽然离买新车还差很远，但买一辆二手车已经足够。他在网上找到一辆二手桑塔纳跑车，是他喜欢的型号，也不是很老旧，价钱只要 5000 美元。他联系了卖主，试驾之后很满意经过一番讨价还价，瑞克以 3000 美元的价格拿下了这台车。

这是瑞克靠自己打工挣的钱，买的第一辆车。瑞克很高兴，我和他妈妈也很为他高兴。大学期间，这辆车帮了瑞克很大的忙。他开车也很小心，至今竟然没吃过罚单。

留学生打工是我国学生家长普遍关心的问题。据笔者的了解，"50 后"、"60 后"的老一代自费留学生，都是要打工的，那时候国家很穷，外汇管制，每个留学生出国留学只能带几十美元，留学生要支付学费和生活费，只能去打工，就连公派生也都会找机会去打工。著名演员陈冲和王姬早年来美留学都去打过工，很少有人认为打工是丢脸的事。"70 后"、"80 后"的留学生，打工依然普遍，只有小部分人脱离了留学生打工的队伍。

到了"90 后"留学生打工的情况有了根本的改变，渐渐变成基本上都不去打工了。据美国国际教育协会（Institute of Internation Education，IIE）2014 年发布的《门户开放报告》（New Open Doors Data）查，在 2013—2014 学年，全美 27.4 万中国留学生的学费和生活费花销达到 80.4 亿美元，超过 6 成留学生单纯依靠家里提供生活费和全额学费。[①]也就是说，60% 以上的留学生，经济上都全部依靠家里。这一统计应该是可靠的。据我所知，不去打工的基本上都是"90 后"。我曾做过粗略的调查，在一所美国东部的大学，大约 30 个一年级中国留学生，只有 3 个学生去打工，来读高中的学生去打工的少之又少。

是什么原因造成"90 后"留学生不愿意去打工呢？

为此，我曾对几个小留生进行调研，了解到的情况也许不能代表大多数，甚至很片面，不过很多"90 后"留学生存在怕去打工被人看不起的顾虑。同时，也与部分家长溺爱子女有关。

---

① http://gd.qq.com/zt2014/jyxgc/mhkf.htm。

笔者认为，这样的想法是不正确的，许多事实表明，留学生打工不仅可挣钱补贴学费和生活费，减轻家庭的负担，而且对提高英语能力、锻炼自己、增加社会经验都大有好处。担心打工丢脸的想法更是错误的，美国是一个金钱社会，同时也是一个崇尚英雄的社会，英雄不问出处，只要通过自己努力挣到钱，能养活自己，进而为社会做贡献，就会获得社会的尊敬。还应纠正一个不正确的认识，打工并不只是去餐馆端盘子。如今在美国留学，打工的机会比老一代的留学生多得多，不仅仅是去餐馆端盘子，就连在学校里，也有多种多样的工作机会，只要留心就能找得到。

当然，不管是想通过打工来减轻家庭的负担还是单纯地为了锻炼自己的能力，都应该对留学生打工的相关法律规定有所了解，避免造成不必要的损失。

根据美国政府的规定，外国留学生在校内打工，不需申办特别许可，但要注册维持全时学生身份。在学期中的每周工作时间一般限制在 20 小时，在假期时则可达 40 小时。这就是说一个注册的外国学生，可在校内自由合法打工。

如果想到校外打工，则需申办特别工作许可。具体规定是：持有合法学生身份，入学一年（9 个月以上），成绩达一般标准者，经学校国际学生顾问批准，即可到移民局或劳工部认可的机构去打工，打工有效期限为一年，但可申请延长，注意必须是移民局或劳工部认可的机构。如发生紧急情况或突发的经济困难，需到校外打工的外国学生，也需遵守上述规定，即在入学一年以后，向学校国际学生顾问递交必需的证明，申请特别工作许可。这种特别打工许可的工作范围，要比上一项工作许可更为广泛，甚至不受是否是移民局或劳工部认可的机构的限制。

根据美国政府的规定，访问学者期满后需回国服务两年。但如获学校或计划负责人的同意，也可期满后留美工作，其规定与学生签证相似。以访问学者配偶身份来美者，可申请工作许可，并合法工作。以学生配偶身份来美者，则不得从事任何有报酬性的工作，无论是薪金或财物均不行，但投资、经商可以。

外国留学生还可以实习的名义，在美国申请工作。申请人的条件，首先必须读满一个学年，然后在毕业前 90 天到毕业后 30 天之内，填好相关表格并带着学校国际学生顾问的推荐，到移民局去申请工作许可。申请时，应向移民局表示实习的目的是为取得工作经验，以便毕业后回国就业。获得移民局批准后，就可以工作，期限为一年。

由于美国政府对留学生政策经常有所变动，因此以上的美国留学打工政策只能作为参考，留学生可以向学校国际学生顾问详细的了解。

别让小留学生成为热衷享受的一代

2014 年初，在北京的朋友张先生联系我，说他在洛杉矶留学的儿子小张告诉他上学需要用车，逼他买奔驰或宝马新车，否则会丢脸。

张先生的经济条件不算很好，每年供儿子留学的经济负担，已经压得他喘不过气了，一下子拿出几十万人民币给儿子买好车，的确有困难。

像张先生这样的留学生家长，不少都或多或少为子女的巨额消费担心。现在，许多留学生学习不够用功，却越来越讲究生活享受，追求名牌奢侈品，而且普遍不愿去打工。这种风气很不好，有侨胞批评说，现在很多小留学生已成为热衷享受的一代。

我给张先生出主意，如果他儿子的住处离学校远，需要买车，可以买经济实用型的车，有的新车不到两万美元，很经济实用，有的二手车也很实用，价格更低一些。我告诉他，我来美国当访问学者的第一年，因为去大学研究所要转两次巴士很不方便，就想买一辆车。我当时手上只有几百美元，想买车几乎不可能。我就到旧车行去寻找，车行经纪人给我推荐了一辆白色福特轿车，虽说老旧，但发动机性能好，没有经历过碰撞事故，我跟他商量，最后他同意 300 美元卖给我。后来经济条件好一些了，我又花了不到一万美元，买了辆二手雪佛兰，性能非常好，开了很多年都没问题。

我还告诉他，我的儿子高中时靠打工挣钱，上大学一年级时买的也是一辆二手跑车，只花了 3000 美元。我的侄子、侄女来美国留学，都是靠打工挣钱给自己买车，侄子买的第一辆车花了 1000 美元，侄女的第一辆车花了 3200 美元，都是二手车。

张先生接受了我的建议，终于做通了儿子的工作，买了一辆实用型的美国福特新跑车给小张。

我知道小张不愿意去打工，就劝他打工并不是丢脸的事，而且对尽快融入美国社会，今后在美国找工作，都很有帮助。过去老一代留学生来美留学，都以打工为荣。中国很多名人，过去来美留学，家庭条件好的，来美后也同样打工。

因为小张与我的儿子和侄子认识，我还把他俩留学打工的经历讲给小张听，鼓励小张去打工。后来，小张终于打消顾虑，也去打工了。

想要改变目前小留学生普遍不愿去打工的风气，家长要认识到子女留学打工的重要性，认真做好子女的思想工作。当然，要想新一代留学生，都像老一代留学生那样去吃苦，也不太可能。时代不同了，可是，我们的家长，起码不要助长子女留学大手大脚的不良风气。

据媒体揭露，有的"富二代"在美留学，家长不仅花数十万美元给子女买豪车，还允许孩子每月刷卡消费高额费用，孩子买的东西全是名牌。美国人目瞪口呆，不禁感叹："中国家长怎么给孩子那么多钱？"美国人都是从小教育孩子要自立，就连美国富人家庭也很少会这样去宠孩子。

子女留学的开支对大部分家庭来说都属于"高消费"，年轻一代去美国留学，如果没有奖学金，实际上很"烧钱"。去海外留学的孩子，要体谅家长在国内挣钱的艰辛，要学会向高消费说不，不要总被国外的物质生活所迷惑，胡乱"烧钱"。

中国外交部领事司司长黄屏透露，带大量现金，开豪车露富，这是中国公民在海外被偷被抢的第一大诱因。

专家认为，父母应该正视金钱负效应，对在海外留学子女的经济支持要适当限制。尤其那些年龄较小的孩子，出国后因为背后有父母强大的资金支持，又不懂得珍惜，极易沾染恶习。这种用金钱娇惯孩子的方式，是对孩子的溺爱，更是对孩子的一种伤害。任何溺爱的方式对孩子都是危险的。别让小留学生成为热衷享受的一代，家长有责任，社会也有责任。

此外，笔者建议留学生求学期间最好不要开豪华车，平时在生活中也不要露富，尽可能低调，以免成为歹徒抢劫的目标。一旦遭遇抢劫，千万不要反抗，车被抢可以再买，钱被抢可以再挣，人身安全才是最重要的。

同时，还要懂得一些重要的安全常识。

夜里尽量不要开车外出。如果是深夜开车回家，下车前，一定要先准备好家门钥匙并拿在手里，观察车外和住宅周围的情况再下车。并且不要在夜里打开后车厢，以免坏人有机会突然将你推进后车厢，然后绑架你。

不要在夜里加油，尤其是在美国治安不佳的地区。有的加油站夜里行人稀少，是抢劫案和枪击案的多发地。

在路边停车时，不要在停好的车里久留，尤其是在夜晚更不可以在车内待太长时间。有的留学生喜欢和恋人夜里开车到野外或僻静的地方，坐在车里聊天，很容易让歹徒盯上，已经不只一次有留学生在停于路边的车里遇害了。

一技在手，学费我有

一天，公司的电脑出了故障，我立即给维修店打电话，可是对方不能立刻上门服务，于是想到纽约的华文报纸有上门服务的小广告，我选了一家，对方电话里说半小时之内可以到我的公司提供服务。

大约过了20分钟，一个20岁出头、背着个大书包的年轻人来到公司，自我介绍说："我姓杨，华人叫我阿杨，老外都习惯叫我 yong。"跟他简单寒暄了几句，阿杨就忙了起来，只见他打开电脑认真进行检查，然后对我说，是有一个小零件损坏了，换上一个新的零件就可以工作了，收费30美元。他还说，我的电脑虽然老一些，但主要部件质量还好，只是容量小，速度慢，如果再加20美元，他可以为我多安装一个内存条，加大电脑容量，再经过查毒等清理，电脑的速度会快很多。

我一边看他工作，一边与他聊天，才知道他是个留学生，来自浙江温州，到美国两年了，正在纽约一所大学读二年级。听说他是留学生，我忽然对他的经历产生了兴趣，便问他："你怎么想到做上门修电脑这份工作的？"

他说，"开始并没想过要做这个，但来美留学后我不想向家里要钱，自己又从小玩电脑，就想试试看能不能帮人修理，结果还行，就这样做下来了。"

我问道："不影响上学吗？"

他说："不影响呀！我尽量把上门修理的时间安排在课余。上课时手机静音，客户可以留言，一下课就可以接单了。"

我问他："生意怎么样？"

他说："很忙，我一般一天只接两三个活儿，这样可以给功课留出时间。"

我心里计算了一下他的收入，如果他每天接两单生意，以最低平均每单收费 50 美元计算，一天收入 100 美元。于是，便对他说："收入很不错呢，生活费没问题了。"

"是呀，不仅生活费，连学费也解决了，两年来我没有向家里要过一分钱。"阿杨的口气很自豪。

在美国做生意，房租是一笔很大的开销。有很多公司和商店，都是因为房租太高，经常是辛辛苦苦经营，挣的钱却不够交房租，最后只好关门大吉。而靠登小广告做生意，省去了巨额的店租开销，只需花费很少的广告费就可以"开张"了。在美国，许多华人只在华文报纸登个小广告，客人就有了，省去了店面的租金，上班时间也机动自由，是一举多得的好事。

如果来美留学的年轻学子，能掌握一门技术或手艺，就可以为自己在美国勤工俭学创造机会。

国内许多工薪家庭，希望孩子能出国留学，为将来争取一个美好前途，但很多人都会为巨额的留学费用发愁。俗话说，世上无难事，只怕有心人。在美国，社会需要的技术和技能很多，据了解，修电脑、修汽车、美容，还有绘画、摄影、雕刻、花布设计、服装设计、建筑设计、武术、气功、太极拳、厨艺、园艺、会计、护士、电焊工和机床工，等等。笔者鼓励我们的年轻人，在准备赴美留学之前，最好能通过学习培训，掌握一项有用的技能。只要你有一技在手，在美国就会有用武之地，也许就不用为留学的费用发愁了。

新时代留学打工的新方法

笔者一直都支持和呼吁留学生打工，当年我初到美国的时候，就身体力行，后来我的儿子和亲属来美留学，我也鼓励他们去打工。我认为，留学打工不仅仅是出于经济的考虑，更重要的是可以帮助留学生尽快融入当地社会，帮助留学生成长。

一提到留学生打工，很多人都会想到是在餐馆端盘子洗碗。不错，美国各地有无数家餐馆，因为来钱快，虽然辛苦，到餐馆打工依然是很多工薪家庭出身的留学生打工的热门选择。然而随着时代的变化，如今留学生已经有了更多的打工机会。比如，从大学校园内食堂、图书馆，到校外帮人补习，等等，品种很多。

一位在康奈尔大学（Cornell University）读书的留学生，讲述了自己在康奈尔大学读书期间见到的各种打工方式。

他说，康奈尔大学有浓浓的打工氛围，大一的美国同学刚入学一个月，已经找到了好几份实习与家教的工作。即使在校园里信步走走，也可以随处看到招聘兼职办公室助理、研究助理、视频制作人乃至贴海报人员的小广告。这些工作的门槛不高，不过薪水也成正比。

比如康奈尔大学一些研究中心有时会雇学生在各个教学楼里贴海报，为他们的讲座做宣传，然后支付每小时 8 美元的工资。在图书馆打工也很常见：坐在前台帮忙登记图书的出入、帮借书者找书，在善本和手稿图书馆帮忙存取数据，既于他人有益又不失风雅。如果乐得清闲，还可以选择为康奈尔大学的"公共安全部"工作，职责基本就是给宿舍楼看大门：只要坐在宿舍门口，在每个学生进门时扫描他们的学生卡，这种工作一般交给专业保安，白天也雇学生来换换班。

最"酷炫"的打工莫过于康奈尔大学的官方调酒机构工作了。这个1965年成立的学生公司几十年来已经把无数的康奈尔大学学生培养成了专业的调酒师，他们业余时间出没在纽约城大大小小的宴席聚会上，在客人的觥筹交错间就能挣到18～40美元不等的时薪。想成为调酒师的学生必须先报名参加一门250美元、5个课时的调酒课程，报名上课的学生可谓源源不断。一旦有幸成为康奈尔大学调酒机构认证的调酒师，就能在康奈尔大学放心安全地打工了。

康奈尔大学调酒机构每年要收到各种机构大约1200个雇佣康奈尔大学调酒师的申请。根据康奈尔大学的规定，雇主不能要求调酒师的性别、种族、性取向，并且还要为每位调酒师报销从服务地点到康奈尔大学的出租车费，比起印象中缺乏劳动保障的餐馆打工，这份工作简直是人人梦寐以求的"奢侈品"。

如果不满足于这些体力劳动型的岗位，康奈尔大学也给学生提供了不少坐办公室的机会，最典型的莫过于"办公室助理"。向我介绍以上信息的这名留学生就在看到一张招聘广告后，在康奈尔大学的社会经济研究及政策中心做了一段时间办公室助理。这差不多是一份财务会计的工作，负责核对研究中心上上下下每一笔报销费用和发票上的数字是否一致，最多用得上一点四则运算。大概是因为这份工作比贴海报技术含量高一点，时薪是12美元，工作半天能挣出一礼拜的伙食费。

不过对国际学生来说，找一份办公室助理的工作倒不是图钱，而是有可以借此申请到美国的社会安全卡、获得开始在美积累信用的好处。还有做研究助理之类的工作，既有工资，又能为以后申请研究生、找工作时添一笔漂亮的履历，只是申请起来很困难。

研究助理这样的机会很难得，去找一份给别人上课的工作，自己巩固知识的同时也能有可观的收入。一学期能得到1800美元补贴的助教工作自然是众口垂涎的差事，门槛也最高，需要和研究生、博士生一起竞争。

除了学校官方设置的助教之外，各种课外辅导也生意火爆。比如，康奈尔大学的体育部门就常年为康奈尔大学的体育特长生们招聘各个科目的辅导员，留学生可以应聘当辅导员，每周都可以按时从学校领工资。

当然上述仅是康奈尔大学的例子，不同地区的不同学校，具体工作也会不同。但是只要用心去找，打工的机会还是很多的。

有一位留学生最近谈到了自己打工的亲身体会，很值得留学生们借鉴。

他说：我认为唯有在真正接触当地社会后，才能在不同体验中更好地学习和理解异国的风俗及文化传统。所以，出国后在不影响学业的前提下，适当的打工是必要的：一是打工能真正提高自己的英语水平，当然前提是申请纯英语环境的工作；二是打工可以扩大交际圈，积累人脉关系，打工可以结识很多朋友，说不定什么时候就需要他们的说明，这些都是日后很宝贵的资源；三是打工可以培养独立的人格，即使是做清洁工、收银员这类普通的工作，收入也是用自己的劳动换来的。

但出国的主要任务是学习，一般来说，学生只要根据自己学业情况合理安排好打工时间，就既不会影响学业，又能合理打工。

打工要"只选对的，不选贵的"

有的留学生打工单纯为了挣钱，希望在假期或课余打工，能挣到更多的钱，挣得越多越好。而有的留学生并没有把挣钱放在第一位，而是把打工与将来毕业找工作联系起来，尽可能寻找能与自己将来的求职有联系的工作，这是一种聪明的有远见的打工。

笔者很支持留学生将打工与未来求职挂钩的做法。

晓杰是我一个亲戚的儿子，2005 年赴美留学，学的是商业管理。由于晓杰的父母都是工薪族，家庭经济条件很一般，尽管晓杰就读的大学给了他一半奖学金，但是另外一半学费也要一万多美元，这对晓杰来说，也是个不小的数目。所以晓杰来留学后，希望能通过打工挣钱交学费，不给家里增加负担。

他所在的大学里，有一些在餐厅和图书馆打工的机会，但都被二三年级的老生占领了，新生想在学校里找工作比较困难，他只能在学校旁边的中餐馆打工。留学第一年，他在一家广东华侨开的粤菜馆找到一个服务员工作，每周工作 5 个晚上。他很勤快，餐馆里除了做跑堂，还送外卖，不管是洗碗还是打扫卫生，他都主动去做，老板很喜欢这个老实勤快的小伙子，给他的工资也比别人高一些。虽然打工很累，而且第二天还要坚持上课，但在餐馆打工的收入高，晓杰解决了另一半学费的问题，生活费也有了着落，可以不用向家里开口了。

第二年，晓杰想换工作，他觉得在餐馆打工虽然钱多，但与他来美国留学的目标没有关联，他希望现在的打工与将来的求职能联系起来。他专门找我商量，我很赞同晓杰的想法，我问他将来想做什么，他说他学的是商业管理，毕业后当然是从事与商业管理有关的工作。但晓杰又说，他认为自己不是从商的料，因为他的妈妈和姑姑都是中学老师，受她们的影响，他从小的理想是当老师。

我很支持晓杰将来当老师，因为我有两位朋友在留学期间当过老师的助理，毕业后都是在美国大学当老师，几年后就从助理教授升为副教授，现在已经成为终身教授了。于是，我建议他想办法在学校找到一个当助理的工作。

晓杰在留学生中的表现很突出，学习成绩好，在教授和同学之间也颇有人缘。一次学校里来了一个台湾的教育代表团，有几天交流活动，学校要晓杰所在的系，选派一个中英文俱佳的学生随团当翻译，结果选了晓杰。他不负众望地完成了任务，受到台湾教育代表团的表扬，学校也因此表彰晓杰。系主任认为晓杰为系里争了光，对他也另眼相看。

尽管晓杰是奖学金获得者，具备了当教师助理的条件，但助理职位僧多粥少，名额有限，竞争很激烈。因为系主任对晓杰有好感，晓杰特地去找主任表达了想做助理的意愿，不久，刚好有一个空缺，系主任很快就让晓杰当了助理。

美国大学的研究生当教师助理，分工有多种，有的可以替教师给本科生讲课、批改作业，更多的人是在教学方面做一些辅助性工作。如帮教授们准备好上课材料、复印有关数据、帮教授去图书馆借书还书、学生课程的安排和管理、整理办公室文件等。类似"打杂"，晓杰做了助教之后，对各种打杂的事都认真去做，任劳任怨。学校指派给他的工作也越来越多，每月获得的生活津贴也渐渐增加。到第三年，晓杰已不用到校外的餐馆打工，学校给他的生活津贴足够他支付房租、伙食及交通费等。

晓杰在读博士其间也一直担任助教，毕业的时候，助教经历帮了他大忙，一所大学同意录用他去当老师，现在晓杰已经是助理教授。

晓杰的事例说明，将打工与将来的求职挂钩大有好处。在出国留学打工的问题上，决不能单纯把挣钱多少放在第一位，一定要把眼光放长远一些，立足于为将来的职业发展做铺垫。国外有些工作虽然好找，挣钱也不少，比如到餐馆洗盘子、到工地当小工等，但这种工作经历，以后在应聘时很难写到简历中。留学打工"只选对的，不选贵的"，这样才会有利于将来毕业后求职。

通向华尔街的"捷径"

纽约的华尔街是世界金融中心，也是全球银行业的金字塔尖，许多中国留学生将华尔街作为职业奋斗目标，也有不少人毕业之后，成功进军华尔街，成为"华尔街人"。

谈到华尔街人，很多人自然会想到他们的高薪。据一个在华尔街工作的朋友透露，具有硕士学位的新人进华尔街，年薪一般在 6 万美元左右，比美国其他行业新人的平均起薪高出 20%～25%。此外，华尔街最引人注目的是公司年底的"红包"，年景好的时候，有的公司年终奖金动辄数十万美元甚至超过百万美元。2014 年 12 月底，华尔街就业咨询公司曝出新闻，华尔街的金融业者有望获得平均超过 16.4 万美元的年终奖金。

尽管并不是华尔街上班族都能拿到如此巨额的年终奖金，也并不是所有华尔街上班族都是高薪，甚至华尔街人承受着别处没有的巨大精神压力，但华尔街仍然是许多中国留学生的奋斗目标。如今希望能在华尔街找到工作的留学生越来越多，成功的机会也越来越少。也许有人会问，通向华尔街之路有没有快捷方式？

答案当然是有的。据笔者粗浅的研究，得出几点不成熟的体会，所谓"快捷方式"具有以下要素：第一，学科要与华尔街的公司需求有对接；第二，学业必须在同学中出类拔萃；第三，毕业之前最好能到华尔街的公司去实习。

前两点看起来简单一些。首先，如果专业背景与华尔街的业务没有关系，想在华尔街谋职是不可能的事。如果想把进入华尔街作为奋斗目标，留学之前就要选择与华尔街的业务有关的大学和专业攻读。至于第二点，学业必须在同学中出类拔萃，就更简单了，华尔街的公司的用人标准与多数公司一样——择优录取，如果你的毕业成绩只有 B，机会自然会被成绩是 A 的同学夺走。

笔者在这里想强调"捷径"的第三要素，也就是争取拿到去华尔街公司实习的机会，这是最为重要的一条。

华尔街招人很严格，从实习生中挑选人才，也是华尔街的一个惯例，有统计数据表明，华尔街的大公司从实习生中聘用员工占所有招聘渠道的 60% 以上。我认识的几个华尔街人，都是留学毕业前获得华尔街公司实习机会，然后被聘用的。

梅雪是一个来自内蒙古的 80 后，她 8 岁时只身来美，她是个学习很用功的孩子，通过自己的努力，她很快突破语言障碍。

由于成绩好，又有绘画的天分，梅雪很快成为学校里的优秀学生。5 年级毕业后，梅雪考入了附近一所专门招收"天才"学生的中学。从 11 年级开始，梅雪参加了高中的各种荣誉学会，还担任舞蹈队和啦啦队的队长，带头成立西班牙语、小提琴俱乐部。高三那年，梅雪向几乎所有的名校递交了申请。最终被哈佛大学、哥伦比亚大学、宾夕法尼亚大学沃顿商学院（Wharton School of the University of Pennsylvania）（本科生部）和麻省理工 4 所学校录取。考虑再三，梅雪最后选择了麻省理工，主修计算器和金融两个专业。

华尔街是梅雪的梦想之一，但她最大的目标是希望将来能拥有自己的公司。没有想到，大学第一年的暑假，她就很荣幸地获得去华尔街公司实习的机会，使她的华尔街梦有了实现的机会。

给雪梅发出实习邀请的华尔街公司，是鼎鼎大名的摩根士丹利银行（Morgan Stanley）。这件事让作为一个大学一年级新生的梅雪，成了麻省理工的新闻人物，因为那些华尔街的银行通常更偏向于哈佛、耶鲁等传统的文科名校，而麻省理工大三、大四的学生能获得华尔街公司实习机会的每年也不过三两个人，更不要说一个大一的新生，这在麻省理工的历史上可是不多见的事情。

纽约一直是雪梅喜欢的城市。那年暑假，从走进时代广场摩根士丹利总部的那一刻起，梅雪觉得这就是她一直梦想的生活，而在那年的实习还没结束时，她已经利用各种交流的场合，认识了一位高盛集团（Goldman Sachs）的主管，并通过他的介绍敲定了自己第二年的实习去处——高盛的对冲基金部门。

第一年实习结束回到学校后，一夜之间她声名鹊起，成为学生中人人羡慕的"华尔街小姐"。连高年级的学长都跑来向她取经，希望从她那里学习怎样找到华尔街的实习机会。梅雪认为她之所以被选中，可能与她的课程有关。她说，在麻省理工她的主要课程之一，是一门毕业后哪里也用不到的、只在麻省理工教学中使用的计算器程序设计语言，但教授的理念不是直接去教学生们程序设计，而是希望通过这门语言来让学生们理解，如何构建更好的程序设计思维和框架。这些课程让她日后在接触金融方面的技术理论时，感觉轻而易举。

第二年和第三年的暑期实习她全部都是在高盛度过的，先是对冲基金部，之后又跳到投资银行部。由于雪梅在实习中的出色表现，毕业那年，她直接被高盛录用，在投资银行部门工作，成了一名名副其实的"华尔街小姐"。

从雪梅进军华尔街的经历可以看到，如果她没有在上大学期间就获得到华尔街银行实习的机会，她的"华尔街梦"将会很艰难。

如何才能获得到华尔街实习的机会？一般说来，除了学校向华尔街推荐，还有网上应聘等多种办法。

一位连续三年获得在华尔街实习机会的留学生，使他在毕业时成功敲开了华尔街的大门。他认为，想获得实习机会，在学校的表现，尤其是在学校各种活动表现出的领导能力很重要。此外，对所申请的公司要有深入的了解，而且要恰如其分地处理好与面试官的关系，让面试官记得你，并打动面试官。总之，要做好各种充分准备，才有可能抓住机会。机会对每一个人都是平等的，但最后获得机会的，往往是那些准备好了的人。

求职简历该怎么写

一天，朋友叶先生上门找我，说他的女儿萍萍在美国已经大学毕业了，投了很多次简历，还是找不到工作，他想带萍萍到我的办公室，看看我能否帮她的女儿找工作。虽然找工作我是外行，在美国要找工作关键还是靠自己去努力，但我还是欢迎叶先生带女儿过来见个面。

叶先生带着萍萍来到我的办公室。萍萍生在北京长在北京，前几年高中毕业来美国读大学。寒暄几句，我们开始谈萍萍找工作的事。萍萍说，毕业快两个月了，到处投简历却如石沉大海。我了解到她学的是服装设计专业，而我正好有几个朋友在纽约是做服装生意的，其中两家规模很大，专门生产自己的品牌服装。我当即打电话找到其中一个很熟悉的李老板，或许是对方给我面子，又或许是对方正好缺人，李老板听过我的介绍后，爽快地同意让萍萍去他的公司工作。我问薪水大约是多少，对方说，像萍萍这样学设计的新人，最初年薪 2 万美元左右。

在美国人经营的公司，一个大学毕业生的工资年薪一般都在 3 万美元以上。华人开的公司薪水要低一些，有的小公司月薪只有 1500 美元，也就是年薪只有 1.8 万美元。李老板给萍萍 2 万美元年薪，应该说在华人的公司中算不错了。叶先生和萍萍商量了一下，虽然觉得薪水低了一些，但总算工作有了着落，就想先答应下来，反正还可以"骑驴找马"，找到更好的工作之后再跳槽也不迟。我觉得 2 万年薪的确低了些，如果去工作了，恐怕一年半载不一定能找到更好的公司，便建议萍萍再考虑考虑。

我又仔细看萍萍的简历，发现她的简历像本流水账，写的全是上学的经历，什么时候上小学，什么时候上中学，然后是什么时候上的大学，学的是什么，希望找什么工作，简简单单，平铺直叙。"你的简历太简单了，你给那么多公司投简历找工作都没回音，说不定问题出在这个简历上，一定要改写。"

萍萍瞪大眼睛问我："应该怎样改写呢？"

我说："你必须说清楚你有什么优势，在你想去的公司能胜任什么工作。让别人知道你有什么特长，你能为公司做些什么。"我进一步解释，中国人都谦虚惯了，求职时不会主动说"我行"，都是说"我可以试试看"。而美国人求职都是说"我行"，"只要你把这个工作交给我，我有信心做好它"。

我又建议她说："你是华人，了解中国的服装市场，将来可以努力争取设计出中美两国市场需要的衣服。"

"这样还不够，你还要附上你的设计作品。"你的简历中没有你的设计作品，所以我建议你加上。我接着问萍萍："你的服装设计有没有得过什么奖项。"

她摇了摇头说："没有。"

"连个小小的奖也没有得过吗？"萍萍继续摇头。

"参加过服装秀吗？"

萍萍还是摇头。

我快没有办法问下去了，难怪她找不到工作！我又问，那你的毕业设计是什么？

萍萍说是一件改良的中国旗袍，她在设计时加了一些西方的元素，展示时老师评价很有创意。说着，从手机里调出那件旗袍的图片给我看。

我看后当即说："这就是很好的材料呀，要写进简历。你就如实说毕业设计在学校展示时，老师认为很有创意。"

最后我还建议萍萍附上她的照片，除了"大头照"，最好加上她身穿自己设计的旗袍照。附上照片可以让招聘者看到她的样子，说不定会加分。当然面谈时对方也可以见到她本人，但如果得不到面谈的机会，对方怎么见到她呢？何况萍萍个子高，又苗条，有模特的身材，一双丹凤眼非常有特点，很讨人喜欢，加上服装设计的学历，说不定美国人的公司会相中她。

萍萍和她爸爸都认为我的建议有道理，回去将简历做了认真修改，新的简历再次发出，很快就有美国人的服装公司约萍萍面试，并当场录用了她，第一年的年薪 3.9 万美元。萍萍和她爸爸都很感谢我为她的简历出谋划策。

萍萍求职的经历让我们看到，求职中简历是多么的重要。当然求职者的简历各有不同，100 个求职者的简历，会有 100 个不同的样式，一定要在简历中尽可能突出自己的优势，才可能在众多的竞争者中脱颖而出。

李明回国就业

很多留学生在美国取得学位后，去留成了两难的选择，心里很纠结。多数学生留学的初衷，是希望将来能留在美国，找到一份好工作，改变自己的命运。很多家长送子女出国留学也是这样想的。但毕业后种种因素又促使有些留学生想回国发展。

北京的老李是我的一个同事，他的独子李明在得克萨斯州大学（University of Texas at Austin）留学，研究生毕业后获得硕士学位，本来他可以留下来，可是李明却想回国发展。老李及太太都不大同意儿子回国，所以想通过我了解一下李明的真实想法，并劝说他留存美国。

我想与李明见面好好聊聊，瑞克是李明的"发小"，他也希望和我一起去看李明。

在机场，两个在北京一起长大的孩子在异国他乡见面，激动地流下了眼泪。李明说，除了父亲来看过他，我们是唯一到学校看他的人，所以他很感动。

当天夜里，我们三人促膝长谈，李明详细地谈了他想回国发展的三个原因。

第一个原因是孤独。在美求学三年，他感受最深刻也最难接受的是孤独。他的性格内向，喜欢安静，也没交女朋友，要好的同学虽然有几个，但假日朋友都回家了，学校周围也没有可以打工的地方。他常常是一个人孤零零地留在学校的宿舍里，去年的圣诞节，校园里几乎空无一人，他一个人躺在冷清的宿舍里，四周一片寂静，甚至可以听到自己的心跳声。他毫不掩饰地对我说，当时，他一个大小伙子，竟忍不住哭了起来。那种刻骨铭心的孤独感，如果没有亲身经历，是很难理解这种感受的。

我对他说，来的路上看到你这里的环境，我理解你的心情。但是，如果你工作了，再找一个女朋友，成家了，就不会孤独了。

可是李明说，他还是不喜欢这里的环境。他说，有一家美国公司想录用他，但他去面试的时候发现，这家公司在深山里，做的是与矿业有关的分析研究，因为环境差的原因，美国的年轻人不愿意到那里工作，在那里工作的几个研究人员，多数是墨西哥裔，唯一的女性是个印度裔中年单身女人。李明说，如果去那里上班，一样会孤独，连女朋友都难找，他不想把自己的大好年华扔在深山老林之中。

认为回国工作的机会比美国多，是李明要回国的第二个原因。

他认为，美国经济前景不如中国，未来几年回国发展的机会比在美国多。他对我说，到美国繁华的大城市去找工作，也不是不可能，但要花很多时间。他有几个同学至今也没有找到工作，仍在不停地向各家美国公司投简历。他不想再浪费时间，想尽快回国。

至于第三个原因，李明说是为了照顾父母。他说，子曰："父母在，不远游，游必有方。"父母将来年老了，他是独子，却不能在身边照顾他们，是很不孝的事情。李明还说，这几年母亲身体欠佳，而他因学业忙，也因机票太贵，无法回国探望父母，使他心里很难过。

我与李明探讨，如果将来在美国安家就业，把父母接来美国一起生活，也可以在身边照顾他们。可是李明不同意我的想法，他认为，父母在国内工作生活了几十年，习惯了国内的生活环境，亲朋好友也多。如果到美国生活，他们会很不习惯：语言不通，不会开车，没有朋友，加上儿女忙于学习工作，他们每天只能待在家里，感觉就像是在"坐牢"。李明不愿意父母将来到美国来过这种"坐牢"的生活。

听了李明对自己前途的分析，瑞克觉得很有道理，便说："既然这样，那你就回国吧，别犹豫了。"

我认为李明已经作了充分思考，当然也尊重他的决定，于是提了两点建议：希望他在国内找到工作再回国；另外，要对父母解释清楚回国的原因，取得他们的理解与支持。

我对他说，"我不反对你回国，但你最好事先与国内的一些公司联系，看看有没有工作机会。如果能在中美两国的跨国公司找到工作，在中美都有用武之地，又能照顾父母，两全其美。"

李明接受了我的建议，他说，实际上他已与北京一家大型电子企业的人事部取得了联系，对方愿意接收李明，但要面试。至于父母，他会认真跟他们解释沟通。

结束得州之行，我与李明的父亲通了电话，详细谈了李明的情况与想法。老李听后也觉得儿子的想法有道理，也就没有反对儿子回国。

李明终于踏上了归程。后来他告诉我，他在那家大型电子企业找到了工作，月薪一万多，工作很顺手。现在每天晚上都能和父母生活在一起，也交上了一个善解人意的女朋友，一家人都过得很快乐。

留学生在美国学成之后，是留在美国工作还是回国创业，各有利弊，各人情况不同，要根据自己的情况区别对待，不能一概而论。

因此，回国与否，一定要根据自己的客观情况慎重处理。笔者认为，年轻人应以学业和事业为重。不管回国与否，有一个稳定的工作对自己、对父母和家庭、对国家都有好处。

中国的经济发展快，机会多，对"海归"是大好事。笔者当然支持"海归"回国就业、创业。但是笔者认为，留学生要根据自己的实际情况来做决定。最好事先能在国内找到适合自己发展的工作机会，不要没做好思想准备就贸然"海归"。

不是每个人都能成为比尔·盖茨

比尔·盖茨是美国"最成功"的大学辍学生，仅在哈佛上了 6 个月的学，就辍学创办了微软公司，造就了举世无双的微软王国。在一般人眼中，辍学通常并不是好事情。但比尔·盖茨辍学后的成就，引起许多大学生的仿效，不断有人以他为榜样辍学创业。《纽约时报》甚至大声疾呼："退学，创业吧！"鼓励大学生辍学，而不是在大学里浪费时间和金钱。

一些留学生受比尔·盖茨的影响，也在美国辍学，或去打工就业，或成立自己的公司创业，当中有成功的典型，也有失败的教训。我曾接触过一位来自上海的留学生，他上大学二年级的时候，就是受盖茨的影响，毅然辍学，偷偷回国创业。

这位学生名叫郝大伟，他的爸爸在上海当工程师，妈妈是工厂的工人。大伟上高中时就来美国留学，住在纽约的姑姑家，大伟的姑姑是我的邻居，一来二去，大伟成了我家里的常客。我发觉，小伙子喜欢与我讨论中国的经济发展形势，时不时地与我谈谈他的想法。我觉得他的思想要比一般同龄人活跃得多。后来大伟考上纽约州立大学，搬到学校去住，我们之间见面的机会渐渐少了起来。

2007 年初，在大伟读大学二年级的时候，一天夜里，他的姑姑到我家找我，说大伟在学校失踪了。我一直觉得大伟是个好孩子，不认为大伟会去做什么不好的事情，一定是另有隐情，于是我配合大伟的姑姑，寻找大伟的下落。

大伟在大学有一位室友，也是留学生，他对我们说，大伟曾透露要向比尔·盖茨学习，想辍学去创业，做一番事业。但大伟离校时交代他，不要对任何人包括他的家人透露他的去向。我们反复做大伟室友的思想工作，他终于告诉我们，大伟一个人独自回国，可能是去了西安，具体地点及联系电话都没有。

虽然知道大伟可能在西安，但西安是个大城市，没有具体地点也很难找到人。怀着一线希望，我试着打通了西安市政府办公室的电话，希望市政府能帮助查一查机场入境及酒店入住的登记记录，寻找大伟的下落。没想到接电话的工作人员是个很热心的人，十分重视此事，将我的电话内容做了详细记录，说明会请有关部门帮助查查看，并让我第二天再打电话过来听结果。

第二天接通电话，市政府办公室值班员告诉我，找到大伟了，他住在西安一家酒店里。我喜出望外，很快把电话拨过去，可是酒店服务台对我说，大伟是在酒店里住过几天，还多次打听过如何租房、如何买家具等，但是中午他刚刚退了房，也不知道搬去哪里了。线索又断了。

正当我一筹莫展的时候，大伟的室友打来电话，说大伟发来信息，在西安开通了新手机，并租好地方安了家，电话号码和具体地点也有了。这正是"踏破铁鞋无觅处，得来全不费工夫"，我立即告知大伟的姑姑。

经过家人一番劝说，好不容易说服了大伟，让他取消了辍学创业的念头，返回美国继续读书。

当我再次在纽约见到大伟的时候，他感到很不好意思。我问他为什么想辍学，他说是受到比尔·盖茨辍学创业的影响，而且有不少人同样是没有读完大学就去创业了，他也希望回国去闯一闯。

我说，你没钱，怎么个闯法？

大伟说，他也不是完全没有钱，他在高中和大一时，课余都去打工，攒了约两万美元，加上他有信用卡，最大可以预支两万美元，总共 4 万美元，换成人民币就是二十多万元，这笔钱也不少了。

大伟还说，退学之前他不仅想到了要学盖茨，更想到了有人说过的"鸡蛋论"——鸡生蛋，蛋又生鸡，更多的鸡又会生更多的蛋，过不了多久，一只鸡会变成一大群鸡。大伟说，当时他很幼稚，想把他手上的这些钱拿去投资，用钱去生钱，就好比让钱变成可生蛋的鸡，鸡不断的生蛋，就能成功。所以当时他也没多想，就辍学了。

我又问他去西安打算做什么？

大伟说，他去西安后经过考察，觉得那里是历史名城，游客多，打算开一家美国特色的快餐馆。但后来发现，他的美国信用卡不能用，他带的那一点钱根本不够投资的一个零头，他对开店没有任何经验，他要注册、要租店、要购设备、要雇人，等等，都不是他这个年龄段的年轻人可以妥善处理的，身边也没有人可以商量。加上后来家人的劝说，他只好回头。

大伟复学后完全打消了辍学的念头，但创业的想法一直没有中断。大学毕业后，他先在一家物流公司找到工作，一年后，他觉得自己创业的时机逐渐成熟了，于是在2011年创办了属于自己的物流公司。这次，他有了充分的准备，经营有方，公司业务发展很快，经济条件越越来越好。2014年大伟在纽约长岛买了一栋房子，还结婚成了家。

从大伟的经历，我们可以得到一些启发，对于一些人来说，辍学是件好事，因为辍学造就了许多像比尔·盖茨那样伟大的人物。但有些人的成功是不可复制的。对于另一些人来说，系统完整地接受教育，然后再考虑去创业，成功的概率将会更大一些。

辍学的人中固然有成功的，但受过完整教育的人，成功的概率可能远胜于辍学。何况，并非所有辍学的人都能成功。年轻的海外学子们，要珍惜得来不易的留学机会，不要轻易辍学，别让比尔·盖茨误你一生。

Part ⑥

梦想的力量

　　不要只为别人的成就点赞，不要让自己只是看上去很努力。榜样的力量你也可以拥有，在成功的前一秒他们跟现在的你并没有什么不同。

李学海：从华裔打工仔到"仓储大王"

美国威特企业集团董事长李学海，是一位华人企业家，美国华裔会主席。由他一手创立起来的威特集团，旗下已有服装、地产、零售等十多家公司，而由他自创的多个服装品牌，是同业公认的美国著名品牌，畅销美国各大著名百货公司。他还拥有一个 30 万平方米的现代化货仓，年处理 50 亿美元的商品，是美国著名的"仓储大王"。

李学海在美国大名鼎鼎，却很少有人知道他初到美国时的求学经历，笔者曾经多次采访过他，他从一个半工半读的留学生变成亿万富翁，用了20 年的时间，书写了一段传奇人生，他的奋斗经历是当今留学生在美国创业的楷模。

1976 年，20 多岁的李学海从广东经香港来到美国。当时，与他同样年纪的年轻人来到美国，为了生存必须到餐馆或制衣厂打工，很少能去上学。李学海也一样，一到纽约就到一家制衣厂打工，从车衣工做起，从早忙到黑，一天要工作十多个小时，每天都累得腰酸腿痛。他对我说："这段经历使我刻骨铭心，如果没有知识，我就只能打一辈子工。"于是，他下决心读书，充实自己。他看到当时唐人街的许多制衣厂，都是来料加工，利润很低，工人的工资也很低廉。于是他给自己制定了一个奋斗目标：学习服装专业知识，将来开办一家与所有唐人街制衣厂都不同的服装公司。这是李学海最初的"美国梦"。为了实现自己的理想，他挤出时间，半工半读，一边打工挣生活费和学费，一边到纽约时装学院深造。那段时间李学海更辛苦，从制衣厂下班马上赶到学校上课，有时连饭都顾不上吃。放学后常常再回衣厂加班。为了完成作业，经常忙到深夜。虽苦虽累，但知识为他增加了创业的动力。有了一定的积蓄后，李学海开始自己做服装加工生意。1981年，他拿出全部积蓄，创立了自己的服装公司——C.G.实业公司。从半工半读到成立自己的服装公司，李学海用了5年时间，这一年他33岁。

当时，纽约的服装业是犹太人的天下，李学海只能为犹太人做一些简单的加工订单，而不甘心给别人贴牌作嫁衣的李学海一直怀有打造自主品牌的梦想。李学海一边进行来料加工，一边开始设计和开发自己的品牌。李学海在纽约时装学院毕业后又制定了一个新目标——创立自己的服装品牌，一个能在纽约的高级商场销售，为美国主流社会所接受的知名品牌。他从中国独特的丝绸面料和精微的车缝工艺入手，采用欧美最新款式，力图使自己设计的产品挤入美国主流市场。

从犹太人盘踞百年的服装行业争取一席之地谈何容易。李学海扛着自己设计、生产的时装，走遍了曼哈顿。见服装店就进，一家一家地找买主。为了推销自己的品牌，李学海走破了上百双鞋子。李学海用汗水和智慧走出了第一步，终于推销成功，他成为第一个在美国成功推出自己服装品牌的华人企业家，实现了自己最初的"美国梦"。

李学海在美国服装界声名鹊起，但他并不满足，时刻都在寻找新的机会，扩展经营空间。善于捕捉商机的他，在仓储领域获得了更大的发展。

20世纪90年代初，美国经济衰退，房价下跌，货仓大量闲置，被低价出售。与此同时，香港的房地产却在猛涨。李学海逆向思维，出售公司在香港的物业，将资金从香港抽到美国购买货仓。他陆续在新泽西买下15座巨型货仓，占地面积超过200万平方米，总价值超过两亿美元。李学海的眼光很准，随着20世纪90年代中后期美国经济逐渐复苏，李学海购买的仓储设施成倍升值，为他扩展其他业务打下了雄厚的基础。在李学海的仓储配送中心，建立了仓储物流管理网络系统，为供需双方提供高效的电子商务平台，哪些商品及货物缺少，马上通过电脑系统自动补充，整个操作过程既准确又快捷。目前，威特公司已在东南亚、欧洲、中南美洲，以及中国的香港、北京、上海、天津和深圳等地建立了健全的网上物流中心，这些措施大大节省了交易成本，提高了公司的竞争力。

如今，威特集团的仓储设施总面积已达三十多万平方米，遍布纽约、新泽西和洛杉矶等美国东西海岸主要地区，成为美国最大的现代化仓储和物流中心之一，年增长率达 30%，每年为数百家世界著名企业配送处理超过 50 亿美元的商品，成为纽约地区最大的 200 家私人企业之一。李学海被美国媒体誉为"仓储大王"。

李学海在美国取得成功的同时，十分关注国内的经济发展，并以此作为事业发展的重要部分。李学海在中国的合资、独资企业已遍布十多个省市。他在天津建立了拥有 3000 名雇员的"天津威特公司"，还在北京、上海、深圳等城市建立了二十多家高级服装连锁店。对于社会公益事业，李学海同样十分热心，在美国，他是"纽约州政府退休公务员基金"的唯一华裔理事；在中国，他是北京外交学院"李学海奖学金"的赞助人。

作为一名成功的华裔企业家，李学海获奖无数。2001 年，美国商务部评选李学海为少数族裔杰出企业家；同年，李学海还荣获爱丽斯岛荣誉勋章，这个奖项由美国全国族裔联盟主办，专门授予那些对美国社会做出过杰出贡献的人，布什和克林顿等 6 位美国前总统都曾荣获过此奖，得奖者的名字被美国国会记入史册。

李学海先生 2013 年 5 月在清华大学做客
"华裔领袖·清华讲堂"①

李学海创业的经历告诉我们，专业知识是创业的基础，正确的目标和不屈不挠的努力是创业的加油站，敏锐地观察时代潮流，抓住机遇是事业发展的加速器。

---

① http://blog.sina.com.cn/s/blog_7ac6838b010119gt.html。

金健康：从艺术与商业之间找到突破口

　　许多在海外学习艺术的留学生经过西方艺术的熏陶，终于成为一个艺术家。不过，能成为艺术家，同时又能成为从事艺术方面的企业家的留学生并不多。金健康先生就是为数不多的艺术家兼企业家的佼佼者。

　　认识金健康先生完全是机缘巧合，一天，在纽约一个美国收养中国孤儿的摄影展开幕式上，坐在后排的一个穿着普通夹克的中年人引起我的注意。在美国有不少"侨领"，出席会议一般都非常注重自己的形象和着装，西装革履不说，抢着在前排让媒体记者照相，抢话筒长篇大论发言，常常成为华人社区一景。眼前这位先生坐在会议室最不起眼的角落，虽然默不作声，但气度非凡。我上前与他寒暄，才知道原来他是小区闻名的艺术家金健康先生，而且他还是这次摄影展的主要赞助者。就这样我认识了金先生，与他接触的机会也渐渐多了起来，终于对他有了更多的了解。他为了追求自己的梦想，经历了千辛万苦，更令我感动的是，成功之后他仍然在艺术道路上不懈地努力追求，而且有着高尚的品格。

　　金先生是 20 世纪 80 年代的中国留学生。1985 年，他毕业于上海师大艺术系油画专业，被分配到一家艺术大专教书。在许多人看来，金先生已经端上了一个"铁饭碗"，一辈子都不用为生活发愁了。不过，他没有这样想，工作了不到一年就选择辞职，自费出国留学，到法国探索研究绘画艺术。两年后，他转赴意大利，在著名的佛罗伦萨美术学院（Florence National

Academy of Fimearts of Italy）继续深造。三年的留学生活，使年轻的金先生在意大利崭露头角，他的作品曾获选参加世界各国艺术家联展，还在意大利成功举办了一次个人画展。佛罗伦萨市的主流报纸曾专门登载文章介绍金健康，大标题是"年轻的艺术家在佛罗伦萨"。

在许多人看来，如果金先生留在意大利发展，前途不可限量。但是他又把眼光放到美国纽约，他喜欢纽约的艺术氛围，他认为纽约是世界各类艺术百花齐放的最佳园地。从古典派到印象派，从现实主义派到超现实主义派，以及抽象派，在纽约能找到各种艺术流派的艺术家。于是，金先生决定到美国深造，学习美国艺术家的创造精神，希望自己能够像蜜蜂那样吸收到更多各种艺术的养料，尽最大努力吸取世界顶尖艺术的精华，为未来腾飞打好坚实的基础。1992 年，他辗转来到美国，进入纽约大学主攻油画专业，并获得硕士学位。

任何一位大艺术家的成长，都要经受异常艰辛的磨炼，金健康也不例外。因为他是自费留学，在留学的那几年，他都是靠课余在街头替游人画像来挣学费和生活费。在街头画画，不论是严寒酷暑，或是日晒雨淋，都要坚持，不仅非常艰苦，还有被警察逮捕的危险。他对我说，在法、意、美三国，他都曾因在街头画画而被捕过。

第一次是在法国巴黎，金健康为了挣学费，不得不到巴黎卢浮宫外为人画像。一次，他因此被警察带到警察局，他没有做任何解释，不到 15 分钟警察就把他放了。第一次被捕，他感觉到法国警察似乎比较尊重艺术家。

第二次被捕是在佛罗伦萨的街头，警察看到金先生在街头为人画画，又把他带到警察局问话，当警察得知金先生是当地媒体大幅报道过的中国画家，态度马上缓和，二话没说，立即把他放了。

第三次被捕是在纽约，这次被捕给他上了人生最深刻的一课。从意大利来到美国，原来每个学期 200 美元的学费，陡然增加到一年 15000 美元，巨大的经济负担沉重地压在金先生的肩上，他只好半工半读，利用课余时间上街画画，每天坚持，从不间断。1990 年 12 月 23 日，圣诞节的前夜，金健康正在时代广场为人作画，当场被纽约市警察逮捕。警察给他戴上手铐，把他关进监狱里的一个小黑屋里。金健康生平第一次，也是唯一一次，在监狱里过了一个"普天同庆"的圣诞节，也领略了美国警察粗暴执法、无视人权的滋味。

金健康认为，在纽约被捕人生中对他触动最大的一件事。在纽约街头画画被捕，当年在纽约司空见惯，说明纽约的街头艺术家没有合法的生存空间。这件事，直接刺激了金健康投入后来的推动美国国会对"第一修正案"的"释法运动"，与许许多多的美国艺术家一起为街头艺术家争取免予被捕的权利，最终取得了胜利。

金健康在艺术上的苦苦追求，使他获得了很大的成功，他在纽约大学油画专业硕士毕业不久，就已经成为美国小有名气的艺术家。他融合西方各种画派的专长，并加以创新，创作出一幅又一幅优秀作品，并多次获得世界美术大奖。1994 年，他的作品《我的意大利》获两年一度的世界彩粉画大赛优秀奖；1996 年，《和平的祈祷》获纪念联合国教科文组织 50 周年世界和平友好国际书画大赛银奖；1997 年，他的油画作品入选《美国当代画家百科全书》；1999 年，油画《劳动的报酬》获亚太研究院授予的 20 世纪杰出艺术家勋章；2008 年，中国文联出版社出版海内外中国书画当代名家集，专门出版了《著名美籍华裔画家金健康个人画集》。

在艺术上获得成功的金健康，在不断追求艺术创新的同时，开始思考一个艺术家如何将艺术与商业结合起来，争取更大的成功。他说："很多艺术家轻视商业。当今最伟大的艺术创作，是把商业跟艺术专业结合，用艺术作为指导。"他决心从艺术与商业的结合中找到一个突破口。让金健康的艺术生命转折的关键，是美国国会对"第一修正案"的新解释。1998 年，第一修正案关于言论自由的权利适用于街头艺术家的立法通过，在美国历史上具有划时代的意义。正因为金健康参与了推动这一法案，他敏锐地捕捉到事件背后巨大的商机。

当天，金健康从《纽约时报》上看到了这条新闻，他兴奋地对妻子说，"我们的机会来了。"金健康很了解纽约的街头画家，他们无论是卖照片还是图画，或是写中国书法，都需要画框。金健康算了一笔账：纽约市至少有 300 名街头画家，如果每天每个画家卖出 5~10 幅画，一天就有 1500~3000 张画，纽约市单单街头画家一年对纸框的消耗量就接近 100 万！所以，金健康敏锐地看到，这是一个巨大的商机。

金健康当即决定投资纸画框的生产线，而且一上马就决定选择世界上最好的机器。当时加拿大和美国的生产纸画框的机器应该是很不错了，但他反复考察比较之后觉得还是不满意，最后决定购买当时最好的德国产的电脑控制的机器。他的企业很快投产，并在短时间内获得成功。他创办的企业，是美国最早一家使用电脑控制的机器生产纸画框的厂家。金健康也成为美国从事这个艺术品包装行业的第一位华人。

金先生创业的一个重要特点是创新，不抄袭别人。从开始生产的纸画框，到后来发展艺术绘画及照片数码印刷，金健康都走在同行的前面。他管理企业的方法也别具一格，员工上班时间可以自由机动，以业绩来计算自己的薪水，因此每个员工都很自觉很努力，把自己当成公司的主人。

金健康成功后的投入很多精力在公益与慈善事业上。他做事不喜欢张扬，常常是为华人小区做了很多好事，在媒体上却看不到他的名字。人们正是从他的无私奉献，看到了他的高尚品格。

金先生的成功经历，无疑是对在艺术领域求学的留学生很好的启发。在采访中，我请金先生谈谈自己的心得。他想了想对我说："在自己的专业上创业，成功了，犹如得到了皇冠。专业如果再加上艺术去创业，成功了，就取得了皇冠上的明珠。"

寄语我们的留学生，能不怕困难，像金先生那样去创业，用自己的汗水和智慧，勇敢摘取创业的皇冠和明珠。

刘贤方：从下乡知青到美国商学院院长

　　美国的华人中藏龙卧虎，此话一点不假。2007 年夏季的一天，我陪同几个北京友人，乘坐一辆华人旅游大巴去华盛顿旅游，车上都是华人，大家虽素不相识，但因同文同种，旅途中也能谈天说地，笑语横生。一个中年人的谈吐引起了我的注意，他言语不多，但言简意赅，常能一语中的。我猜测他是名教师，中途下车休息时，我主动上前与其聊天，他果然是教师，而且是纽约理工大学的教授，名叫刘贤方。就这样在车上相识，我和他开始交往。

　　又经过一段时间的了解，我才知道他的人生经历非常艰难曲折：他从早年的一个下乡知青，一路奋斗，考上大学，出国留学，读硕读博，进而当上教授，直到成为纽约理工大学商学院院长。他的奋斗经历让我肃然起敬。

　　1970 年，刘贤方教授读初中一年级时遇上知识青年下乡，17 岁的他从上海下放到江西农村，在那里度过了 9 年艰难岁月，吃尽苦头，最苦最累的农活他都干过。直到恢复高考后，他靠自己的努力于 1978 年进入江西财经学院会计系学习。1982 年底，刘贤方出国留学，又经历了许多波折，凭借非凡的毅力，先后获得了阿克伦大学（University of Akron）的 MBA 硕士和宾夕法尼亚州立大学的博士，他的博士论文获得国际商学会 1993 年最佳博士论文奖，并成为获此殊荣的首位中国人。

他认为，拿到博士学位，只是在美国生存的第一关，就业才是更重要的。刘贤方博士毕业那一年，正好碰上美国经济衰退，高等教育的就业市场很差，很多美国人都找不到工作。但他经过多方努力，在大学找到了教职。

至今刘贤方仍然清晰地记得他的第一堂课，他说那是一段令人汗颜的经历。国际商学原理是商学专业的共同课程，所以是一个大班的课。上课那天，他走进教室，站在讲台上，鼓起勇气向下面听课的学生望去。那是一个梯形大教室，密密麻麻地坐满了一百多名各种肤色的学生。站在那里，刘贤方两条腿在微颤着，教室里有冷气，他却出了一身汗。开讲后，他都不敢以手势做辅助，因为他的手在发抖，如果举起手臂就露馅了。他把要说的话都写在纸上，而且全部都背下来了，但还是很紧张。为准备第一堂课，他花了很多时间，内容也很充分。当他把准备好的话都讲完后，只花了一半的时间，又已经没有东西可以说了。这时他灵机一动，告诉学生们，因为这是第一堂课，所以提早结束。

他说，第一次当老师，在美国大学为学生上课，压力极大。但是压力也成了他的动力。每堂课他都要花费大量的时间准备，很快，他就克服了上课的紧张情绪，站在讲台上也越发自信了，只要列出一个提纲，就可以开始讲课，时间也掌握得比较好。即使处于一个完全陌生的授课环境，也应对自如，而且下面听众越是多，刘贤方越是感到兴奋，发挥得也越是精彩。刘贤方自己都有些奇怪，因为不少美国教授也坦承，在讲授每学期的第一堂课时，都会有一种紧张的感觉。可刘贤方完全没有。他认为自己的性格其实是比较腼腆的，在与陌生人打交道或参加公共社交活动时，都会紧张。可当他一登上了讲台，那就是完全不同的感觉，可以滔滔不绝，完全不感到害羞。他自嘲，现在上课已经到"炉火纯青"、"厚颜无耻"的境界了。

刘贤方在对我讲述他过去经历的时候，低调而且谦虚，他一再强调自己是普通人。他说："老实说，我承认自己不是成功人士，也没有特殊贡献，很多海外华人的成就远在我之上。"我不认同他的这种说法，因为他的奋斗与成功，是千千万万年轻学子的好榜样。而且，他成为纽约理工大学商学院教授及院长之后，为推动中美两国在教育上的交流做出了许多贡献。

　　他自称普通人，没错，所有人，包括那些领袖人物和名人，一出生都是普通人。但是他为了成长进步，付出了许多普通人难以想象的努力，才获得了今天的成就。比如，来美留学，因为英语底子差，于是他废寝忘食，天天苦读英文，不到半年，发现自己进步了，可以与老师同学交流了，从此学业突飞猛进。

　　现在，刘贤方教授除了活跃在美国大学的讲台，每年都要抽时间回到中国，和国内的大学合作办学，把自己的热情和知识，奉献给祖国。

　　刘贤方教授用自己的亲身经历写了一本书《改变命运的人生兵法——从下乡知青到美国教授》，在中国出版，甚受欢迎。他以朴实无华的语言，回顾了自己走过的人生道路，展示了普通人为实现目标不懈努力的奋斗史。他提出"三点二法求一本"的刘氏人生兵法，即以目标、毅力和态度为条件，辅之以定向、取舍的竞争策略来实现个人价值最大化的新颖观点。指出只要保持积极乐观的人生态度，建立明确的目标，加上努力奋斗，就可改变人生。

莫虎：机遇成就梦想

莫虎，在美国的华人当中是一个响当当的名字。1984年，年仅33岁的莫虎，被纽约市长委任为纽约市警察总局副局长兼审判庭庭长，成为纽约警界的最高法官，管理美国最大城市——纽约市五万多名警察。莫虎创造了美国建国以来，华人在美国警界职位最高的纪录。

莫虎祖籍广西，1950年11月生于上海。从1951年起，随母亲许瑾辗转中国香港、中国台湾及西班牙，1960年2月移民美国，定居纽约。经过十多年不懈努力，他从一个不识一句英语的穷孩子，成为美国波士顿大学法学博士，一步一步地踏上成功之路。

笔者曾就留学生在美国如何就业的问题采访过莫虎，请他谈谈他的经验和看法。他略加思索后，对我说："一定要学会抓住机遇，有时候，机会对一个人是瞬间即逝，只要你死死地抓住机会，前途就会豁然开朗。"接着，他用自己求职的经历，说明如何去抓住机会。

莫虎在美国波士顿大学攻读法学博士学位，毕业前面临就业的问题。他曾考虑毕业后去当老师或当律师，但最理想的是当检察官。临近毕业，一个机会来了。

1975年10月，美国历史上实力最强、名气最大的纽约曼哈顿检察署，到波士顿法学院挑选人才，面试名额定为40人。学校初步选定的40人中，并没有莫虎的名字。按计划，面试分两天进行，每天面试20人。莫虎认为不能错过这次机会，他思考了两天，想出了一个办法，勇敢地在张贴出来的 40 位面试名单后面，写上自己的名字，列为第 41 位。考官很惊讶莫虎的勇敢，在面试完 40 位学生之后，特意给莫虎 5 分钟时间，想见一见这位年轻人。于是莫虎获得了这个十分难得的机会，他对考官说："波士顿不是我的家，我的家在纽约。我在唐人街长大，虽然我的家很穷，但再穷，我也要回纽约，为纽约服务。"

考官静静地听完莫虎的叙述，眼睛亮了起来，显然被打动了。这位考官正是大名鼎鼎的纽约曼哈顿检察署摩根索总检察官。为了这次来之不易的面试，莫虎做足了功课，了解到面试小组是由摩根索领队，但他想不到摩根索会亲自面试他，他没有丝毫紧张，继续对摩根索总检察官说："我在纽约长大，了解唐人街，也了解纽约的社会的底层，我希望能回到纽约工作。如果我得到这个机会，我一定会努力。"最后，莫虎加强语气，对摩根索说："我可以用我的努力，让您和纽约的百姓感到骄傲。"短短几分钟，摩根索被莫虎诚恳的表达所感动，延长时间与莫虎深谈，经全面考察后，很快就决定录用年仅 25 岁莫虎当他的副检察官。

莫虎没有让摩根索失望，担任副检察官、检察官职务的 8 年期间，办了很多轰动的大案要案，并几次登上《纽约时报》。由于他卓越的表现，年轻的莫虎被破格提升为纽约市警察总局副局长兼审判庭庭长，成为纽约警界的最高法官。连任 4 年后，莫虎于 1988 年转行律师，多年后又成为美国最好的律师之一。目前他是纽约州法官纪委仲裁人之一，7 名仲裁人中他是唯一的华裔，其他 6 人都是白人。莫虎还是中华人民共和国驻联合国代表团特聘的常年法律

1984 年，33 岁的莫虎（左 4）
被纽约市市长委任为纽约市警察总局副局长

顾问。

可以说，求职当年那 5 分钟的面试时间，改变了莫虎的一生。

但是莫虎强调说，抓住机会当然是非常重要的关键，但关键的关键，是机会来临前要做好充分准备。也就是说，学生求学期间，一定要学好功课。否则就算有好机会也还是抓不住。

正如莫虎所说，由于他出身穷苦，学习特别刻苦用功，从小学到中学、大学，到攻读硕士、博士，都是个很出色的顶尖好学生，所以他能在求职面试中脱颖而出，就完全不令人感到奇怪了。

董克文：寒门出贵子

　　董克文是我在美国的一位好朋友，他是一位中国留学生出身的律师。他的经历，堪称"寒门出贵子"。

　　董克文虽然来自大上海，然而，在当时那个特殊的历史时期，他中学毕业后，不能去上大学，只能去当工人。他自幼喜欢摆弄电器，常常把捡来的废旧电子零件，自己动手装配。经过他反复组装试验，竟然装配出了一台好的收音机和电视机。董克文从小一直梦想长大后当个电子工程师，中学毕业时，他向当时负责工作分配的干部讲了自己的愿望，没想到这位干部竟当面讥笑他，并把他分配去当泥瓦匠。这个干部的讥笑，深深地伤害了一个无辜孩子的心。

　　当年，十几岁的董克文刚走出校门，就去干泥瓦匠这种重体力劳动，对他是个考验，也是磨炼。没多久，他就在搬重物时扭伤了腰，至今每逢阴雨天，他的腰都会疼。越是腰疼，他越下决心要挺起腰杆子做人。在最艰苦的时候他仍不忘自学，渴望有一天能用知识的小船冲出苦海。

　　1979 年，董克文来到美国，他认为这是一个会平等给予每个人机会的地方。是两手空空到美国，不懂英文，读书困难重重，现实生活迫使他必须去打工，靠双手养活自己。正是幼时的梦想和从小被"出身歧视"激励了他，让他憋足了劲要去读书！他半工半读进修英文，终于考上了哥伦比亚大学。那时，他拼命读书，课余还要去打工挣学费。他的母亲赴美当保姆挣钱，全力支持他读书。几年寒窗苦读，董克文终于从哥伦比亚大学工程学院毕业，取得了学士和硕士学位，走进世界一流的电子公司，他先后在美国惠普公司（Hewlett-Packard Development Company，HP）和美国电话电报公司（American Telephone & Telegraph，AT&T）任工程师，工作稳定，收入也不错。

坐在美国大公司电子工程师的位置，董克文越做越没有成就感，一直在想转行。董克文说，有一次，他偶然看一部美国影片，汤姆·克鲁斯在影片中扮演一位庭审律师，他被汤姆·克鲁斯超帅的表演深深地打动了：穿着笔挺的西服，在法庭中踱来踱去质问证人的那种帅气，叫人为之着迷。年幼时的逆境，以及来美国后所看到的种种社会不平，刹那间都像走马灯一样在脑海里出现，董克文决定"换跑道"去当律师，而且要当就当庭审律师！

决心定下，董克文回炉哥伦比亚大学，报考哥大法学院，哥大法学院是全美顶尖级的法学院之一，凭借卓越的法律教学水平，优秀的学生群体，以及绝佳的地理位置，一直屹立于美国最佳法学院的前列。哥大名人辈出，引以为自豪的不仅有大、小罗斯福总统，还有首任最高法院首席大法官杰伊，以及现任美国总统奥巴马。

哥大校友的身份及美国大公司工程师的工作经历，对董克文申请法学院很有帮助，入学申请书里董克文对年幼时逆境的叙述，以及希望用法律给社会带来公平的理想，也打动了哥大，他如愿以偿进入哥大法学院攻读。入学后，摆在他面前的困难，除了从未接触过的许多法律专业课，还有高昂的学费。聪明和勤奋又一次帮助了他，他申请助学贷款，还抓住唐人街缺乏书店的商机，开办了一家小书店，自任老板，每到周末，他都在街头摆书摊，售书挣学费。笔者90年代在纽约圣约翰大学当访问学者，就是在街头书摊买书的时候与他相识，并成为好朋友的。

靠自己不懈的奋斗，董克文成为法学院的法学博士，毕业后打赢无数官司，又成为纽约律师中的佼佼者。纽约法拉盛有一座极其庞大而破旧的戏院，死气沉沉躺在那里十多年而无人问津。纽约市政府以要求修复约占戏院2%的古迹为由，封闭戏院其他98%的修建工程。纽约的律师多如牛毛，此案背后错综复杂的政治因素令他们退避三舍，就连主流社会许多资深大律师也不敢沾手。1999年起，如初生之犊的律师董克文自告奋勇，就法拉盛戏院同纽约市政府打起了官司，法庭上，董克文舌战市政府的白人律师，屡屡告捷，后来终于获胜，让死气沉沉的大戏院有了生机。也是从那时起，人们记住了董克文。十多年过去，董克文已成为纽约口碑甚佳的大律师，他的律师楼有十多名律师，每天都在为人们提供法律服务。董克文律师撰写的《雄辩美国法庭——美籍华裔庭审律师案说美国法律》很受中美两国读者的好评。

董克文律师

董克文的经历，可以说是寒门出贵子的很好的例证。前不久，网上流传所谓"寒门不能再出贵子"的论调，甚至一些媒体也跟着起哄，给弱势群体的寒门子弟大泼冷水。有的所谓专家，还拿出美国社会学的一些资料，说美国寒门难出贵子，笔者对这种论调不敢苟同。尽管社会的变迁给"寒门出贵子"增添了难度，但是，任何时候，知识都是弱者手中的一把利剑，可以帮助寒门弟子披荆斩棘，开辟美好前途。

寄语弱势群体的子弟们，追求美好人生是每个人都具有的权利。只要不畏困难，勇敢求学，贫寒的出身就阻挡不了你们前进的步伐。

黄亚村：四次创业成就辉煌

高挑的个子，苗条的身材，俊俏的脸庞，已经成为企业家的黄亚村还是留学生时的那个样子。岁月并没有在她的脸上留下太多的痕迹，而她却在岁月里创造了成功与辉煌。人们很难想象，这样一个年轻的女性，竟在纽约的养老事业开创了一片新天地，成为纽约养老集团的总裁。

20 世纪的 90 年代，黄亚村来美国留学，学习工商管理。和很多留学生一样，她也去打过工。但她很快就放弃打工，与同是留学生的男朋友一起，白手起家创办了一家服装公司 Design 129 Corp.，她希望用自己在留学中学到的现代工商管理知识，改变纽约华人古老陈旧的服装业。

创业艰难百事多，但黄亚村和男友百折不挠，将一个小公司发展成为当时纽约颇具规模的华人服装企业之一后。黄亚村收获了成功，也收获了爱情，她的男友成了她现在的丈夫。

受第一次创业成功的鼓舞，黄亚村筹划第二次创业。她是个喜欢创新的人，希望能跳出华人创业的传统圈子。那时纽约的养老业是美犹籍太人一统天下，没有华人从事养老行业，黄亚村希望能填补华人的空白，创办一家属于自己的养老院。黄亚村夫妇经过不断努力，克服重重困难，终于拿到了纽约州经营养老院的执照，这是纽约州有史以来华人拿到的第一张经营养老院的执照。黄亚村很快在纽约上州哈得逊河谷，创办了一家老人院，前来疗养的绝大部分是美国白人。

黄亚村

黄亚村第二次创业又成功了，她成为在纽约养老行业第一个"吃螃蟹"的华人。

再次创业成功的黄亚村更加忙碌，但是华人小区缺乏老人中心又使她有了新的使命感。日益发展的纽约华人小区，来自中国的老人增多，但是缺乏老人护理中心。经过紧张的筹备，黄亚村夫妇于 2011 年 11 月开始第三次创业，将成人日间护理行业带到华人小区，在纽约皇后区法拉盛开办了华人第一间成人日间护理中心——金鹰成人日间护理中心。这间老人中心，很快受到华裔的欢迎，许多来自中国的老人把中心当成他们在海外的家。老人中心的服务范围不断扩大，黄亚村希望通过举办更多更好的文娱和保健服务，来回馈华人小区，并通过其在法拉盛所设的耆老日间护理中心和家庭护理机构，为新移民提供更多的就业机会。

三年多的努力，黄亚村的日间护理中心不断发展壮大，会员已有数百人。每天为前来中心的老人免费提供营养早午两餐，并组织老人开展书画、电脑、唱歌、跳舞、太极、麻将、棋类、养生和物理治疗等丰富多彩的活动项目。同时，金鹰成人日间护理中心还为老人和伤残人士提供免费家庭护理，这项服务使家有老人又上外出工作的上班族的家庭主力放心工作，为他们解除后顾之忧。

黄亚村的第三次创业再次大获成功，现在的金鹰成人日间护理中心，在纽约已小有名气，是最好也是最大的护理中心之一。黄亚村也因此得到国会议员孟昭文的表彰。

2015 年 6 月，事业有成的黄亚村，联合了在美的三十多家中国校友会，创立了中国高校北美校友会联盟，包括清华大学、北京大学、复旦大学、南开大学、浙江大学、山东大学和哈尔滨工业大学等，并且成功地举办了几场面向华人小区的公益活动。

　　黄亚村说，中国高校北美校友会联盟的成员单位，目前包括中国四十多所高校在北美或美东地区的校友会。联盟旨在团结更多的校友会，搭建一个北美中国校友之间交流和学习的平台，构建中美高校间交流、理解与合作的桥梁，促进中美人文交流和中美友好关系的发展，为北美地区中国高校校友和当地小区提供更多更好的服务。

　　北美校友会联盟有效整合了中国各高校在北美地区的数万名校友资源，有跨年龄和跨行业的优势。校友年龄有二十多岁的青年毕业生和留学生，也包括中老年老学长，因此，可以不受年龄限制地开展各年龄段的活动。至于跨行业优势，中国高校北美校友会联盟成员就职于美国和加拿大的各个行业，包括教育、科技、工业、财经、文化、艺术和媒体等，有很多人是留学毕业后自主创业并获得成功的，因此，校友会联盟可以建立与各行各业的广泛联系，交流经验，帮助校友创业，发展事业。成立至今，校友会联盟在黄亚村的带领下，正在健康发展。

北美校友会联盟的成立和运作，实际上是黄亚村的第四次创业，不过，这次创业不是为了自己，而是为了广大的校友和留学生。

　　"成功的路上并不拥挤，因为并非所有的人都能坚持！"这是黄亚村在多次创业过程中领悟到的秘诀：创业需要动力，创业需要坚持。笔者希望，在今后留学生创业的洪流中，能出现更多的黄亚村。

吕思清：不断努力做成一件事

　　吕思清是世界级的小提琴家，8 岁被中央音乐学院附小破格录取，成为这所著名学府有史以来最为年轻的学生，被誉为"乐坛神童"。吕思清 11 岁被世界著名小提琴家耶胡迪•梅纽因选到英国的天才音乐学校学习，14 岁在中央音乐学院附中学习，19 岁赴美国留学，在那里继续深造 8 年。

　　吕思清很年轻的时候就已经名扬天下，曾获得过北京、英国及美国的多个国际比赛奖项。他是第一位获得国际小提琴艺术最高奖——意大利帕格尼尼小提琴大赛金奖的东方人。

　　使吕思清在音乐的道路上突飞猛进的关键一步，是到美国留学。

　　来到人生地不熟的美国之初，他首先要适应的是从名人到普通人的落差。在国内，因为他非凡的音乐成就，事事都会得到他人的关照。但是到了美国，就意味着一切从零开始。现实生活方方面面都要从头开始，自己动手，面临的许多困难是这个 19 岁的小伙子所始料不及的。

　　然而，这些困难并没有难倒吕思清，他很快就投入紧张的留学生活，完全放下世界大赛金奖得奖人的架子，和其他学生一起认真学习，而且每天坚持练琴，不断地提高自己的琴艺。第一年他是在纽约的曼哈顿音乐学院（Manhattan School of Music）学习，但他更渴望能转学到纽约的茱莉娅音乐学院（The Juilliard School）。毕竟，茱莉娅音乐学院是世界上最好的音乐学院之一，多萝西迪蕾等一批知名教授更是世人皆知。吕思清直接写信给迪蕾教授，附上自己的作品 demo，希望成为她的门生。吕思清出众的才华，感动了迪蕾，同意收他为徒。吕思清如愿进入茱莉娅音乐学院深造。

1994 年，吕思清参加了闻名全美的奥斯本音乐节，在接连 4 场的演出中，出尽风头，首次向美国展示了他超凡出众的小提琴技艺。吕思清就这样从点点滴滴做起，充分利用一切可以抓住的机会，慢慢在西方音乐世界确立了自己华人音乐家的地位，并得到西方主流社会的公认：

意大利媒体称吕思清是"一个伟大的天才，一人无与伦比的小提琴家"；

美国媒体称赞他是"世界级小提琴家"；

国际权威音乐杂志《The Strad》称他为"难得一见的天才"。

吕思清

吕思清的琴声早已响遍世界著名音乐厅，足迹已遍布世界近 30 个国家和地区，所到之处好评如潮。美国纽约林肯艺术中心、瑞士日内瓦维多利亚音乐厅、加拿大多伦多福特中心、英国伦敦皇家歌剧院、俄罗斯莫斯科音乐大会堂等世界著名音乐殿堂，都响起过吕思清悠扬的琴声。几乎所有国际知名乐团都主动与吕思清合作过，这也是一个奇迹。这些国际知名乐团包括英国皇家爱乐乐团、瑞士伯尔尼交响乐团、意大利热那亚歌剧院交响乐团、西班牙毕尔巴鄂交响乐团、葡萄牙爱乐乐团、加拿大温哥华交响乐团、美国好莱坞剧场乐队、辛辛那提室内乐团和俄罗斯国家交响乐团，等等。

被誉为"中国第一小提琴"的吕思清，留给我的印象是谦虚、勤勉，平易近人。他身上有一种天生的随意亲和，让人感到很亲切。他为人非常谦虚、低调，从来不向他人提及他所获得的荣誉。他淡泊名利，从不摆音乐大师的架子。尽管他是世界级的演奏家，每年都有一百多场的演出，但在美国，不论是为癌症患者义演，还是为祖国的希望工程募捐，他从来都不推辞，不问报酬。

令我感动的是他在功成名就之后，依然坚持着刻苦练习，他认为，天赋对一个人的成功虽然是重要的因素，但是后天的努力才是一个人成功的决定因素。在他看来，有天赋只是一种恩赐，一个开始，专注、自律、刻苦是天赋之外的成功法则。他鼓励年轻学子，一定要有刻苦学习的精神。他说："所有行业的成功人士一定是最自律的人，持续不懈地做成一件事。"

附　录

1. 相关信息查询

《美国新闻和世界报道》（U.S.News）发布的美国大学本科排名、美国大学研究生院排名等，即 U.S.News 排名，是美国最有影响力的大学排名榜单，2016 年 3 月《美国与新闻报道》公布了 2017 年美国综合大学排名。登录 U.S.News 网站（http://www.usnews.com/），即可查询最新发布的美国大学综合排名、美国大学研究生 **EMBA 专业排名、美国高中排名、私立高中、食宿较低廉的美国大学排名**，等等。此外，还有"**美国十大最热门科技工作和最好的工作**"。

CareerBuilder（北美最大的招聘网站，http://www.careerbuilder.com/）可以查到最热门的职业排名及其薪资和所需的学历。

2. 2015 年求职条件最好和最差的美国城市

美国媒体《商业内幕》（http://www.businessinsider.com/，美国当今最具影响力商业新闻网站之一）2015 年 1 月援引 WalletHub（社交化财经社区）的报告，公布了一份最新的求职条件最好和最差的美国城市的排名。

	全美求职最容易的城市排名	全美求职最困难的城市排名
1	西雅图（Seattle），华盛顿州	圣贝纳迪诺（San Bernardino），加州
2	狄蒙（Des Moines），爱荷华州	莫雷诺谷（Moreno Valley），加州

全美求职最容易的城市排名		全美求职最困难的城市排名
3	吉尔伯特（Gilbert），亚利桑那州	底特律（Detroit），密歇根州
4	苏瀑（Sioux Falls），南达科他州	海厄利亚（Hialeah），佛罗里达州
5	费利蒙（Fremont），加州	曼非斯（Memphis），田纳西州
全美就业市场最佳排名		全美就业市场最差排名
1	狄蒙（Des Moines），爱荷华州	莫雷诺谷（Moreno Valley），加州
2	西雅图（Seattle），华盛顿州	圣贝纳迪诺（San Bernardino），加州
3	欧文（Irving），德克萨斯州	莫德斯托（Modesto），加州
4	盐湖城（Salt Lake City），犹他州	图森（Tucson），亚利桑那州
5	达拉斯（Dallas），德克萨斯州	弗雷斯诺（Fresno），加州
全美城市社经环境最佳排名		全美城市社经环境最差排名
1	欧弗兰帕克（Overland Park），堪萨斯州	纽华克（Newark），新泽西州
2	斯科茨代尔（Scottsdale），亚利桑那州	圣贝纳迪诺（San Bernardino），加州
3	林肯（Lincoln），内布拉斯加州	海厄利亚（Hialeah），佛罗里达州
4	麦迪逊（Madison），威斯康星州	纽约（New York），纽约州
5	奥马哈（Omaha），内布拉斯加州	迈阿密（Miami），佛罗里达州
全美最高年薪中位数的城市排行榜（依当地生活水平标准）		全美最低年薪中位数的城市排行榜（依当地生活水平标准）
1	普莱诺（Plano），德克萨斯州	纽华克（Newark），新泽西州
2	吉尔伯特（Gilbert），亚利桑那州	克里夫兰（Cleveland），俄亥俄州
3	费利蒙（Fremont），加州	底特律（Detroit），密歇根州
4	钱德勒（Chandler），亚利桑那州	海厄利亚（Hialeah），佛罗里达州
5	欧弗兰帕克（Overland Park），堪萨斯州	迈阿密（Miami），佛罗里达州
全美最高月薪起薪中位数的城市排行榜		全美最低月薪起薪中位数的城市排行榜
1	圣荷西（San Jose），加州	拉雷多（Laredo），德克萨斯州
2	华盛顿D.C.（Washington，D.C.），华盛顿特区	斯普林菲尔德（Springfield），密苏里州
3	旧金山（San Francisco），加州	林肯（Lincoln），内布拉斯加州
4	奥克兰（Oakland），加州	蒙哥马利（Montgomery），亚拉巴马州
5	费利蒙（Fremont），加州	弗雷斯诺（Fresno），加州

	全美失业率最低的城市 （拥有学士或更高学历）排行榜	全美失业率最高的城市 （拥有学士或更高学历）排行榜
1	苏瀑（Sioux Falls），南达科他州	圣露西港（Port St. Lucie），佛罗里达州
2	拉巴克（Lubbock），德克萨斯州	纽华克（Newark），新泽西州
3	俄克拉荷马市（Oklahoma）， 俄克拉荷马州	底特律（Detroit），密歇根州
4	拉雷多（Laredo），德克萨斯州	海厄利亚（Hialeah），佛罗里达州
5	皮奥里亚（Peoria），亚利桑那州	圣贝纳迪诺（San Bernardino），加州
	全美最可负担住房的城市排行榜	**全美最不能负担住房的城市排行榜**
1	科珀斯克里斯蒂（Corpus Christi）， 德克萨斯州	圣露西港（Port St. Lucie），佛罗里达州
2	普莱诺（Plano），德克萨斯州	纽华克（Newark），新泽西州
3	韦恩堡（Fort Wayne），印第安纳州	奥克兰（Oakland），加州
4	吉尔伯特（Gilbert），亚利桑那州	洛杉矶（Los Angeles），加州
5	皮奥里亚（Peoria），亚利桑那州	格伦代尔（Glendale），加州

3. 外交部推出"境外110"安全留学牢记12条

2014年5月25日，教育部留学服务中心在南京大学举办出国留学行前培训会。据会议介绍，外交部将推出"境外110"服务，以供留学人员求助之用。值得关注的是，以后在国外遇到紧急情况也可以拨打110求助了！"在国外也是统一的号码，比如在110前面加上国家代码前缀。"

教育部留学服务中心建议留学人员在行前，最好牢记 "安全留学黄金准则12条"。

4. 安全留学黄金准则12条

准则1：到当地后尽快联系到中国前辈。

中国留学生遍布世界各地，特别是一些著名学校，有很多中国学生。学校里面有我们学生自发的组织，有学友会、学联，你可以先找这些组织。

准则2：租房一定要考虑交通便利安全。

建议尽量算一算你的成本和性价比，选择相对交通比较方便的地方，也许你多花点房钱，但你可以少走路，更重要的是你可以晚起。

准则 3：关注自身安全多掌握生存技能。

1989 年 3 月份在日本发生了留学生溺水的事故。翻船以后，大家都下水去救人，最后救上来以后发现救人者少了一个人。这个例子告诉我们，虽然大家都有救人的心，但是你是否有这个技能？

准则 4：交通安全很重要出事故不要逃逸。

每年留学生在国外出事，交通事故占的比例很大，有些国家如澳大利亚、新西兰、新加坡、英国、日本，都是左侧行驶，所以要特别注意。很多学生有驾照，买二手车比较便宜，但是安全驾驶是非常重要的。如果出了问题不要逃逸，车都有保险，而且处理比较快捷迅速。

准则 5：晚上不要骑自行车。

骑自行车有特定的规律，有的地方骑自行车必须到机动车道上去骑。要做好充分准备，根据当地的要求，头具、护具都戴上。晚上不要骑车，晚上车少，速度都快，最容易出事。

准则 6：要缴保险。

到一个陌生的国家，你要把保险的情况搞清楚，实际上很多国家对留学人员是有优惠的，缴的保险费并不多，但是享受的回报还是不错的。

准则 7：打工一定要适度。

打工一定要记住，不能超出你的身体极限，否则肯定会对你的安全和健康造成损失。

准则 8：遵守当地的法律法规。

国外会有一些规则跟国内不太一样，你必须遵守规则。比如说在日本你捡到了一个钱包，如果你不交给警察自己装兜里了，跟盗窃是一样的罪名。如果你把这个东西交到了警察局，规定的时间内没有人认领，这个东西可以归你。

准则 9：不要吃陌生人给的东西。

在美国、荷兰等国家，有些轻微的毒品也可以消费，所以建议在这些地方的留学生跟陌生人在一起的时候，一定要小心一点，不要随便接受陌生人给的吃的喝的。

准则 10：了解一些逃生方法。

很多国家有地震、火灾、龙卷风，像美国龙卷风很多，那么就需要了解如何应对龙卷风。特别是地震、火灾发生，一定要选择一个可行的逃生办法。

准则 11：过海关要遵守当地法律法规。

经过海关的时候，我们有的中国学生会带中药，自己吃问题不大，有时成箱地拿，结果被海关扣下。所以我们一定要注意哪些国家不让带，比如新西兰，它对这些成分的管理是很严格的。

准则 12：多和朋友、导师、同学、家人沟通。

同学之间的沟通很重要，不仅是指跟中国的同学，还包括所在国和其他国家的同学。此外，与家人的沟通非常重要。眼下，时代发展很快，网络、视频都很方便，基本不要钱，有的国际电话也是网络的，花的钱很少，这样的条件方便留学生和家乡的亲戚朋友保持联络。

5. 留学生医疗健康保险。

为帮助中国留学生与访问学者遵守美国在医疗保险方面对国外学生学者的要求，支持广大学生学者更好地在美国安心学习和从事研究，受中国驻美国大使馆教育处的委托，纽约中国留学生服务中心（http://new.chinesehighway.com/）自 1995 年起开始为中国学生学者设计开发了一项全面而价格优惠的医疗保险计划——华人联合计划（United Chinese Plan）。该计划由纽约中国留学服务中心与美国联合健康保险公司（United Healthcare）依据美国法律对外国学生学者的要求联合开发设计，至今已成功实施了 21 年。

绝大多数学校在新生入学时会要求学生购买学校提供的保险，但校方的保险往往价格高昂，增加了在美中国留学生的生活成本。华人联合计划覆盖了绝大多数学校对于国际学生医疗保障的要求，与此同时价格上较学校保险更为低廉，为广大华人学子提供了一个更好的选择，包括哈佛大学、耶鲁大学等著名高校及研究机构的学生学者均加入此保险计划。

投保资格及注意事项：

（1）持 F1 签证学习的学生：你可以查看所在学校对校外保险计划的豁免要求（waiver requirement），如果华人联合计划满足该要求，你即可购买校外保险从而节省开支。

（2）F1-OPT 实习期的国际学生：你已不受学校对校外保险豁免要求（waiver requirement）限制，可直接购买。

（3）在美国高中就读的国际学生：请先联系学校相关部门，由学校出面申请购买。

后　记

　　当我写完最后一个字，望着窗外东方渐渐升起的曙光，我忘掉了熬夜的劳累，心里不由舒了一口气，多年来的心愿，终于完成了。

　　随着到美国的中国留学生越来越多，出现的问题也越来越多。很多家长对美国的情况不了解，盲目送孩子出国留学，导致了不少严重问题的出现。于是，早在三年前，我就希望把自己在美国十多年来的亲身经历和所见所闻写出来，让国内读者对美国的学校和留学生的真实情况有一些感性认识。我的恩师刘培育先生很支持我的想法，鼓励我写好这本书。

　　没想到动笔伊始就遇到了很大困难，主要是我的工作很忙，平时根本抽不出整块时间来安静写作，往往只能在夜深人静时才能下笔，经常是直到旭日东升才停笔。有的文章我要反复推敲、修改，也花去不少时间。可以说，这是我多年来着力最多的一本书。

　　书中所有故事，大部分是我亲身经历或见闻，部分取材于美国媒体，有的为了保护个人隐私，用了化名，但事情都是真实的。

　　除了列举求学各方面的事例，书中用了很多篇幅谈到了留学生的安全问题，列举了不少案例。笔者希望通过这些沉痛的教训，引起留学生和家长们的警觉与重视。

　　另一个重要着墨点，是工薪家庭子女留学的问题。笔者用了许多事例，鼓励经济条件不好的孩子出国留学，通过争取奖学金和勤工俭学来完成学业，同时去争取自己应该获得的福利。

我并非留学专家，对留学问题的许多观点，只是自己的一家之见，仅供读者参考。不足之处，请有关专家多多指正。

在此特别感谢恩师刘培育先生的支持与指导，如果不是恩师的鼓励，也许这本书难以完成。本书引用了一些网上的数据，在此一并对网络数据有关作者表示感谢！